HISTOIRE

DE LA

GUERRE AU DAHOMEY

PAR ALFRED BARBOU

Un empalé.

PARIS

LIBRAIRIE UNIVERSELLE D'ALFRED DUQUESNE

J. PEGAT, Sr

16, RUE DE LA SORBONNE, 16

—

1893

TABLE DES GRAVURES

Un empalé...................................... 1
Les sacrifices humains............... 8 et 9
Porte d'Abomey................................ 16
Behanzin, roi du Dahomey................. 17
Serpent fétiche................................ 21
Carte du Dahomey................. 24 et 25
Cartouchière d'Amazone................... 31
Le marché d'Abomey la nuit............... 32
Une famille dahoméenne.................... 33
Vue générale de Grand-Popo. — A. Factorerie
   Régis. — B. Village de Beffa....... 40 et 41
Caricature du roi du Dahomey, entouré de ses
   favorites et porté par ses trois ministres.... 42
Besace d'amazone............................ 44
Village sur pilotis............................ 48
Le temple des serpents à Wydah........... 49
Queue de cheval de féticheur.............. 52
Casse-tête dahoméen........................ 52
La résidence de Porto-Novo............... 56
Le roi Toffa.................................... 57
Ordre de l'Etoile noire....................... 59
Blason du roi Toffa........................... 59
Sabre du Minghan............................ 60
La barre de Kotonou.......................... 64
Le roi Toffa et sa cour............... 72 et 73
Le débarquement du matériel de guerre au
   moyen du warf à Kotonou.................. 80
M. Ballot, gouverneur du Bénin............. 81
Le bombardement de la côte du Dahomey 88 et 89
Le colonel Dodds promu général le 11 no-
   vembre 1892.................................. 96
Le commandant Faurax...................... 97
Sur l'Ouémé : L'Emeraude (canonnière). — La
   Topaze (canonnière à bord de laquelle se
   trouvent le colonel Dodds et le capitaine
   Marmet)........................... 104 et 105
Campement dans la brousse, la nuit.......... 112
Combat de Kotonou.......................... 113
Le lieutenant Badaire........................ 117
Le capitaine Bellamy........................ 117
Le lieutenant Amelot........................ 118
Le commandant Lasserre.................... 118
Bataille de Dogba................... 120 et 121
Le commandant Gonard...................... 128
Le commandant Audéoud.................... 128
Les tirailleurs Haoussas..................... 129
Combat devant Cana............... 136 et 137
Ekba, le Dieu de la guerre (fétiche dahoméen),
   trouvé par nos soldats, le jour de la prise de
   Cana... 145
Tirailleur Haoussa........................... 146
Crémation des corps des Dahoméens. 148 et 149

INTRODUCTION

Le sang généreux des **enfants de** France a arrosé la Côte des Esclaves, et bientôt il n'y aura plus d'esclaves dans **ce coin de** terre d'Afrique qui semblait pour toujours voué à la barbarie, aux meurtres, aux **supplices.**

Treize de nos officiers, **des centaines** de nos soldats sont tombés, la poitrine fièrement trouée, près du drapeau, **heureux de** mourir, la patrie l'ayant ordonné au nom de son honneur et de son bien.

Une petite colonne de trois mille hommes à peine, commandée par le vaillant Dodds, a renouvelé les hauts faits des grandes guerres glorieuses, recommencé les traditionnels exploits, et montré comme revivent les héros, quand il est nécessaire.

Douze combats, terribles, étant donnés le nombre et le fanatisme des ennemis, ont été livrés en quelques jours, et douze victoires ont été remportées, sans que jamais un des nôtres, sous le feu le plus meurtrier, ait songé à tourner la tête, sans qu'un seul, parmi ces enfants de vingt ans qui formaient notre corps d'armée, ait songé à se plaindre des privations, des fatigues, des fièvres.

Sans sommeil, entourés de pièges invisibles, menacés de périls inconnus, destinés aux tortures les plus effroyables s'ils étaient faits prisonniers, tous d'un même cœur et d'un même pas ont marché vers le but qu'il fallait atteindre.

Leur chef donnait l'exemple, le sacrifice leur a été doux, et comme ils en ont été récompensés !

« Avec de tels hommes on peut tout entreprendre, a écrit le général Dodds ; je suis fier de les commander ! »

C'est, qu'on ne s'y trompe point, une nouvelle épopée cette campagne hardie entreprise près de la côte du continent noir.

Qu'on dise, après cela, que la France, encore une fois, a vainement sacrifié ses fils pour une idée, pour la fumée de la gloire ! Qu'importe ? C'était le devoir.

Il y avait là-bas un repaire de bandits, les plus sanguinaires, les plus redoutables de cette contrée, où les mœurs sont farouches et les coutumes abominables.

Ces traficants de marchandise humaine, ces pourvoyeurs d'esclaves qui opprimaient les peuplades voisines et ne capturaient les femmes, les enfants, les hommes, que pour les vendre ou les faire périr par milliers avec d'affreux raffinements de cruautés, ces monstres africains nous avaient insultés, bafoués, menacés, il fallait les détruire, les tuer comme on tue des bêtes féroces, parce qu'elles tuent ; il fallait raser, brûler leurs tanières, et en semer les cendres sur les champs qui deviendront féconds.

L'humanité, la civilisation l'ordonnaient, et ceux-là sont bien morts qui ont travaillé à cette tâche, qui, au prix de leur vie, ont débarrassé le Dahomey de son peuple d'ivrognes, de son peuple se plaisant à entremêler d'orgies sanglantes les pratiques de son fétichisme, ne se livrant ni à l'agriculture, ni à aucune sorte d'industrie, ne vivant que de rapines, de pillages, de razzias dans les villages de laboureurs.

Nos possessions de Porto-Novo nous ayant placés dans l'absolue nécessité de défendre les intérêts commerciaux de nos nationaux, qui ne demandaient qu'à nouer, pour le trafic des produits de la côte, d'amicales relations, il nous semble heureux que les événements nous aient contraints à la destruction d'une race de bourreaux, dont les pratiques constatées par d'irréfutables témoignages qu'on va lire, semaient partout l'épouvante.

Innombrables sont les pauvres nègres sauvés par l'intervention de notre petite armée, qui s'est montrée si superbement courageuse, qu'on la peut comparer à celle dont le sang a écrit les plus grandes pages de notre histoire.

Qu'après cela l'on insinue, ici où là, que nos concurrents étrangers récolteront les profits de notre sacrifice, que les établissements anglais et allemands bénéficieront seuls de notre coûteux effort, la France ayant selon son habitude tiré les marrons du feu, cela est plaisanterie facile, mais ridicule à notre avis.

Nous espérons prouver, au contraire, dans ce livre écrit à la hâte, l'actualité l'exigeant, nous voulons montrer par des faits que la campagne entreprise était indispensable, tant à cause de nos intérêts matériels qu'au point de vue de l'honneur du pays.

Regardons une carte d'Afrique et la situation qu'y occupe notre nation.

Dans l'Afrique du Nord, la France, par ses colonies de l'Algérie, de Tunisie, du Sénégal, du Soudan français (Soudan occidental), de Grand-Bassam, des Popos et du Benin, y occupe le premier rang.

Le rôle que le protectorat de Porto-Novo doit jouer dans notre plan d'ensemble de politique africaine est d'une rare importance depuis la cession que nous avons faite aux Anglais de nos comptoirs du Bas-Niger ; c'est la seule porte qui nous reste ouverte sur le Soudan central que tente d'accaparer, à son profit, la Grande-Bretagne.

Quand, a remarqué à ce sujet un des meilleurs juges de la question, l'explorateur Viard, quand l'Angleterre, déjà à Sokoto, aura atteint les régions sahariennes, ce qui ne tardera pas si nous n'y mettons ordre ; quand elle se sera placée entre les deux terres françaises du Sénégal et de l'Algérie, elle n'aura qu'à étendre les bras pour nous acculer dans ces possessions.

Et, selon l'opinion d'un des rares députés de la Chambre qui connaisse bien réellement les questions coloniales, selon M. Charles Roux, représentant de Marseille, la moindre faiblesse pourrait nous entraîner beaucoup plus loin qu'on ne suppose.

Il n'y a pas, en effet, de pays où les nouvelles se répandent avec plus de promptitude qu'en Afrique ; il n'y en a pas où elles soient plus exagérées et plus dénaturées ; un recul au Dahomey aurait eu pour toutes nos autres possessions des conséquences graves et porté le coup le plus funeste à notre influence dans toute l'Afrique, depuis le Maroc jusqu'à Libreville, en Tunisie et même en Algérie.

D'autre part, si nous laissions la Grande-Bretagne s'établir sur les limites sud du Sahara et sur les flancs de notre Sénégal et du Soudan français, ce serait l'arrêt subit de notre expansion économique. Le Benin est la seule porte qui nous permette de pénétrer dans le Soudan central, la fermer eût été folie.

A part l'importance politique qu'a le Benin, si nous y ajoutons le Dahomey, ces deux pays réunis affirmeront notre autorité et notre prestige, en même temps qu'ils seront certainement pour nous une source de profits.

Il est permis, à présent, d'envisager nettement le côté pratique, utile de l'expédition glorieuse :

Maintenir notre suprématie d'une part, de l'autre favoriser notre commerce et lui créer des débouchés nouveaux, débouchés dont notre activité, notre production, ont un si pressant besoin, tant a été mauvaise jusqu'à présent notre politique coloniale.

Or, que la colonie du Dahomey devienne une importante source de profits, nous le démontrerons ; que notre intervention ait été indispensable, nous le prouverons.

Nous aurons fait ainsi, nous l'espérons du moins, une œuvre intéressante et utile.

A. B.

LA
GUERRE AU DAHOMEY

CHAPITRE PREMIER

LES SACRIFICES HUMAINS AU DAHOMEY

Sommaire : Une fête à Abomey en 1890. — Empressement de la foule. — Premiers sacrifices. — Cent têtes coupées. — Joie populaire. — A travers les divertissements. — Le jeu des cadavres. — Un crucifié plaisant — Arrangements artistiques. — Parasols et pendus. — Les mascarades du crime. — Le cortège royal. — Les messagers funèbres. — La grande coutume. — Silhouette des amazones. — Ornements macabres. — Tortures diverses. — Décapitation des esclaves. — Hommage aux fétiches. — Enthousiasme de la populace. — Les paniers humains. — La revue des troupes. — L'orgie. — Récit de la grande coutume de 1860. — Témoignage de M. Lartigue. — Quelques mots sur les féticheurs.

Le dimanche 30 mars 1890, la ville d'Abomey, capitale du Dahomey, était en fête.

De toutes parts se pressaient aux portes de la cité, arrivant des campagnes voisines, des hommes, des femmes, des enfants noirs, à demi nus, le visage rayonnant, les yeux étincelants de joie.

Le prince Kôndo, devenu le roi Behanzin, qui en réalité s'appelle Bedazin Hossu Bowelé (le germe du monde, roi des requins), Behanzin venait de succéder à son vieux père, Da-da Gelé-lé Kini-Kini, mort à l'âge de quatre-vingts ans ; et, pour célébrer son avènement au trône et afin d'honorer la mémoire du monarque défunt, Behanzin, selon l'antique coutume, donnait des réjouissances à son peuple, réjouissances qui devaient durer trois semaines environ.

Déjà, au lever du soleil, des soldats parcourant les rues, avaient annoncé en frappant sur le gong funèbre, le commencement de la solennité.

Le prince gaiement se leva, abandonna en hâte son tara, le canapé d'osier, lit de repos recouvert de riches tapis apportés par les musulmans qui descendent du Niger. Durant quelques instants il se promena dans sa chambre pavée de crânes humains avec les têtes des chefs des pays par lui vaincus, se plaisant à les fouler ainsi du pied comme chaque matin.

Ensuite il fit venir ses chambellans qui le précédèrent dans une des grandes salles du palais où étaient agenouillés, captifs, les mains liées derrière le dos, cinquante hommes et cinquante femmes, ayant auprès d'eux un soldat le sabre nu.

Sur un geste du souverain tout puissant, les cent têtes roulèrent sur le pavé.

Cependant sous le ciel très bleu, sous le soleil pâle mais brûlant, la foule des paysans nègres, des agriculteurs de la contrée devenait de plus en plus pressée à travers les rues larges et bien tenues d'Abomey, le long des murailles uniformes d'une teinte rougeâtre où s'alignent régulièrement les maisons basses bâties en argile, ornées de sculptures en relief représentant des fétiches, des caïmans, des tortues, des arcs lunaires, des triangles, signes destinés à protéger les demeures contre les maléfices.

Les sacrifices humains.

Des rassemblements se formaient sur la grande place toute nue semée d'une fine poussière grise qui recouvre l'argile rouge du sol. On se groupait autour de l'arbre gigantesque qui occupe le milieu de cette place, comme on se groupe dans nos fêtes foraines autour d'une boutique éclatante de verroteries.

Les enfants très gais se le montraient avec des rires, et les jeunes filles échangeaient des mots plaisants avec les hommes.

C'est que l'arbre était joliment orné. Dépouillé de toutes ses feuilles il portait à chaque extrémité de ses branches une tête humaine. Tout autour, comme ces têtes en grand nombre étaient fraîches encore et non décharnées, des corbeaux accoutumés à cette pâture picoraient, voletaient, un lambeau au bec.

Ici et là accrochés aux nœuds des branches, se balançaient, agités par le vent chaud appelé « l'harmatan, » des cadavres de suppliciés pendus par les pieds. Les spectateurs venus des villages voisins ne pouvaient rassasier leurs yeux de ce spectacle.

A peine se détournaient-ils pour regarder passer les femmes du roi marchant à pas comptés, fières et silencieuses, s'en allant, une amphore sur la tête, chercher de l'eau pure aux puits lointains, précédées de servantes portant au cou le collier d'esclavage auquel pend une grosse clochette tintant sans cesse.

Les rues de plus en plus s'emplissaient et la foule se promenait à travers les cases carrées, coiffées de chaume, entourées de maigres palmiers.

Devant un figuier de belle venue la cohue était compacte. Sur le tronc de ce figuier un missionnaire anglican se trouvait crucifié, cloué. Une fiche de fer traversait sa tête, une seconde sa poitrine ; à une autre trouant la main gauche on avait attaché une large ombrelle d'un jaune éclatant, ombrageant ironiquement le cadavre mutilé, ce qui provoquait des éclats de joie sans nombre.

Une trentaine de têtes moins fraîchement coupées, têtes de squelettes, posées sur des piquets, en cercle, entouraient ce figuier macabre.

Dans le carrefour voisin un misérable était pour ainsi dire tordu autour d'un pal gigantesque. Le long des avenues conduisant au palais royal, chaque arbre portait son cadavre artistiquement arrangé, disposé avec une fantaisie faisant le plus grand honneur à l'imagination des décorateurs funèbres. Presque tous ces corps placés dans des poses grotesques provoquaient l'hilarité, et l'arrangement des parasols, dont on avait mélangé au-dessus des cadavres les couleurs très vives, était d'un effet pittoresque et joli.

Ceux-ci n'avaient plus de nez, plus d'oreilles, la bouche largement fendue en une grimace drôlatique. D'autres le visage peint, des plumes d'oiseau dans les narines, le crâne empanaché de queues d'animaux ou d'oiseaux de nuances éclatantes, semblaient des pitres prêts à débiter des propos cocasses.

Ailleurs, deux corps entrelacés dans une pose obscène, plus souple et pour ainsi dire plus vivante que celle des personnages dont les statuaires du Moyen-Age ont orné en Europe les gargouilles des cathédrales.

Ailleurs encore des tronçons de cadavres placés d'une manière extravagante, les jambes attachées aux épaules, les mains clouées sur le ventre.

Partout une recherche affinée de l'horrible, un arrangement plaisant ou terrifiant, provoquant le sarcasme ou l'émotion mais jamais la pitié, sentiment inconnu à ce peuple d'une inimaginable cruauté engendrée par le mépris de la mort, par le dédain des tortures, par sa croyance absolue en une vie future.

D'heure en heure le nombre des visiteurs grossissait.

Abomey compte en temps ordinaire vingt-cinq mille habitants ; il y en avait le double le jour de cette fête qui a lieu chaque année, mais qui fut en 1890 une des plus belles, une des plus célèbres.

Il était à peine dix heures du matin lorsque les gongs retentirent de nouveau.

Le roi entouré d'un nombreux cortège se rendit près de la tombe de son père, sur laquelle fut aussitôt amené un messager bâillonné, garrotté, que l'on décapita afin qu'il allât sans retard annoncer au monarque défunt le commencement des réjouissances de la grande coutume.

Quelques instants après parurent quatre nouvelles victimes, puis un daim et un singe également liés. Un guerrier portait dans une cage un gros oiseau.

Les quatre hommes ayant mission, eux aussi, d'aller raconter aux esprits ce que le pieux Behanzin se préparait à faire en faveur de son père, eurent aussitôt la tête tranchée.

Un des décapités le devait aller raconter d'abord aux divinités qui fréquentent les marchés du pays, le second aux animaux qui vivent dans les eaux, le troisième aux esprits qui voyagent sur les grandes routes, le quatrième aux habitants du firmament.

Le daim et le singe qu'on égorgea à leur tour, étaient chargés, l'un de s'acquitter de semblable commission auprès des quadrupèdes des forêts, l'autre de grimper jusqu'au sommet des arbres pour en instruire ses pareils.

Quant à l'oiseau, plus heureux que ses compagnons, on lui rendit la liberté, afin que, s'élevant dans les airs, il racontât les mêmes choses aux êtres qui les habitent.

Ce premier sacrifice accompli, on ensevelit dans le sépulcre royal soixante hommes vivants, cinquante moutons, cinquante chèvres et quarante coqs également vivants.

Tandis que s'accomplissait cette cérémonie, le roi, radieux, marchant à la tête de ses amazones et de sa milice masculine, faisait pompeusement le tour de son palais.

Les amazones du Dahomey n'ont rien de commun avec celles de l'antiquité ; on les recrute parmi les pires mégères du pays. Une femme est-elle débauchée, acariâtre, indocile, insupportable, son époux ou ses parents en font cadeau au roi qui l'enrégimente aussitôt. A partir de ce moment elle peut donner libre cours à ses instincts les plus pervers ; plus elle se montrera cruelle, forcenée, plus elle aura chance d'être considérée ; mais malheur à elle si elle enfreint la discipline.

Aussi, le rasoir à la ceinture, défilaient-elles d'une belle allure, mieux que les hommes, plus hideuses de visage, mais uniquement vêtues de culottes courtes, de vestes brillantes, le fusil crânement porté sur l'épaule.

D'instant en instant les fusils partaient, égayant de feux de salves le commencement de l'heureuse journée. La promenade militaire terminée, le roi revint près du tombeau où l'on massacra devant lui cinquante autres esclaves dont le sang arrosa, selon le rite, la terre sacrée.

Ces cérémonies préliminaires accomplies, les principaux dignitaires allèrent prendre place près de leur souverain, en un banquet fastueux, tandis que se faisaient, pour les hécatombes impatiemment attendues, les derniers préparatifs.

Deux heures s'écoulèrent dans une attente fièvreuse. La foule déjà excitée gesticulait, vociférait et ce fut une explosion de joie lorsque de nouveau sortit du palais le grand cortège escorté de troupes portant, surmontées de têtes de mort, des oriflammes multicolores, des drapeaux italiens, des drapeaux anglais, des drapeaux allemands.

Sur la grande place et en occupant toute la largeur, se dressait une immense plate-forme autour de laquelle avaient été plantés une centaine de poteaux bas couronnés des têtes coupées dans la matinée, têtes saignantes dont quelques-unes plus hideuses que les autres témoignaient que les bourreaux s'étaient plu à la torturer. Le sol était comme saturé de sang humain qui avait éclaboussé, sali le riche tapis sur lequel marchaient les grands du royaume, derrière leur prince.

Majestueusement, les uns après les autres, tous les dignitaires, le grand-trésorier, le chef du protocole, le chef des princes, les aides de camp, les secrétaires d'Etat, les généraux, les chambellans se rangèrent pendant qu'éclataient les coups de fusil et les coups de canon.

Aussitôt on ouvrit les immenses parcs où avaient été entassés les esclaves, les prisonniers de guerre, et on les amena, troupeau résigné, devant l'estrade.

La plupart de ces captifs étaient préparés depuis la veille, c'est-à-dire bâillonnés depuis de longues heures, la langue immobilisée par une pointe de bois aiguisée pour déchirer. Une salive sanguinolente coulait de leurs lèvres jusque sur leurs poitrines noires et luisantes. La douleur, la terreur étaient telles que presque tous les yeux, injectés de sang, sortaient des orbites.

Ils marchaient pesamment, piqués, coupés au passage, semblables à des taureaux blessés par des toréadors, et que l'on mène à l'abattoir pour les achever.

Tandis qu'on les rangeait dans l'ordre où ils devaient être sacrifiés, la populace, afin de prendre haleine, continuait à s'égayer à travers les rues, en buvant et en chantant.

Chaque avenue lui réservait une nouvelle surprise.

Car il y avait des victimes plus terriblement martyrisées que celles qui attendaient sous les sabres.

Un certain nombre d'esclaves étaient piqués vivants sur un pieu par le milieu du ventre, destinés à mourir de faim et à être dévorés, respirant encore, par les vautours.

Ailleurs, sur une grosse poutre fixée au sol, étaient cloués par les pieds dix prisonniers qui, depuis deux jours déjà, n'avaient ni mangé ni bu. Ils se tordaient dans d'affreuses souffrances et les curieux s'amassaient autour d'eux, s'amusaient de leurs convulsions. Les gamins, pour les faire hurler, se divertissaient en leur enfonçant des épines dans le corps, ou bien, avec des couteaux, leur enlevaient des morceaux de chair qu'ils jetaient en l'air ou se lançaient de l'un à l'autre, jouant comme avec des balles.

D'autres promeneurs, attendant le signal du massacre, s'arrêtaient respectueusement devant les fétiches de guerre, statuettes en bois grossièrement peintes, grossièrement taillées, à peine hautes d'un demi-mètre, le tronc assez long sur de très petites jambes mal équarries, idoles placées sur de petites estrades de bambous, ou sur des troncs d'arbres coupés, abritées par des petits toits de paille.

Près d'une de ces statuettes se tenait un féticheur drapé dans un pagne blanc, ayant placé près de lui le grand bâton dont le bout forme deux cornes, comme une fourche. Il plumait une poule vivante en psalmodiant lentement une sorte de cantique, et il appliquait les plumes sur le corps de l'idole, une à une, avec de petites pointes de fer.

La poule gloussait douloureusement. Quand elle fut déplumée, il lui ouvrit lentement le ventre, en retira les boyaux, et les tortilla autour du cou du fétiche. Les assistants, respectueusement, le regardaient faire.

Mais, soudain, une fusillade plus nourrie annonça au peuple que la véritable fête allait commencer, et la grande place où se dressait l'estrade royale s'encombra, palpitante. On s'étouffait pour mieux voir ; on se hissait sur les arbres, sur les épaules de ses voisins, et, au milieu des hurlements, des vociférations, le massacre des captifs commença.

Behanzin, ayant allumé sa longue pipe d'argent, quitta un moment son siège, abrité par un immense parasol, auquel était suspendu un grand couteau à lame d'argent, emblème de la justice.

Il cracha dans le vase d'argent que tient toujours à portée de sa bouche une de ses femmes, et doucement, majestueusement, il égorgea avec un large coutelas, au manche richement orné, les douze premiers captifs.

Après lui, les grands dignitaires opérèrent de la même façon, avec des couteaux à lame d'argent, à lame de cuivre ou à lame d'acier, selon leur rang.

Les soldats emportaient les corps et les têtes étaient jetées à travers la foule qui se les disputait et se battait pour les avoir, comme, pour des bonbons, nos gamins, les jours de baptême.

Les exécuteurs ordinaires firent ensuite leur œuvre et abattirent mille autres têtes.

Cependant, ceux qui ne pouvaient approcher d'assez près pour conquérir un trophée sanglant, sautaient et gambadaient dans les rues voisines, faisant des culbutes, imitant les cris des bêtes féroces, mêlant leurs chansons au râle des agonisants que les bourreaux n'avaient pas tués d'un coup.

Behanzin souriait, fumait et crachait, devisait avec ses officiers, buvant, trinquant.

Lorsque fut terminée, en deux heures à peine, cette exécution, officielle pour ainsi dire, la populace tout entière eut sa part du plaisir. De spectatrice elle devint agissante.

Un long cortège s'avança. Des porteurs tenaient en équilibre sur leurs épaules de longues corbeilles, des mannes au nombre d'une centaine environ et contenant chacune un homme vivant, ligotté, bâillonné, dont la tête seule passait au dehors.

Ces paniers furent alignés sur l'estrade, déjà garnie de têtes fraiches et saignantes, sous les yeux du roi qui donna un signal.

Alors on les précipita les uns après les autres du haut de la plate-forme, et les Dahoméens et les amazones débandées se ruèrent le couteau à la main. Les plus vigoureux, les plus habiles, ceux qui parvenaient à trancher le plus vite et à garder ruisselant le trophée humain, malgré les bourrades et les morsures des concurrents, les vaillants qui pouvaient porter une tête, aux juges des jeux, installés sous une tente derrière l'estrade, ceux-là recevaient pour prix de leur haut fait, une filière de cauris, un prix de 2 fr. 50 environ, somme importante avec laquelle ils allaient aussitôt acheter des bouteilles de tafia.

Ce divertissement terminé, les troupes se reformèrent pour une revue.

L'armée défila, en bon ordre devant son prince, armée de plus de dix mille combattants et de plusieurs centaines d'amazones.

Les guerriers, le torse nu ou recouvert de la chemisette de guerre, vêtus d'une sorte de caleçon ou *chocoto* recouvert d'un petit jupon multicolore, formant des plis, les bras ornés de verroteries, de bracelets, formaient des compagnies diverses.

Les chefs avaient sur la tête des bonnets phrygiens de diverses couleurs ou des chapeaux de peau de singe ; les simples soldats portaient des chapeaux de paille du pays, ou bien exposaient aux ardeurs du soleil leurs chevelures courtes et laineuses, graissées d'huile.

Les amazones venaient ensuite, garde royale

qui renonce à l'hyménée et se voue à la guerre, à la tuerie. Avec leurs culottes courtes, vertes ou rouges, leurs tuniques d'étoffes voyantes et variées aux couleurs chaudes et sales, leurs écharpes de soie ou de velours, leurs casquettes sur lesquelles sont brodés des animaux fantastiques, elles marchaient de fière mine, résolues, hautaines, sauvages.

Les féticheurs les précédaient, agitant un plumeau, pour chasser les mauvais esprits.

Au son des tamtams et des tambours, les amazones, qui l'emportent sur les hommes pour le courage fanatique et pour la cruauté, exécutèrent, après le défilé, les danses de guerre avec un ensemble et une précision que n'égale pas le meilleur de nos corps de ballet. Elles se montrèrent infatigables à ces fêtes de parade, comme elles le sont dans les batailles.

Sur un ordre, elles traversèrent des buissons hérissés d'épines, où elles se ruèrent, et dont elles sortirent le visage saignant, les mains déchirées, pour recommencer en cadence leur danse à la fois désordonnée et rythmique.

Quand, au milieu des vivats, ce divertissement eut pris fin, le roi, pour témoigner sa satisfaction, fit distribuer à flots l'eau-de-vie de traite, et l'ivresse, en quelques instants, transforma la fête en orgie.

Aux danses de guerre succédèrent les danses obscènes ; puis, trois cents captifs furent amenés encore et livrés à la cohue en démence, qui, pour couper le cou de ces dernières victimes, n'avait, dernières délices, que des couteaux ébréchés, hors d'usage.

Alors, la nuit tombant, on se rua, déchiquetant les malheureux, à qui l'on avait arraché leurs bâillons, afin d'entendre leurs hurlements de mort, de mieux savourer leur agonie, suprême jouissance.

Michelet, parlant des massacres dans les prisons de Paris en 1792, a dépeint ces griseries effroyables du sang :

« Ce qui a donné à ces égorgements, a-t-il écrit, un caractère terrible, c'est que les spectateurs mêlés à l'action, touchant le sang et les morts, étaient comme enveloppés du tourbillon magnétique qui emportait les massacreurs.

» Ils buvaient avec les bourreaux et le devenaient.

» L'effet horriblement fantastique de cette scène de nuit, ces cris, ces lumières sinistres, les avaient fascinés d'abord, fixés à la même place.

» Puis, le vertige venait, la tête achevait de se prendre, les jambes et les bras suivaient ; ils se mettaient en mouvement, entraient dans cet affreux sabbat, et faisaient comme les autres.

» Dès qu'une fois ils avaient tué, ils ne se connaissaient plus, et voulaient toujours tuer. »

Ce qui ne fut qu'un abominable moment de folie en France, cet entraînement est au Dahomey une coutume, la plus terrible de toutes les coutumes, parce qu'elle affecte un caractère religieux.

Aucune plume ne pourrait dépeindre les scènes d'égorgement qui terminèrent la journée dont nous venons d'esquisser, d'après d'irréfutables témoignages, les événements principaux.

L'ivresse gagnait les sauvages déchaînés, leur férocité naturelle inventait d'inouïs raffinements de cruauté.

Ils s'acharnaient, dix, vingt, sur une victime, sciant le nez, sciant le front, sciant l'oreille, entaillant, par petits coups de leurs lames ébréchées, qu'ils se disputaient, la gorge, la nuque. Le plus lentement possible, respirant, pour ainsi dire, les soupirs d'angoisse, se repaissant des convulsions des martyrs qu'on leur avait jetés en pâture, comme à des bêtes fauves, ils s'acharnaient sur les débris humains, et les femmes se montraient les plus âpres à cette curée aux flambeaux.

Tout le sol était rougi, et le massacre ne cessa que lorsque l'ivresse eut désarmé les bras ruisselants jusqu'aux épaules. Tous les visages étaient éclaboussés de sang, et c'est dans le sang et dans les vomissements que le peuple d'Abomey dormit cette nuit-là, tandis que les hyènes et les chacals, le tumulte s'étant apaisé, se repaissaient à leur tour des amas de chair jetés dans les fossés de la cité, sous les cactus.

Les cérémonies continuèrent le lendemain et durèrent tant que ne furent pas vidés les parcs où cinq mille prisonniers des régions voisines avaient été enfermés.

C'est d'après des témoins oculaires, c'est en résumant les récits des voyageurs européens, les récits des missionnaires, les récits des otages français emmenés, en 1890, à Abomey, que nous avons tracé le tableau des atrocités de cette peuplade, tableau plutôt en deçà qu'au delà de la vérité.

Et comme il importe, en ce livre documentaire, de prouver l'exactitude de nos affirmations, de ne laisser de doute en l'esprit d'aucun lecteur, de ne permettre à personne de supposer qu'il y a quelque exagération dans notre description, que l'imagination y a quelque part, nous reproduirons, pour confirmer notre dire, les principaux passages du journal d'un Français qui a exposé, il y a trente ans, les faits par nous cités au début de ce chapitre.

Les *coutumes*, c'est-à-dire les tueries dahoméennes datent de longtemps, elles sont, avons-nous dit, un rite auquel Behanzin était resté fidèle.

En juillet 1860, Gléglé, fils du roi Ghézo, monta sur le trône du Dahomey et célébra selon l'usage l'anniversaire de la mort de son père bien-aimé par une fête tout à fait semblable à celle que nous venons de décrire.

Les principaux des blancs qui se trouvaient alors à Wydah reçurent l'invitation, c'est-à-dire l'ordre de se rendre à Abomey pour y honorer de leur présence cette solennité.

Un voyageur, dont le récit est d'une incontestable vérité, reçut, à cette occasion, la visite d'une escouade du roi qui accompagnait un officier, un cabécère nouvellement nommé, orné de tous ses attributs et destiné à être noyé à l'embouchure de la rivière afin que le Fétiche, sorte de génie dahoméen, continuât d'attirer les navires de commerce.

Ce càbécère, richement vêtu, alla ainsi porter, par la voie fluviale, des nouvelles de son royaume au monarque défunt.

Lorsque M. Lartigue arriva à Cana il dut se rendre en hamac sur la place du palais où se se trouvait Sa Majesté entourée de tous ses cabécères à distance respectueuse.

Ces grands noirs, vêtus de costumes aux couleurs éclatantes, étaient assis sous d'immenses parasols bariolés ; d'autres parasols plus riches, de tons plus vifs, formaient un dais immense au-dessus de la tête du roi.

Celui-ci salua de la main les Européens, fit tuer, afin de leur être agréable, une cinquantaine de prisonniers et se mit en marche, au bruit de la mousqueterie, pour Abomey.

Aussitôt commença le défilé de tous les cabécères, selon leurs grades.

Le milieu de la route était tendu de nattes et de tissus divers, sur lesquels pouvait marcher le roi seul et ses femmes.

A droite et à gauche, sur les bandes étroites de la route, cheminaient, en tirant des coups de fusil, au son de toutes les musiques, au bruit assourdissant des tam-tams, les soldats au nombre de quinze mille environ, les nègres qui, lorsque les chevaux de leurs chefs prirent le trot, se mirent à courir, ruisselants de sueur, afin de ne

pas se laisser atteindre par les gens du roi qui les suivaient.

Cette course fantastique dura une partie de la journée et recommença le lendemain. A l'arrivée à Abomey un captif fut présenté par le ministre de la justice qui demanda dans toutes les formes, au Roi, s'il n'avait point à charger ce prisonnier de quelques commissions pour son père défunt.

Le prince, d'un signe de tête, fit comprendre qu'il en avait, et de fort pressantes ; mais sa grandeur l'empêchant de communiquer directement avec le messager voué aux enfers, il appela pour leur donner ses instructions les grands du royaume, lesquels, gravement, solennellement, transmirent ces ordres sans réplique à la victime, à l'homme condamné qui, attentif, respectueux, illuminé, convaincu d'aller remplir une mission sacrée près du monarque mort, fit entendre qu'il comprenait, également par signes de tête, de sa tête qui allait tomber.

La foi de ce misérable était profonde. On lui donna, pour ses frais de route, une piastre et une bouteille de tafia ; ensuite on l'égorgea, pour qu'il ne perdit pas son temps.

D'heure en heure, durant le reste de la journée, quatre autres messagers furent expédiés de la même façon, messagers bâillonnés avant le départ, et emmenant l'un, un vautour, l'autre, un mouton, le troisième, une biche, le quatrième, un singe, animaux bâillonnés comme les courriers chargés des dépêches d'outre-tombe et que l'on décapita en même temps qu'eux.

Ces faits sont, nous le répétons, d'une exactitude absolue. Cent témoins les ont confirmés, mille témoins même, car ces coutumes dahoméennes datent de loin, et les documents certains abondent.

Citons, entre autres, le témoignage de M. Lartigue, déjà invoqué, et feuilletons son journal de voyage.

— 23 *juillet* 1860. — J'assiste à la nomination de vingt-trois cabécères et musiciens qui vont être sacrifiés, pour entrer, à leur tour, au service du roi défunt.

— 28 *juillet*. — On immole quatorze captifs, dont on porte les têtes sur différents points de la ville, au son d'une grosse cloche.

— 29 *juillet*. — On se prépare à offrir à la mémoire du roi Ghézo les victimes d'usage. Les captifs ont un bâillon en forme de croix qui doit les faire énormément souffrir.

On leur passe le bout pointu dans la bouche, il s'applique sur la langue, ce qui les empêche de la doubler et, par conséquent, de crier. Ces malheureux ont presque tous les yeux hors de la tête.

Dans la nuit prochaine, il y aura grand massacre.

Les chants ne discontinuent pas, ainsi que les tueries.

La place du palais exhale une odeur infecte.

Quarante mille nègres y stationnent jour et nuit au milieu des ordures.

En y joignant la vapeur du sang et les émanations des cadavres en putréfaction, dont le dépôt est peu éloigné, on croira sans peine que l'air qu'on respire ici est mortel.

— 30 *et* 31 *juillet*. — Les principaux mulâtres de Wydah offrent leurs victimes, qu'on promène trois fois autour de la place, au son d'une musique infernale.

La troisième ronde achevée, le roi s'avança vers la députation et, tandis qu'il félicitait chaque donateur, l'égorgement s'accomplit.

Pendant ces deux dernières nuits il est tombé plus de cinq cents têtes.

On les sortait du palais à pleins paniers, en même temps que de grandes calebasses dans lesquelles on avait recueilli le sang pour arroser la tombe du roi défunt.

Les corps étaient traînés par les pieds et jetés dans les fossés de la ville, où les vautours, les corbeaux et les loups s'en disputent les lambeaux qu'ils dispersent. Plusieurs de ces fossés sont comblés d'ossements humains.

Du 1ᵉʳ au 10 août. — Continuation des mêmes sacrifices. — *12 août.* — Autre hétacombe.

La tombe du dernier roi est un grand caveau creusé dans la terre.

Ghézo vient de se placer auprès, entouré de six cents de ses femmes rangées suivant le rang qu'elles occupent à la cour et qui aussitôt avalent du poison et périssent dans d'affreuses tortures. — *14 août.* — Exhibition de quinze femmes prisonnières, destinées à prendre soin du roi Ghézo dans l'autre monde. Elles paraissent deviner le sort qui les attend, car elles sont tristes et regardent souvent derrière elles.

On les a tuées la nuit d'un coup de poignard dans la poitrine.

Le lendemain était un jour réservé aux offrandes du roi, se composant de quinze femmes et de trente-cinq hommes bâillonnés et ficelés dans des paniers, les genoux repliés jusqu'au menton, les bras attachés au bas des jambes. Des habitants promenaient ces paniers sur leurs têtes, et la populace faisait des contorsions et poussait des cris de joie.

Quatre nègres magnifiques faisant fonction de cochers autour d'un petit carrosse destiné à être envoyé au prince défunt, terminaient le cortège. Ils marchaient tristement et de grosses larmes coulaient sur leurs joues luisantes. Le roi leur fit signe d'approcher et lestement de sa propre main armée d'un sabre leur coupa la gorge comme à des poulets.

Alors commencèrent les véritables sacrifices sur une grande estrade constru ᵻ au milieu de la place.

Sa Majesté alla s'y asseoir a ᵻompagnée du ministre de la justice, du gouvern ᵻ r de Wydah et de tous les hauts personnages du royaume transformés en bourreaux pour la circonstance.

Après quelques paroles échangées, le roi alluma sa pipe, donna un signal et aussitôt les coutelas se tirèrent et des têtes tombèrent. Le sang coulait de toutes parts. Les sacrificateurs en étaient couverts et les malheureux prisonniers qui attendaient leur tour, au pied de l'estrade, étaient teints en rouge.

Ces cérémonies durèrent un mois et demi, après quoi le roi se remit en campagne allant à la chasse de nouveaux prisonniers pour l'égorgement de la fête des coutumes.

On voit que ces détails publiés dans un livre faisant partie de l'histoire de nos missions africaines confirment de la façon la plus absolue les témoignages récemment recueillis et également indéniables.

Ces sacrifices, encore une fois, forment une sorte de dogme, et le roi Ghézo, le prédécesseur de Gléglé, fut assassiné par les prêtres féticheurs de son royaume pour avoir essayé de restreindre le nombre des victimes.

Les féticheurs, dont nous étudierons plus loin les autres coutumes, ont, en réalité, toujours commandé aux Dahoméens.

C'est dans les entrailles de poules que les féticheurs lisent les résultats d'une guerre entreprise ; mais pour l'avenir des rois, ils ne peuvent le lire que dans les entrailles humaines.

Ils font tuer, eux aussi.

Des sacrifices humains sont, en dehors des grandes coutumes, offerts par les féticheurs à Ekba, le dieu du mal, pour qu'il éloigne de la capitale ses maléfices. Les victimes destinées à Ekba sont liées, repliées sur elles-mêmes, les jambes au corps serrées contre la poitrine, sur une petite plate-forme en bambou que l'on appelle

Porte d'Abomey.

koko dans le pays, puis, portées devant le fétiche. Le mingan, grand chef du pays, féticheur et exécuteur, commence la cérémonie en tranchant, d'un seul coup d'un couteau à lame d'argent, la tête de la victime, gonflée et congestionnée par le sang qui s'y est accumulé à cause de la position du corps. Le mingan abat quelquefois plusieurs têtes de suite ; la cérémonie continue alors par un féticheur moins élevé en grade, avec un couteau de cuivre ; puis, avec des lames de fer, par les petits féticheurs. Dès lors, le massacre devient général : les amazones et les guerriers prennent part à leur tour à cette tuerie. Le roi, impassible, du haut de la veranda où il trône, assiste à cette hécatombe: Les victimes lui sont présentées liées sur le koko, puis, jetées à la populace ; le tafia coule à flots, car le roi est généreux dans ces fêtes religieuses. L'ivresse arrive alors à son paroxysme ; les victimes ne touchent même plus à terre : elles sont enlevées, déchiquetées, tailladées, et les amazones en furie se vautrent dans le sang à la lueur blafarde des torches.

Tel est, d'après un des plus récents livres sur le Dahomey, livre de M. Chaudouin, qui a été trois mois en captivité au Dahomey, le récit, semblable au nôtre, des fêtes religieuses qui se célèbrent à diverses époques, chaque fois qu'on a razzié les victimes nécessaires.

Les fétiches étant mêlés à tout au Dahomey, à côté des féticheurs il y a aussi les féticheuses. Elles disent, comme nos tireuses de cartes, la bonne aventure aux jeunes filles sur le point de contracter mariage ; mais leur rôle ne se borne pas toujours à ces pratiques inoffensives, et elles ne le cèdent nullement aux féticheurs en férocité. Elles président aux sacrifices humains qui sont offerts au fétiche de la mer pour le rendre favorable aux gens du pays, afin que cette divinité fasse jeter beaucoup de navires à la côte, car, dans ce cas, les épaves et la cargaison appartiennent au roi, et les féticheurs en prélèvent une partie.

Les Européens ne peuvent jamais assister à ce sacrifice, qui se fait au milieu de la nuit. D'après les renseignements que M. Chaudouin a pu obtenir, on sacrifie les jeunes filles vierges, après avoir accompli tous les rites du fétichisme avec leurs corps et leurs entrailles ; leurs dépouilles sont enfermées dans des sacs lestés

Behanzin, roi du Dahomey.

de sable, et, au point du jour, les féticheurs passent la barre avec la pirogue du pays, et vont jeter les restes des malheureuses victimes au milieu de la mer. Cette cérémonie se renouvelle deux ou trois fois par an, et, pendant un certain temps, il est défendu de s'approcher du lieu où a eu lieu le sacrifice. On peut soupçonner en quelles horreurs il consiste.

Ce sont aussi les féticheuses qui, dans leur rage sanguinaire, sans cesse avides de sacrifices humains, trouvent toujours un prétexte pour faire immoler l'enfant mal né, boiteux ou bossu, qui est enlevé à la malheureuse mère, malgré ses prières et ses larmes, car elle aime ce petit être, malgré ses infirmités. Bien heureuse si elle-même ne subit pas un châtiment pour avoir donné naissance à un être disgracieux. Le poison destiné aux vengeances d'amour est aussi fourni par elles, tandis que les féticheurs en usent plus spécialement dans les empoisonnements *légaux* ordonnés par les autorités pour la sûreté de l'Etat.

Nous étudierons plus loin les mœurs et les autres coutumes des féticheurs et des habitants du Dahomey, qui croient fermement être plus civilisés que les Européens. D'après ce jugement, attribué à Behanzin, nous serions plus cruels que son peuple et nous aurions commis plus que lui des atrocités dans nos guerres civiles, dans nos combats entre gens se prétendant civilisés, dans nos batailles religieuses.

Laissant de côté cette appréciation, occupons-nous de la description de ce pays.

CHAPITRE DEUXIÈME

GÉOGRAPHIE DU DAHOMEY

Sommaire : Le Dahomey proprement dit. — La Côte des Esclaves. — Les peuples de la partie occidentale. — Une description d'Elisée Reclus. — Anciennes divisions ethniques. — La nation indigène. — Les traditions. — Le ventre de Dâ. — La généalogie des rois du Dahomey. — Limites du royaume. — Une singulière légende. — Aspect du pays. — Villages et cours d'eau. — Kana, la ville sainte. — Dieux drôlatiques. — Malpropreté des habitants. — Curieux détails. — Abomey. — Description de la capitale. — La Carthage noire.

Avant d'examiner les faits à la suite desquels la France a fondé des établissements sur cette côte barbare, avant de dire quel intérêt notre nation a recueilli et peut recueillir à l'avenir de ces possessions lointaines, il importe d'exposer brièvement la situation géographique du Dahomey proprement dit.

En étudiant la carte que nous publions dans ce livre, nos lecteurs pourront aisément suivre notre description, aussi exacte que possible, et qui résume toutes les études publiées jusqu'à ce jour.

Ce n'est qu'en s'appuyant sur des documents qu'il est permis de juger la politique de l'expansion coloniale, de se rendre compte de l'utilité de notre intervention, de reconnaître la nécessité de nos sacrifices.

Feuilletons d'abord le livre du plus illustre des géographes, d'Elisée Reclus :

« La partie de la côte africaine comprise entre les deux segments de terres alluviales que limitent la bouche de la Volta et le delta du Niger est un littoral typique par la régularité de sa plage extérieure, légèrement infléchie en arc de cercle et masquant une plage intérieure dont elle est séparée par des lagunes et des marigots : la mer qui baigne cette rive est le golfe de Benin. »

Le triste nom de côte des Esclaves, que porte encore cette région du littoral, lui vient du trafic des pièces d'Inde qui, depuis les premiers temps de la découverte portugaise jusque dans la deuxième moitié du XIXᵉ siècle, se maintint au bord des lagunes maudites.

Nulle part, il n'était plus facile aux négriers de faire leurs opérations au mépris des croiseurs.

La côte est défendue par de formidables brisants où peuvent se hasarder seulement des pilotes habiles ; les entrées des estuaires ne se voient pas du large et les baies intérieures offrent mille criques mystérieuses au bord desquelles, sous les arbres touffus, se cachaient les hangars abritant la marchandise humaine.

Les caravanes de traitants venues des rives du Niger, les soldats que les souverains du Dahomey et du Yorouba envoyaient avec les chaines de prisonniers, n'avaient pas à gagner la mer pour livrer leurs captifs ; le troc se faisait discrètement à l'ombre des forêts.

Toutes les nations de l'Europe occidentale, qui voulaient leur part de métal sur la Côte de l'Or, prétendirent également aux profits du trafic en hommes sur la Côte des Esclaves, et, pendant les dernières décades de la traite, des marchands brésiliens eurent aussi leurs négreries sur les plages du golfe de Bénin.

Mais, jusqu'en 1851, aucune puissance étrangère, à l'exception du Portugal, ne prit officiellement possession d'une ou de plusieurs chefferies indigènes de cette côte et ne fit exercer de droits souverains en dehors des factoreries fortifiées de ses marchands.

L'Angleterre commença l'œuvre d'appropriation coloniale par la capture de la ville de Lagos, dont elle fit le centre de ses opérations pour la suppression de la traite sur la Côte des Esclaves ; mais c'est en 1861, seulement, qu'elle régularisa son droit de puissance protectrice par l'achat du sol que ses troupes occupaient déjà.

Deux années après, la France achetait le territoire de Porto-Novo, qu'elle devait abandonner bientôt après pour le reprendre en 1883.

En 1884, un vaisseau de guerre allemand, appelé par des négociants de Hambourg et de Brême, s'emparait du pays de Togo, immédiatement à l'est des possessions anglaises de la Côte d'Or.

Quatre puissances européennes, en y comprenant le Portugal, qui gère l'administration de la partie du littoral que ne cessa de revendiquer le roi du Dahomey, se sont ainsi partagé la Côte des Esclaves ; mais du côté du nord, dans l'intérieur, leur domaine est encore sans limites précises.

Bien peu nombreux étaient les voyageurs qui, il y a quelques années, avaient pénétré dans ces contrées si longtemps ravagées par les chasseurs d'esclaves.

C'est entre la rivière Volta, qui roule l'or, et les bouches du Niger, que s'étend, dans la partie occidentale de l'Afrique, la bande de terre si tristement connue dans les annales de l'humanité, côte monotone, nue, que pas un arbre n'ombrage, où nulle maison ne s'élève, où pas un golfe n'offre un abri, où l'on aperçoit parmi les vagues furieuses qui déferlent, des bandes de crocodiles affamés.

Les peuples de la côte occidentale des Esclaves sont représentés par un très grand nombre d'individus parmi les nègres et les hommes de couleur du Brésil, où on les désigne uniformément sous le nom de Mina : dans la foule des Africains importés par les négriers, l'opinion publique leur a donné le premier rang pour la force, la beauté, les qualités morales, l'amour de la liberté. Ce sont les Mina qui ont le plus fréquemment lutté pour reconquérir leurs droits et qui ont formé dans l'intérieur du Brésil les Républiques de marrons les plus prospères et les plus vaillamment défendues. Ce sont eux aussi qui, par leurs filles, ont le plus contribué aux croisements des races dans l'Amérique portugaise et qui, par suite, ont le plus largement participé aux mesures partielles de libération.

Des centaines d'entre eux en ont profité pour retourner dans leur mère-patrie, où ils se livrent au commerce, soit comme intermédiaires, soit comme importateurs. Ils font une concurrence heureuse aux marchands européens, et par leurs alliances de famille avec les indigènes prennent une prépondérance numérique de plus en plus grande sur tous les étrangers : le nom de la cité brésilienne de Bahia, la plus importante à leurs yeux, leur sert à désigner d'une manière générale tous les pays situés en dehors de l'Afrique. Sans l'intervention d'un État, comme à Sierra-Léone, ni de Sociétés philanthropiques, comme à Libéria, le peuplement de la côte africaine par des affranchis et des fils d'esclaves, s'est fait dans cette partie du « Continent noir », et les résultats de cette immigration volontaire ne paraissent pas devoir être inférieurs à ceux des colonies fondées par l'Angleterre et les Compagnies américaines. Les anciennes divisions ethniques s'effacent peu à peu sous l'influence de ce nouvel élément ; les noms de famille de Souza, d'Almeida, d'Andrada, d'Albuquerque, sont devenus fort communs par les mariages, et le portugais dispute à l'anglais le rôle de langue dominante pour les relations internationales. A l'ouest, près des villes de la Côte de l'or, on parle anglais, mais à Ajuda, le portugais l'emporte : c'est l'idiome européen que l'on enseigne dans les écoles. En 1730, quand Des Marchais visita la côte, un jargon lusitanien servait de langue franque dans le « royaume d'Ardres », au nord d'Ajuda. Des familles portugaises de sang mêlé se sont maintenues dans le pays depuis l'époque des premières explorations, et l'un de ces clans est devenu si nombreux qu'il a reçu le surnom d'immortel. Dans ces familles de couleur, les mariages consanguins, même entre frères et sœurs de mères différentes, sont très communs, et l'opinion ne les réprouve point.

La nation indigène la plus puissante du groupe du Eoué est celle des Fon, appelés maintenant Daoama ou Dahoméens, du royaume qui se constitua dans la première moitié du XVIIe siècle au nord du littoral d'Ajuda ; d'après une légende qui n'a peut-être aucun fond historique, ce nom de Dahomey ou Dahomé, signifiant « ventre de Dah », rappellerait un général qui, après avoir fait vœu de sacrifier Dah, son propre roi, s'il parvenait à s'emparer d'une ville depuis longtemps assiégée, s'empressa de tenir sa promesse après la victoire, en ouvrant le ventre de son souverain et en plaçant la première pierre dans les viscères sanglants ; d'après d'autres auteurs, le vrai nom du pays serait Donhomé « ventre du Serpent », et se rattacherait à la légende d'un serpent fétiche.

Serpent fétiche.

Il y a d'autres traditions que nous devons citer.

Le P. Laffitte a recueilli des renseignements aussi précis que possible sur l'origine de ce peuple qui, n'ayant qu'une tradition orale, a dérouté les investigateurs par ses incohérences et ses contradictions.

Voici les faits qui se rapprochent le plus de la vérité. Au commencement du XVIIe siècle, aucun historien ne remonte plus loin, le territoire du Bénin était divisé en trois monarchies.

Cent ans plus tard, le Dahomey comprenait encore trois monarchies distinctes : celle de Whydah, celle d'Allada et celle de Cana, ville sacrée, capitale du roi Dâ (serpent).

Les limites naturelles de ces états étaient des marécages vastes et profonds.

Le royaume d'Allada primait les deux autres par son étendue, le nombre de ses habitants et la fertilité de son territoire.

A la mort de Dâ, son roi, ses trois fils se firent la guerre pour savoir celui qui règnerait, et la fortune favorisa le plus jeune.

L'aîné prit la fuite vers le littoral, entre Wydah et Badagry ; le second s'engagea dans les marais et se confia au roi de Cana, qui l'accueillit avec bonté et lui fit don d'une portion de ses états.

Ce dernier fugitif vit bientôt grossir le nombre de ses esclaves et obtint chaque jour de nouvelles terres de la générosité de son protecteur.

Comme il demandait encore de plus larges concessions afin de nourrir ses nombreux partisans, le roi de Cana finit par lui répondre :

« Prince d'Allada, tu es un ingrat ; ton intention est de bâtir des cases jusque sur mon ventre ! »

Le projet de l'aventurier était clair, en effet : quand il se sentit assez fort pour entrer en cam-

pagne, il attaqua son bienfaiteur à l'improviste, le fit prisonnier, l'amena au centre de ses terres qu'on appela Agbomée (*Abomey*), et le jeta tout vivant dans une tranchée nouvellement ouverte.

Comme le malheureux Dâ l'avait pressenti, son ventre fut la première assise d'un palais dont les murs sont encore debout, et ce palais porte le nom de Dahomey (ventre de Dâ), nom qui a passé à tout le royaume actuel.

Le barbare heureux rêva de nouvelles conquêtes, fit de grands préparatifs de guerre, alla surprendre son frère le roi d'Allada, malgré l'impraticable lagune qui le protégeait, lui fit subir plusieurs défaites et l'immola de sa propre main. Ainsi s'agrandit son domaine.

Confiant en sa force, ce prince belliqueux convoita les richesses, les fusils, la poudre et l'eau-de-vie du roi de Wydah. Il marcha donc contre son voisin, et son armée aguerrie eut facilement raison de la bande de pillards qui occupait le littoral. Le royaume de Dahomey se trouva définitivement constitué de la sorte et devint une seule monarchie. On en a recherché les princes.

Daho régna, paraît-il, de 1620 à 1650 ; son fils Aho, qui lui succéda, occupa le trône jusqu'en 1680 ; Akabali, de 1680 à 1708 ; Agajah ou Guada-Trujo, de 1708 à 1728. Prince des plus célèbres du Dahomey, Agajah établit la milice féminine des Amazones, prit en 1727 la ville de Wydah et immola 4,000 prisonniers Ce fut une des premières grandes coutumes de l'époque dite civilisée du Dahomey.

Ensuite, car dans cette énumération souveraine nous ne devons oublier aucun nom (ainsi l'exige, dit-on, l'histoire pour tous les rois jusqu'aux plus nègres), ensuite règnent Tegbervesum, de 1729 à 1775 ; Mpenguela, de 1775 à 1789 ; Agougolu, de 1789 à 1817.

Agougolu fut malheureux dans ses guerres et devint tributaire des Eyeos ou Jovoubas. Mais son fils Guézo occupa avec gloire la case royale de 1818 à 1858.

Il conquit le Mahi et développa beaucoup le commerce du Dahomey. Son fils Gléglé rendit aux sacrifices humains leur ancienne splendeur et fit couler annuellement des flots de sang.

Plusieurs fois repoussé par les Egbas, Gléglé, victorieux ailleurs, détruisit successivement plusieurs grandes villes, Ichoga, Méko, Ikéta, Okiadan, et transforma en une immense solitude tout l'espace compris entre le fleuve Ouémé et Abéokouta. Ses guerres interminables affaiblirent beaucoup le Dahomey.

Il mourut au mois de décembre 1889 et fut, comme on sait, remplacé par son fils Kondo, couronné sous le nom de Béhanzin.

Le Dahomey, dont l'étendue a souvent varié, a, en réalité, des limites assez difficiles à fixer.

Actuellement, il est borné au sud par le golfe de Benin ; à l'est, par le lac Denna et la rivière do Sô, ou Zamou, qui, avec un affluent du Wémé, le séparent du royaume de Porto-Novo.

Vers l'ouest, le Dahomey semble limité par la rivière d'Aô, inconnue des Européens, à qui l'accès en était interdit, et par des régions inexplorées jusqu'alors, lesquelles, si l'on en croit le voyageur Chaudouin, sont sous la domination de roitelets plus ou moins tributaires du Dahomey, car l'autorité effective du roi ne s'étendait pas à plus de 200 kilomètres d'Abomey, la capitale.'

La population offre peu de densité et ne dépasse certainement pas 300,000 habitants, quelques historiens disent 200,000.

Le Dahomey, devenu un des principaux États de la Guinée supérieure, n'est donc qu'une bande de terrain appuyée sur la mer et située à 1,800 lieues de la France.

Il s'avance à 150 kilomètres vers le nord, sur une longueur de 5 kilomètres environ. Il est compris entre le 2° de longitude occidentale et 0°30' de longitude orientale du méridien de Paris, et entre le 6° et 8° de latitude boréale.

On y voit une plaine entrecoupée de lagunes au midi ; au centre et au nord, des marécages ; à l'est et à l'ouest, d'autres marécages et des cours d'eau qui ferment tout accès.

La chaleur y est éternelle, mais les vents alizés, aussi réguliers que le soleil, rafraichissent l'atmosphère. Quoique peu étouffante, cette température, toujours élevée, engendre de nombreuses maladies.

C'est la période marquée par un vent que les indigènes désignent sous le nom d'*Harmalan :* c'est à peu près l'équivalent du siroco du sud de l'Algérie. C'est aussi l'époque la plus saine pour les Européens. De fréquentes tornades (tempêtes) s'abattent sur le pays au moment des changements de saison et balayent comme des fétus les cases des indigènes, qui ne s'en inquiètent pas outre mesure et les reconstruisent aussitôt.

Les côtes sont défendues par des barres, espèces de gradins sous-marins formés dans les sables par des courants variablement rapides qui en rendent l'accès très difficile et qui contournent le golfe de Benin en descendant vers le sud.

Au bord de la mer, d'après la description de M. Chaudouin, on trouve dans toute cette partie de l'Afrique, de grandes plages de sable qui sont elles-mêmes séparées de la terre ferme par des lagunes de peu de profondeur dans la saison sèche, mais qui deviennent de véritables lacs souvent très profonds, au moment des grandes pluies.

Ces lacs ne trouvant pas d'ouvertures assez profondes pour leur écoulement, s'accumulent entre les plages de sable toujours plus élevées que la terre ferme, inondent toutes les terres à plusieurs kilomètres vers l'intérieur, et, trop surchargés, rompent parfois leurs digues de sable, ce qui nécessite d'importants travaux pour préserver de la destruction les établissements qui se trouvent sur les plages.

La plus importante de ces lagunes, le lac Denham ou Nokoué, communiquait autrefois avec la mer par un chenal de sept brasses qui permettait aux navires négriers de venir s'approvisionner d'esclaves jusqu'au cœur des États dahoméens.

La fermeture de ce chenal fut ordonnée par le roi du Dahomey, il y une cinquantaine d'années afin de lui permettre de ravager à son aise la presqu'ile allant de Kotonou à Lagos et d'empêcher les navires européens de s'introduire dans son pays.

Suivant un autre historien de la Côte des Esclaves, Pierre Bouche, l'étymologie de nokoué viendrait des mots *maison* de la *mère* (*no*, mère, *koué*, maison).

La légende curieuse prétend qu'une femme féticheresse ayant donné le jour à un enfant dans une grande forêt qui s'élevait sur l'espace aujourd'hui occupé par les eaux, ne voulut pas le nourrir, disant qu'il n'était pas son fils.

Celui-ci se mit à courir à travers la forêt appelant à son aide toutes les divinités et surtout Chango, les priant de le venger, de détruire ce bois et la case de sa mère et de prouver ainsi combien il leur était agréable.

Chango l'écouta, détruisit la forêt par le feu et la transforma en la lagune profonde.

Les noirs ont une peur affreuse des eaux du lac ; ils croient que si un malfaiteur s'y aventurait en pirogue, il serait immédiatement englouti.

L'orographie, d'après un voyageur revenu en France il y a peu de temps, M. Victor Nicolas, capitaine d'infanterie de marine, l'orographie de nos établissements du golfe du Bénin est peu compliquée.

Elle ne comporte que quelques plateaux peu élevés situés dans l'intérieur.

En dehors de ces monticules, le sol, sablonneux ou marécageux, est entièrement plat.

Cependant à partir, de Cana dans le Dahomey, le terrain se relève, devient onduleux, puis montagneux.

Au delà d'Abomey on trouve même des mamelons d'une certaine élévation.

L'aspect du pays est très curieux. C'est une succession de terrasses et de plateaux s'élevant par des pentes plus ou moins sensibles de la mer aux collines des Manthis, contre-forts de montagnes de Kong. Des marais et des lagunes d'une largeur variable coupent le pays. Le marécage qui sépare le royaume de Porto-Novo du plateau d'Abomey est le plus considérable. Il a environ 200 kilomètres de circonférence.

Le climat est équatorial plutôt que tropical. Les saisons se divisent en deux saisons sèches et en deux saisons de pluies. Grandes pluies de mai à juin, moindres de septembre à novembre. Du 15 juillet au 15 septembre, petite saison sèche. La grande saison sèche dure de décembre à fin mars, parfaitement tranchée.

L'influence politique de la France dans le golfe du Bénin se fait sentir sur toute la bande de territoire limitée : à l'est par les colonies anglaises de Lagos et de Badagry ; à l'ouest par les établissements allemands de Pogo, Petit-Popo et Porto-Séguro ; au nord par le Barba et par des régions vagues.

Entre ces limites sont compris en allant de l'est à l'ouest, le royaume de Porto-Novo, le royaume du Dahomey et les territoires de Grand-Popo et d'Agoué.

On y rencontre sept cours d'eau ou rivières, d'importance différente, dont un seul l'Ouémé constitue la voie commerciale et stratégique pour pénétrer dans l'intérieur du royaume.

Des routes qui conduisent de la plage à l'intérieur, la plus importante est celle de Wydah à Abomey qui sont à proprement parler les deux seules villes de la contrée.

Tous les autres points cités sur les cartes ne sont que des bourgs, de tout petits villages ou des marchés où, à certains jours du mois, les noirs se rassemblent, venant de loin pour acheter ce dont ils ont besoin et écouler les objets de leur fabrication, leurs produits et les marchandises européennes qu'ils ont achetées aux habitants le long de la côte.

Les principaux villages se nomment Savi, Tolly, Azoué, Allada, Agrimey, puis Cana la cité sainte qui renferme les tombeaux des rois.

Cana, ou plutôt Kana, mérite une description spéciale qui a été faite par deux de ses récents visiteurs français.

Le premier, M. Bayol, à qui nous emprunterons plus d'un récit, l'a succinctement dépeinte.

C'est une cité importante dont la population peut s'évaluer à 12,000 habitants ; c'est un lieu de villégiature pour les riches indigènes qui ont à la fois des habitations à Kana et à Abomey éloigné à peine de dix kilomètres.

Une seule rue, véritable voie royale, très large, la traverse, servant de place, de marché et se continuant en ligne directe jusqu'à la capitale.

On n'y pouvait jadis pénétrer qu'après avoir, tête nue, franchi un tronc d'arbre couché sur le sol, surmonté d'un semblant d'arc de triomphe, composé d'une poutre placée en travers de deux poteaux et située sur le point culminant du terrain.

La végétation qui entoure la ville est très rare.

Quelques palmiers, des euphorbes, des papayers, des acacias rabougris se montrent, çà et là, sur un sol dur, jaunâtre, semé de petits cailloux, de débris de quartz.

Un palais entouré de hautes murailles, habité par le roi du Dahomey à certaines époques où, sur l'avis des féticheurs, il vient faire ses dévotions et envoyer à ses ancêtres quelques messagers décapités ; de grandes cases appartenant aux princes et aux dignitaires de la couronne ; la maison du *mévo*, ministre chargé des relations avec les négociants de Wydah ; de nombreuses fermes au milieu de champs soigneusement cultivés constituent la ville.

Les détails les plus pittoresques ont été fournis sur cette capitale religieuse par M. P. Vigné, d'Octon, le second voyageur dont nous avons parlé.

Nous sommes heureux de pouvoir citer en entier cette page colorée, ce remarquable et saisissant tableau de Kana la sainte, jusqu'ici inconnue des blancs.

— Ont-ils dû rire nos gais marsouins, devant les figurations monstrueusement obscènes de certaines divinités, dont le culte s'épanouit à Kana. Je vois d'ici leur étonnement ironique devant la statue d'Elegbar, fétiche de la fécondité, grossièrement sculptée dans un tronc de bombax, et qui, avec le sans-gêne d'un dieu, dresse le long des rues, au coin des carrefours, ses puissants attributs. J'entends leurs propos

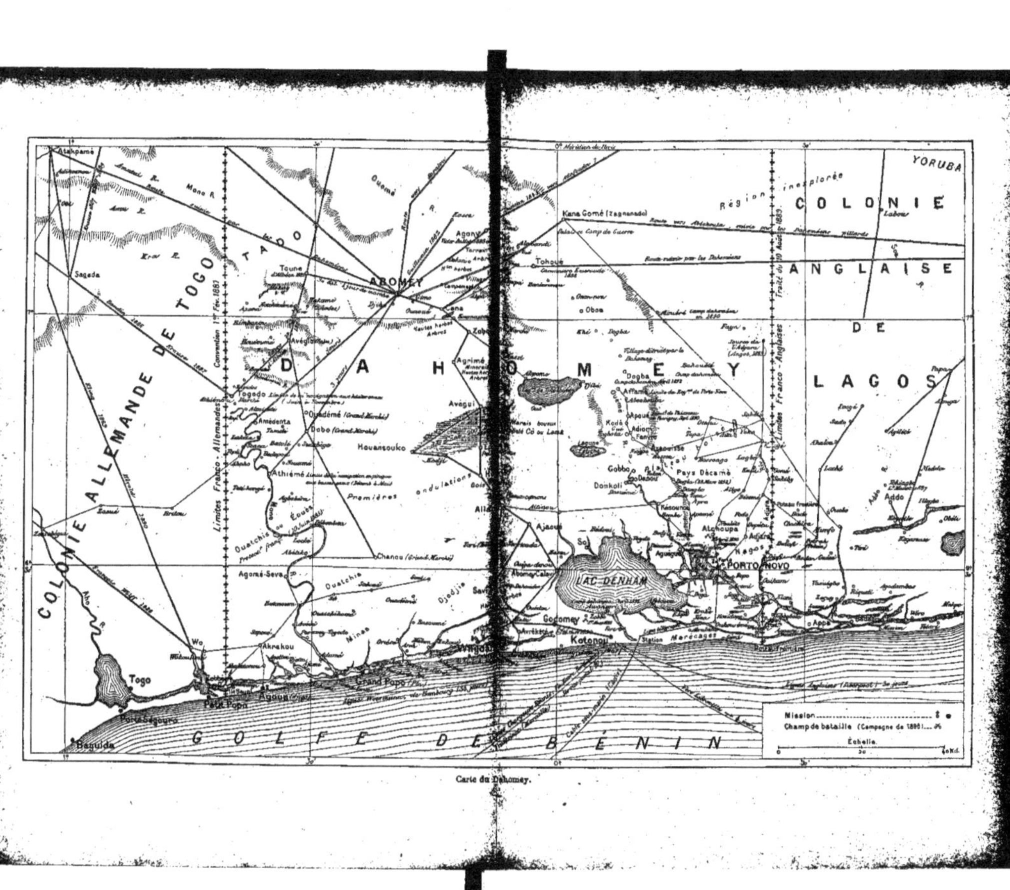

Carte du Dahomey.

grivois, quand au tournant d'une sente, ou sous la verandah d'un temple, surgira la déesse Ifa, étalant au soleil son ventre poli par les baisers des vierges noires en mal d'époux ; drôle leur paraîtra l'idée de l'artiste dahoméen qui, par une rondelle de coco, figura le nombril.

Mais avant de pénétrer dans les quartiers saints de Kana, et dans son bois sacré où pullulent les dieux, disons quelques mots de la ville. Le mot de bourgade conviendrait mieux à cet entassement de huttes quadrangulaires, recouvertes d'un chaume pointu, entourées de palissades fragiles en palmes sèches. L'exiguïté en est extrême. Certaines sont si petites, l'entrée en est si basse, qu'il paraît d'abord impossible que des êtres humains puissent y pénétrer : ce sont de vraies tanières. Dans l'intérieur, peu ou presque pas de meubles ; chez les plus riches seulement se trouve le *tara* — lit d'osier très commode acheté à Lagos ou à Wydah ; chez les autres, une simple natte, une peau de bouc, quelquefois une poignée de terre servent de couche ; un long fusil à pierre, une lance, de nombreux gris-gris (amulettes) suspendus au toit ; devant la porte, un mortier à kous-kous, un pilon grossièrement taillé. C'est tout.

Les ruelles du village s'enchevêtrent en vrais dédales. Là dedans grouillent pêle-mêle, dans la plus absolue promiscuité, hommes, femmes, enfants, cochons et poules. Il s'en exhale une odeur de négraille, et les écœurantes senteurs de l'ekpo (huile de palme) et de l'atiké, qui sont les parfums familiers des Dahoméennes. L'oreille est assourdie par le bruit des pilons broyant le mil dans le mortier, pour faire l'*akassa*, autrement dit le kous-koussou de ces peuplades.

La malpropreté de Kana est repoussante : il en est de même, d'ailleurs, de tous les villages dahoméens.

Partout, dans le royaume de Béhanzin, les soins de la voirie sont uniquement confiés à plusieurs espèces de vautours qui pullulent sur la côte d'Afrique.

Les bentaniers de Kana sont remplis de leurs nids. Il y a là le *vautour chasse-fiente*, vulgairement dénommé *charognard*, et le *milan parasite*, plus connu sous le nom d'*écouffe*. Ce dernier est si familier qu'il vient dans les rues de la ville enlever aux mains des femmes la viande qu'elles rapportent du marché. Quiconque tue un de ces rapaces doit payer une forte amende aux cabécères du roi.

Au nord de la ville, parmi des palmiers nains et des acacias se dresse le palais, ou plutôt la maison de plaisance de S. M. Béhanzin. Il n'y vient, en effet, que pendant la saison sèche, car durant l'hivernage les marigots qui entourent la ville à l'est et à l'ouest la rendent inhabitable et malsaine. Douze kilomètres seulement la séparent d'Abomey, la capitale officielle, et les deux villes sont unies par une superbe route large de trente mètres et qu'ombragent des cailcedrats et des bentaniers magnifiques. Au sud de Kana s'étendent les plaines fertiles, cultivées par les esclaves du roi pour l'approvisionnement de la Cour, et qui, en langue djedji, portent le nom de « Jardin du Dahomey ». A l'est de la Ville Sainte la brousse règne en maîtresse ; elle est hantée, d'après les légendes dahoméennes, par un souverain fantôme qui double le véritable roi ; bien que n'existant pas, il possède un palais, des cabécères, des amazones, un budget. C'est en son nom que les agorigans prélèvent les impôts, et que les ministres demandent au peuple la liste civile ; mais s'il se fait des largesses dans le royaume, s'il se donne des fêtes, c'est le vrai roi qui en est l'auteur. Toutes les plaintes du peuple vont au monarque fictif ; le roi réel ne peut recevoir que la reconnaissance de ses sujets. Le monarque chimérique prend, dans le langage du peuple, le nom de roi de la brousse et encore de roi de Kana. Voici maintenant la place publique de la Ville Sainte. Quelques bombax aux troncs noueux, des acacias aux fleurs jaunes l'abritent de leur ombre profonde. C'est à leurs pieds que les agorigans font, à propos de tout et de rien, d'interminables palabres ; c'est sous leur dôme touffu qu'aux jours de fêtes et aux lunes nouvelles la jeunesse dahoméenne se livre, infatigable, à la danse. Les akpalos (poètes) y content leurs alos (proverbes), leurs légendes, aux hommes attentifs et aux femmes curieuses ; et dans les nuits sereines de la belle saison, montent vers les étoiles leurs cantilènes monotones et la voix plaintive de leurs koras (harpes). Au cours des journées chaudes, des négrillons y jouent dans le sable avec des chèvres et des chiens ; de belles jeunes filles, au torse souple et nu, aux seins menaçants et pyriformes, viennent y laver leur pagne, dans l'eau du puits qui s'y trouve. Sous un bombax, un féticheur tient école. Une douzaine de bambins et d'adolescents, aux cheveux crépus et à la peau lustrée, sont assis par terre et récitent, sur un rythme traînard, des invocations aux fétiches. Derrière eux, le maître marque les pauses et veille à l'unisson ; tout à l'heure, quand la nuit viendra, enténébrant le village, il mettra le feu au tas de branches mortes que chaque élève est tenu d'apporter ; et longtemps, dans le grand silence nocturne, on entendra leurs voix grêles, tandis que du bois sacré monteront comme une plainte lugubre les glapissements des chacals et des hyènes.

D'autres fétichistes — vieux noirs à barbe blanche, prêtres d'Elegbar ou d'Ifa, de Chango ou d'Odoua — sont accroupis sous les acacias de la place, attendant l'heure des sacrifices. Imposants d'aspect malgré leurs vêtements sordides, ils semblent rivés à la terre ; leur regard est vague et terne et rien ne bouge en leur physionomie figée que leurs lèvres lippues récitant les vertus des fétiches.

Enfin, nous voici dans le bois sacré, le bois qui fait de Kana la Ville Sainte, la capitale religieuse du Dahomey. C'est derrière le palais du roi, non loin de l'enceinte fortifiée, à l'ombre des grands arbres dont les rameaux plient sous le poids des amulettes, une mystérieuse retraite que le soleil ne visite jamais. A l'entrée de ce bois se dressent des bentaniers géants ; ce sont, avec les kolatiers, les arbres sacrés du fétichisme. Aisément s'explique la vénération du noir dahoméen pour ce colosse de la flore africaine. En effet, c'est dans le tronc du bentanier qu'il sculpte la plupart de ces dieux ; c'est dans son tronc qu'il taille d'une pièce les légères pirogues sur lesquelles il affronte les brisants de la côte ; c'est encore ce tronc qui fournit la matière des mortiers, des pilons et de tous les ustensiles nécessaires à un ménage noir.

Aussi, est-ce à ses pieds ou dans l'épaisseur de sa ramure que se dressent, en leurs bizarres oripeaux, tous les fétiches protecteurs. C'est Chango, le dieu de la foudre, qui, au cours des orages, lance sa pierre de feu sur les méchants ; mais voici, à côté de lui, Aïdo-Khouédo — l'arc-en-ciel, dont les prêtres ont le pouvoir de calmer la colère de son voisin. Un peu plus haut, c'est Obatalla — le dieu des visions lointaines : — sous sa chevelure de mousse, ses prunelles de verre pénètrent les plus secrètes pensées ; en face de lui se tient I-yangba, sa femme, qui est la maîtresse de la Bonne-Terre — deux divinités paisibles et douces aux Dahoméens. Mais, attention ! sur la plus basse branche de ce kolatier se balance un fantoche hideux dont la vaste mâchoire, garnie de dents de chien, s'entr'ouvre comme pour dévorer : c'est Chakpana, le fétiche de la petite vérole, qui couvre de pustules le corps de ceux qu'il hait ; son frère, Boukou, qui les étouffe, lui tend la main. Mais au-dessus d'eux est une divinité bienveillante qui veille à leurs méfaits, et souvent les répare. C'est Odoua — la Nature. — Sa figuration est bien simple : un épi de maïs, dont la tête sort d'un linge, simulant le pagne.

Voici à l'entrecroisement de deux sentes Orika-Kô, patron des terres cultivées. Autour de sa statuette s'amoncellent des noix de kola, des ignames, des amandes de palme, déposées là par des fidèles désireux d'obtenir du dieu une abondante récolte. Sur tous les arbres du bois courent, gambadent, en poussant des cris aigus, des *oddouns*, petits singes familiers, au pelage gris, que l'on vénère comme patrons des jumeaux. Détournez les yeux de ce fétiche assis sur la fourchette d'un bombax, et dont la tête, vaguement, rappelle celle d'un caïman : ne le regardez point, c'est Ogoun, le plus irritable des dieux ; les prêtres sont les plus faméliques, les plus insatiables de tous les féticheurs. A chaque lune nouvelle, pour l'apaiser, ils éventrent un chien sous son arbre sacré, et enroulent des entrailles de poule à chacun des rameaux. Enfin, voici le couple divin qui — plus que tout — étonnera nos bons petits soldats : Ifa, la déesse qui préside aux mystères de l'enfantement, et dont le sexe est si étrangement figuré ; en face d'elle, Elegbar, le dieu de la fécondité, dresse son monstrueux phallus, devant lequel viennent se prosterner les pauvres Agans — les femmes stériles, objets de mépris au Dahomey. »

Après avoir reproduit ce tableau, digne de la plume de Flaubert, complétons l'exposé géographique par des détails complémentaires sur Abomey, que nous avons déjà dépeint en fête.

Abomey, assez bien défendu par sa position sur un plateau élevé, n'offre point de grandes splendeurs au visiteur.

La Carthage noire des holocaustes humains a, nous l'avons dit, des rues larges et bien tenues, des maisons bâties en argile.

C'est un amalgame de cases et de cours au milieu d'une enceinte de murailles de trois kilomètres environ, peuplée d'ordinaire de près de vingt-cinq mille habitants.

La ville se compose de deux parties distinctes, dont l'une intérieure est également entourée de murs et précédée d'un fossé comblé en partie, écroulé en de nombreux endroits, et remplacé par des cactus et des arbustes épineux.

Elle renferme le palais du roi, où sous le pavillon placé non loin de la porte d'entrée de la demeure royale, Sa Majesté dahoméenne rend la justice, reçoit les ambassadeurs étrangers et assiste aux fêtes et aux danses de son peuple.

Cette place est d'une étendue considérable et toute nue à l'exception de quelques maigres arbustes.

Quand on franchit, a raconté M. Bayol, la porte principale située au-dessous d'une construction à un étage, rappelant la façade du palais du roi Toffa, à Porto-Novo et imitée des constructions portugaises de Wydah, on pénètre dans une cour assez étendue, ornée d'un grand figuier et d'un bouquet d'arbres rabougris.

Plus loin les cases des amazones, les habitations des femmes du roi et au loin, derrière les murailles, on aperçoit le marché qui se tient d'ordinaire la nuit, à la lueur des torches, et les nombreuses habitations indigènes ombragées de rares palmiers aux larges feuilles.

L'habitation du roi n'a rien de particulier. Du reste, le monarque, qui possède sept palais dans sa capitale, ne couche jamais dans le même et dort principalement pendant la journée.

En dehors des murailles de la ville proprement dite, de nombreuses habitations entourées de jardins, de champs de manioc, de patates et de haricots où quelques palmiers à huile ont été conservés comme arbres d'ornement, s'étendent, ici, groupées, là, espacées, les unes des autres et vont se perdre dans les hautes herbes qui cachent un terrain marécageux où l'on trouve de l'eau pendant la saison pluvieuse et où l'on peut en obtenir en creusant légèrement le sol à l'époque de la saison sèche.

Les habitants n'ont ni citerne, ni puits et sont forcés d'aller chercher très loin l'eau potable qui se vend au marché comme une denrée précieuse.

Telle est la physionomie générale du Dahomey et de ses villes.

Nous étudierons plus loin la côte, le royaume de Porto-Novo et les territoires de Grand-Popo et d'Ogoué, Wydah et Kotonou, mais nous passerons d'abord en revue les mœurs des Dahoméens.

CHAPITRE TROISIÈME

RELIGION. — ARMÉE. — COUTUMES

Sommaire : Respect de l'autorité royale au Dahomey. — Tout appartient· au prince. — Les femmes du roi. — Les Amazones. — L'armée. — Exercices et manœuvres. — Les surprises. — L'attaque des villes. — Les razzias. — L'armée du brigandage. — Le fétichisme. — Les féticheurs. — Les fétiches. — Multiples divinités. — Sacrifices étranges. — Coutumes singulières. — Le sort des femmes. — Usages. — Costumes. — La polygamie et les adultères. — Croyance à l'immortalité. — La politique. — La justice. — Tribunaux sommaires. — Châtiments corporels. — Puissance du roi. — L'éducation d'un prince. — Système de gouvernement. — Les ministres. — Les impôts. — La langue.

Les coutumes dahoméennes sont extrêmement curieuses, en dehors même des cérémonies criminelles.

Il y a au Dahomey une civilisation relative, et chez ce peuple si sauvage un respect profond de l'autorité.

En aucun pays, l'autorité royale n'est aussi forte, aussi puissamment organisée. Chacun pratique vis-à-vis du souverain l'obéissance passive ; nul n'oserait songer à mettre en doute l'infaillibilité du souverain.

D'après les anciens historiens de la contrée, Norris, Borghero, Skertchley, des Marchais, Bourhe et différents autres, Elisée Reclus a donné sur ces coutumes des détails que nous compléterons.

Les formes de la politesse sont très en honneur chez les Dahoméens ; une stricte étiquette leur dicte les paroles à prononcer, les révérences et les agenouillements à faire suivant la qualité des personnes qu'ils rencontrent ; même quand un dignitaire du royaume, sans se montrer lui-même, se fait représenter par sa canne, que porte un esclave, cet insigne est reçu partout avec de grandes démonstrations de respect ; devant le bâton du roi, qui sert également de sauvegarde aux étrangers, tous se prosternent comme si le maître lui-même était apparu. Par l'abaissement des sujets, par la tyrannie des maîtres, le royaume du Dahomey ressemble singulièrement à celui des Achanti, et de tout temps les sou-verains des deux pays se sont reconnus comme frères, s'envoyant l'un à l'autre de fastueuses ambassades. En peu de contrées les souverains et les grands ont procédé avec plus de logique à la consolidation de leur pouvoir par l'institution de symboles et de cérémonies qui rappellent toujours à la foule la majesté royale.

Le souverain est un dieu: son pouvoir est sans limites, la vie et la fortune de ses sujets lui appartiennent sans restriction ; il est le maître de tous les vivants, l'héritier de tous les morts. Si les rixes sont interdites, c'est qu'elles peuvent avoir pour conséquences d'endommager par des blessures la propriété vivante du roi.

Jadis, les enfants étaient enlevés très jeunes à leurs mères et nourris dans d'autres familles, loin des parents, afin qu'aucun lien naturel d'affection ne rattachât les sujets à d'autres qu'au maître souverain.

Elevé au-dessus des misères auxquelles sont condamnés les autres hommes, celui-ci est censé ne manger ni boire ; c'est loin de tous les yeux qu'il prenait autrefois ses repas. Il daigne entendre ses sujets, mais naguère c'était comme un esprit invisible ; s'il lui plaisait d'exaucer la supplique, il le témoignait en avançant le pied sous le rideau qui le cachait aux regards. Il possède toute une armée de femmes, commandée militairement par la reine ou dada, à laquelle appartient le droit de vie et de mort dans les limites du harem, et dont les fils ont seuls le droit de se dire princes royaux : les fils nés des autres femmes ne sont que des acoir ou pages ; c'est parmi eux que l'on choisit les cabécères ; mais ils encourent la mort s'ils se permettent de mentionner leur origine ; la femme que le roi envoyait en cadeau annuel à son favori portugais d'Ajuda devait être transmise par des soldats apostés de distance en distance et durant tout le trajet ses pieds ne devaient pas toucher terre : elle arrivait plus morte que vive. Dans la multitude des femmes appartenant au roi, quelques-unes sont au nombre des dignitaires du royaume : telle est la gardienne du brasier auquel s'allume la pipe royale, telle est aussi la favorite qui présente le crachoir. Quand le roi daigne prendre conseil, ses femmes délibèrent avec le mingo ou premier ministre et les autres personnages de l'Etat.

Cependant la foule des épouses royales se compose simplement d'esclaves, laveuses, porteuses et cuisinières, qui entretiennent le somptueux ménage de la cour. On sait aussi que des centaines de femmes, campées dans l'enceinte du palais, constituent la garde royale. Ces amazones renonçant à l'amour et au mariage, déclarent entrer dans les rangs des hommes et prennent un costume de soldat, d'ailleurs fort élégant, que nous avons décrit déjà : pantalon court vert ou rouge, tunique multicolore, écharpe de soie ou de velours, casquette sur laquelle sont brodés des animaux fantastiques. Devenues les compagnes de guerre des hommes, elles ont l'amour-propre de dépasser leurs rivaux par leur courage, l'acharnement et le mépris de la mort. Souvent aussi elles l'emportent sur les hommes en froide cruauté ; une de leurs compagnies, nous le savons également, se compose de « femmes à rasoir ».

Au Dahomey, chose peut-être unique au monde, les dignités accordées à l'homme ont leur dignité correspondante parmi les femmes. Il y a le *Méhou* et le *Minghan* féminin, mais leur autorité se rapporte principalement à l'armée des femmes.

Soldats, capitaines, généraux, tout est tiré de cette milice féminine, qui forme la garde royale, mais a aussi l'honneur, au combat, de donner ou de recevoir les premiers coups. Les amazones se servent aussi des armes modernes. Leurs tambours de guerre sont ornés de crânes humains et de calebasses garnies d'osselets.

Il est assez difficile d'évaluer exactement l'effectif de l'armée dahoméenne. On en a donné des chiffres assez fantaisistes ; on l'a évalué à 13,000 hommes, plus 2 à 3,000 amazones en temps de guerre ; d'autres ont affirmé qu'on compte de 4 à 5,000 femmes. D'après les derniers renseignements des voyageurs et des officiers français, l'armée de Behanzin aurait été composée de 50 chefs militaires, devait entretenir chacun 50 hommes. En cas de guerre, les chefs devaient recruter 2,000 hommes de plus, ce qui constituait une armée active de 4,500 hommes, bien équipés, bien armés. La levée en masse a dû procurer en tout 10,000 combattants. Quant à la garde des amazones du roi, elle ne s'élevait qu'au chiffre de 800 en temps de paix.

Comme le roi ne donne aucune solde à ses troupes, celles-ci gagnent leur vie et occupent les loisirs que leur laissent le métier des armes et la garde de la plage, en pêchant : métier lucratif, car les lagunes sont poissonneuses, et le noir est très friand de poissons.

Le corps des amazones n'est pas uniquement composé du rebut du sexe faible. A certaines époques de l'année, des envoyés du roi viennent dans les centres et s'emparent de tous les enfants d'un certain âge (12 à 14 ans) ; aussi voit-on, sitôt que l'alarme est donnée, des mères apporter dans les factoreries leurs enfants, en suppliant de les y cacher, sachant que celles-ci sont inviolables. Tous les enfants pris sont emmenés à la capitale, où ils sont soumis à un régime et à un entraînement spécial destinés à en faire des guerriers ou des amazones. La virginité est, en effet, exigée de ces dernières ; aussi sont-elles surveillées par des eunuques, et ceux-ci sont formés, en certains points du royaume, dans des maisons dissimulées au milieu d'un fourré épais, maisons dont on a soin d'éloigner les Européens.

D'après le père Chautard, missionnaire au Dahomey, il y a un double recrutement pour les amazones : chaque Dahoméen est obligé de présenter ses filles devant une espèce de conseil de révision. Celles qui sont déclarées « bonnes pour le service » sont versées dans le corps des amazones. Les amazones sont aussi recrutées parmi les petites filles faites prisonnières à la guerre et dont les parents ont été massacrés ou vendus au loin comme esclaves. Ces pauvres filles, qui ne se souviennent plus de leurs parents, sont élevées par les amazones ; elles ne tardent pas à prendre des goûts militaires, et n'ont bientôt plus qu'une ambition, celle de s'illustrer à la guerre.

Les amazones, on le sait, sont vouées au célibat sous les peines les plus rigoureuses ; par exception, cependant, le roi en donne quelques-unes en mariage à se s soldats les plus méritants.

Elles sont divisées en trois brigades, la brigade centrale formant la garde du roi.

Chaque brigade comporte des amazones de cinq armes différentes.

— Les espingolières ou agbaraya, vêtues d'une tunique bleue et d'une écharpe blanche en ceinture. Leur étendard représente une guerrière déchiquetant un ennemi.

— Les chasseresses d'éléphants ou gbéto, à l'uniforme blanc et bleu avec une coiffure à deux cornes.

— Les amazones à rasoirs, les nyekplehhentoh.

— Les mousquetaires ou gulonnentoh. Ce sont les plus nombreuses. Elles sont armées de fusils à pierre et portent leurs cartouchières suspendues à la ceinture.

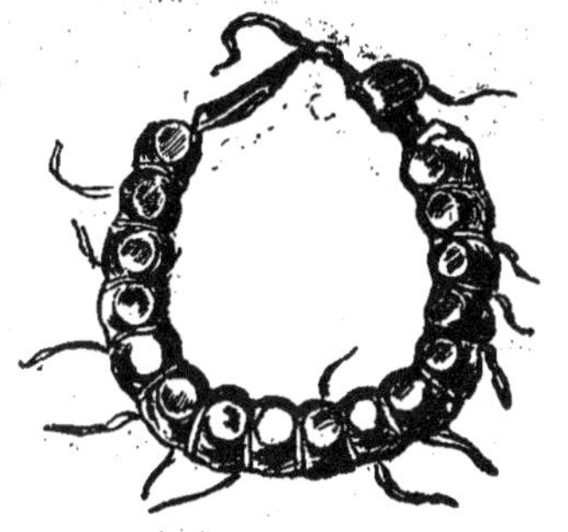

Cartouchière d'Amazone.

— Enfin les archères, armées d'arcs et de flèches empoisonnées, troupe de parade qui ne figure que dans la garde du roi.

La légion des femmes réside constamment à Abomey, près du roi. Outre ce corps, il y a dans toutes les villes un détachement de garde nationale, tant d'hommes que de femmes ; mais dans les villes, celles-ci ne sont armées que d'une petite massue. Dans l'action, le rôle des femmes est de frapper l'ennemi aux jambes, de faire des prisonniers et de les égorger.

La milice générale est composée de plusieurs corps d'infanterie, d'un seul corps de cavalerie qui ne séjourne qu'à Abomey et d'un petit parc d'artillerie. Il y a aussi un bataillon armé d'arcs et de flèches empoisonnées. Les soldats en marchant, n'emboîtent point le pas militaire, mais il leur est permis de danser en marchant.

Arrivé devant la ville ou le village à attaquer,

on place à tous les abords des lancettes de bois, destinées à gêner la marche de l'ennemi ; ces lancettes, très tranchantes, sont d'inégales longueurs, selon qu'on veut blesser les ennemis aux pieds, aux jambes ou au ventre. On les enfonce en terre, inclinées vers l'ennemi. La tactique, comme on vient de le voir dans l'expédition du général Dodds, consiste toujours à se rapprocher de l'ennemi à son insu, à tomber sur lui avec un élan irrésistible. La grande hauteur de l'herbe, qui atteint souvent trois mètres, favorise cette opération. Deux ou trois mille hommes qui rôdent autour d'une ville, qui grimpent de côté et d'autre, qui rampent par mille détours, qui obéissent à des ordres apportés à chaque instant, le tout exécuté sans le moindre bruit, voilà la tactique habituelle.

Une fois qu'on a trouvé le point vulnérable, tous les bataillons s'y réunissent pour l'assaut. En tête marchent les *indicateurs*, avec les féticheurs qui font des conjurations superstitieuses et des signes cabalistiques contre la ville, jetant çà et là de petites verges en guise de sort, et donnant le signal de l'attaque.

Aussitôt les soldats bondissent et s'élancent avec impétuosité, en poussant des cris formidables.

Ils entrent dans les habitations, tuent qui résiste, enchaînent qui se rend et renversent tous les obstacles, tandis que le général, avec une réserve, la musique, les fétiches et le drapeau, restent dehors. Les vaincus s'empressent de cueillir des branches d'arbre et des poignées d'herbe et viennent les présenter au vainqueur pour en obtenir merci. A mesure que le triomphe devient plus assuré, le général s'avance précédé de tous les drapeaux, et, de station en station, il entre enfin dans le cœur de la place. On ramasse alors tous les rameaux et les faisceaux d'herbes pour les envoyer au roi qui continue de camper hors de l'enceinte. A la suite des trophées s'avance un groupe de chefs captifs ; après eux arrivent les notables de la cité conquise ; enfin toute la population sort de la ville pour venir rendre hommage à son nouveau maître.

Ces préliminaires achevés, l'armée victorieuse évacue aussi la place restée déserte pour exécuter devant le roi des danses militaires, sans lesquelles rien d'important ne se fait, et qui sont accompagnées de chants, de cris, de hurlements et de la musique militaire, qui n'est pas la moins discordante.

Le marché d'Abomey la nuit.

C'est en employant ces manœuvres que l'armée dahoméenne s'était rendue redoutable dans toutes les contrées voisines peuplées d'habitants paisibles.

Deux fois par an, aux deux saisons sèches, le roi fait partir ses troupes à la guerre.

Si, car certaines peuplades, principalement celle des Egbas, lui ont opposé une énergique résistance et infligé parfois de sévères leçons, si il faut battre en retraite, comme le roi ne doit jamais être vaincu, grâce à ses fétiches, il razzie en se repliant les villages sans défense et rentre triomphalement dans sa capitale, suivi de ses captifs.

Grâce à cette tactique, Behanzin et ses prédécesseurs ont dépeuplé la côte du Benin, vécu avec le produit de la vente des esclaves et recueilli les victimes pour leurs sacrifices.

L'armée n'est, ou plutôt n'était organisée que pour le pillage, c'était en réalité une bande armée pour le brigandage.

Il y a parmi les principaux officiers, le *gogan* ou chef des bouteilles ; le *sogan* ou chef des chevaux, le chef des cabris.

On les nomme ainsi à cause des objets qu'ils sont chargés de capturer.

Les guerres se font sans déclaration préalable, dès que le roi a besoin d'argent.

Jadis, a rapporté M. V. Nicolas, un des commandants français do Wydah, voulant amener le monarque alors régnant à renoncer à la guerre d'embûches, l'engagea à agir comme les souverains civilisés et à faire une déclaration de guerre avant le début des opérations.

Le prince obéit à ce conseil, et il ne fit pas de prisonniers.

Mais jugeant ensuite l'opération peu avantageuse, il fit couper les têtes de tous les morts et les envoya à notre commandant, en disant que c'était autant d'esclaves perdus pour lui, en lui représentant qu'il ne vivait que des esclaves et il lui demanda tant par tête.

Après quoi il reprit son ancien système, plus lucratif.

Le Dahoméen a le corps bien découplé, les muscles saillants, le nez légèrement épaté, la lèvre forte. Doux et facile à conduire dans les circonstances ordinaires de la vie, très gai, même

Une famille dahoméenne.

aimant la plaisanterie et riant à propos de tout, s'amusant comme un enfant avec un rien, aimant passionnément la danse et la musique, il devient d'une férocité inouïe lorsque, fanatisé par les sacrifices humains et les pratiques des féticheurs, il est conduit au combat, enivré par les danses guerrières et les boissons alcooliques qui lui sont distribuées largement avant l'attaque.

La première caste est celle des chefs, mais elle n'est pas une noblesse fermée au prolétaire. Il n'est même pas rare de voir un esclave arriver aux plus hautes dignités de l'État. Le chef dahoméen, qui ne reçoit aucune solde du roi, ne vit qu'en punissant les gens qui sont sous sa domination; il les rançonne et les dépouille sous couleur de justice. Il prélève un droit sur les esclaves, qui, hommes ou femmes, vendus huit livres à la capitale, ont doublé de valeur en arrivant à la côte.

Les hommes de guerre sont forts, grands et robustes; ils viennent presque tous de l'intérieur; ils sont plus noirs et ont l'air plus sauvage que les noirs de la côte. Ne recevant non plus aucune solde du roi, gagnant leur vie, en temps de paix, en se livrant à certains travaux, ils accompagnent les chefs dans les promenades de gala, et à certains jours exécutent des danses en l'honneur du roi. Le gros des guerriers dahoméens ne quitte jamais la capitale. Leur armement se compose d'un fusil et d'un couteau-manchette.

La religion est le fétichisme.

Le fétiche le plus en renom est Ekba, le dieu du mal.

Les noirs ont pourtant l'idée d'un seul dieu supérieur à tous les autres et avec lequel ils se considèrent comme indignes de correspondre directement. Ils le nomment *Mahou*.

Ainsi s'explique le grand respect qu'ils témoignent aux missionnaires qu'ils considèrent comme les féticheurs de Mahou le dieu suprême, et qui ont le droit de rester debout devant le roi.

Ils croient volontiers à la métempsycose, et c'est pour cela qu'ils s'abstiennent de manger la chair de certains animaux qui pourraient, étant vénérés, contenir l'âme d'un de leurs parents.

Si nombreux dans le pays sont les féticheurs

ou « vodoun », que l'esclavage même et les trans-portations en masse n'ont pu rompre la corpora-tion et que par delà l'Atlantique, à Haïti no-tamment, on a vu renaître leur organisation sous le nom de « culte du Vandoux ». Le culte des dieux, l'adoration des fétiches, qui rappellent les ancêtres ou personnifient les forces de la nature, ne se font plus toutefois avec la même révérence que jadis, mais c'est encore avec une terreur religieuse que l'on s'approche des lieux sacrés.

Le « seigneur des esprits » appelé aussi le « ciel » ou « la grande ombre » et représenté en même temps par le soleil, est pour les indi-gènes un être trop élevé pour qu'ils osent l'in-voquer ; ils s'adressent aux génies secondaires qui reflètent une partie de sa lumière et emprun-tent un peu de son pouvoir.

En certaines villes on adore un serpent inof-fensif, le dangbé, symbole du bonheur parfait et de la bienveillance.

Ailleurs, le patron des citoyens est le caïman, le léopard, le chien, le singe ou tel autre animal.

En dehors du Dahomey, les indigènes d'Ajuda, qui vivent au bord de la mer grondante, ado-raient surtout le dieu des vagues auquel ils avaient assigné cinquante femmes.

A certains jours le prêtre s'avançait sur la plage pour enjoindre aux brisants d'interrompre leur fracas éternel.

Les féticheurs jettent encore dans le flot du riz, de l'huile, des graines et des cauris, pour apaiser sa fureur, ou bien une victime hu-maine revêtue des insignes et portant le siège et l'ombrelle d'un cabécère.

On rend aussi un culte aux âmes des grands vivants ou morts, et quelques nègres, professant sous une autre forme la même religion que maints philosophes blancs, adorent leur propre âme, non « quand elle descend dans le ventre », mais quand elle « monte dans la tête et remue des idées ».

Il n'est guère d'objet qui ne soit considéré comme ayant son âme, bonne ou malveillante, et que l'on n'invoque comme fétiche pour obte-nir sa protection ou échapper à sa colère.

La croix des chrétiens léguée par les conver-tisseurs portugais est un *vodoun* respecté que quelques Dahoméens portent sur la poitrine et montrent avec orgueil aux missionnaires catho-liques.

Depuis longtemps les Musulmans portent aussi leurs amulettes dans les villes de la côte.

Les baïonnettes, les canons sont aussi deve-nus de grands fétiches, et les armes qui furent en diverses occasions envoyées au roi du Daho-mey par des gouvernements d'Europe, ne man-quèrent pas d'être accueillies avec transport, non seulement parce qu'elles assuraient la vic-toire dans les batailles, mais aussi parce qu'elles protégeaient le pays de leur influence magique, même en temps de paix.

Toutes les divinités sont bonnes pour les Daho-méens. Plus ils en ont, plus ils se montrent satis-faits et plus ils les vénèrent.

Citons à ce propos une anecdote inédite qu'ai-mait à conter le grand négociant de Marseille, le vieux Régis qui fonda sur la côte le premier éta-blissement commercial français, la factorerie dont nous parlerons plus loin en détail.

Il y a de cela quarante ans environ, Régis avait noué d'amicales relations avec le roi Glé-glé.

Celui-ci, satisfait des bons offices du marchand blanc, lui fit dire un jour qu'il serait heureux de connaître des prêtres français et demanda des Pères blancs afin de se rendre compte, disait-il, des croyances européennes dont on lui vantait la pureté.

Régis, désireux de satisfaire son royal client et croyant sans doute que d'humaines prédications adouciraient les mœurs plus que farouches des habitants d'Abomey, Régis s'adressa aux Pères qui, après quelques hésitations bien naturelles, se décidèrent à envoyer quelques-uns des leurs dans la cité des massacres.

Gléglé reçut les pieux envoyés avec les plus grands honneurs ; il ne tua personne, sur leur prière, mais il fit défiler toutes ses troupes de-vant eux et les traita comme de grands ambas-sadeurs célestes.

Les missionnaires, à l'aide d'interprètes, prê-chèrent devant une partie du peuple assemblé pour la circonstance et cherchèrent, sinon à con-vertir, du moins à convaincre, avec une foi ar-dente, leurs milliers d'auditeurs.

Le roi se montra très fort satisfait de ces pré-dications qui durèrent plusieurs jours.

Leur mission terminée, les Pères demandèrent à s'en aller, mais Gléglé ne l'entendit pas de cette oreille.

— Non, dit-il, à l'un des prêtres. Tu nous as parlé de ton Dieu en des termes tels que je veux le connaître, et tu ne quitteras ma capitale, toi et tes compagnons, que lorsque tu me l'auras montré.

En vain on s'efforça de lui démontrer qu'un tel désir était impossible à réaliser, il s'obstina et dit :

« Si vous ne me montrez pas votre Dieu dont vous affirmez avec tant de foi l'existence, c'est que vous êtes des imposteurs et je vous ferai mettre à mort. »

Aussitôt les Pères écrivirent à Régis et le prièrent de les tirer de ce mauvais pas.

« Soyez tranquilles », leur fit répondre par les messagers le fin Marseillais.

Et aussitôt il expédia au monarque du Dahomey treize caisses contenant des statues enluminées, dorées, grandeur nature, représentant Jésus-Christ et les douze apôtres.

Ces statues produisirent l'effet attendu.

Gléglé les trouva admirables. Il les fit placer en grande pompe dans une des salles de son palais et commit à la garde de chacune d'elles un esclave qui, sous peine de mort, reçut l'ordre de veiller à sa défense et de retenir le nom du saint confié à sa garde.

Après quoi les Pères obtinrent la permission de regagner la côte.

Leur cortège était à peine hors des murs lorsqu'un nègre essouflé, ruisselant de sueur, les rejoignit.

Grave alerte.

Gléglé avait-il de nouvelles exigences ?

Non, heureusement. Mais le pauvre noir avait oublié le nom de saint Pierre près de qui il devait monter éternellement sa faction et il venait redemander haletant, car il y allait de sa vie.

Revenons aux féticheurs qui, nous le répétons, ont été, de temps immémorial, les grands-maîtres des destinées des infortunés Dahoméens puisque ce sont leurs seuls conseils qu'écoute l'autocrate d'Abomey.

Il y a à la cour du roi du Dahomey un homme qui ne paraît que de loin en loin et qui dans certaines occasions se fait obéir même du roi : c'est le grand féticheur. Le fétichisme exerce une influence toute-puissante sur les esprits.

Les Portugais qui, les premiers, fréquentèrent ces côtes, ont appelé *fético* (fétiche), du mot latin *feticius,* la foule de tous ces objets auxquels les noirs rendent un culte et qui varient plus ou moins de forme et d'espèce. Souvent les ancêtres les ont trouvés dans les forêts ou ailleurs, ou bien les ont fabriqués sous l'inspiration du grand fétiche (Dieu suprême). D'autres sont représentés par des pots de terre, des objets de ferronnerie,

de vieilles pièces de canon ; presque tous les grands arbres sont fétiches, de même le crocodile et certains serpents ; mais le plus souvent ce sont des statues ou des statuettes grossièrement façonnées, ornées d'un énorme phallus ; quelques-unes représentant des femmes montrant leurs appas exagérés. Ces petits fétiches, le plus souvent portatifs, sont censés renfermer des *esprits.* Les garder avec un soin jaloux, leur sacrifier de loin en loin, porte bonheur à la famille.

Il y en a de différentes puissances et de vertus diverses. Ainsi, tel fétiche est le fétiche du maïs ; il est supposé entretenir l'abondance du maïs dans la moisson. Tel autre est le fétiche du commerce ; celui qui en est possesseur fera de bonnes affaires et gagnera dans son négoce. Il y a des fétiches de la santé, qui ont pour attribut d'écarter les maladies. Les fétiches de la chasse et de la pêche vous feront prendre du poisson et du gibier à souhait.

Le plus estimé de tous les fétiches est celui qui coûte le plus cher, celui dont l'entretien est le plus onéreux ; c'est ordinairement celui qui a la garde des récoltes. Quand on sème, quand l'herbe apparaît, quand on commence la moisson, quand la récolte est rentrée, quand on commence à en consommer, il faut faire des sacrifices à ce fétiche important : le sacrifice de la poule toujours et, de plus, suivant les circonstances, celui du porc, de la chèvre, quelquefois même celui du buffle. On prend du sang de ces divers animaux et, avant que personne ait osé manger de leur chair, on oint de ce sang le fétiche de la récolte, puis tous les autels, mais ceux-ci seulement par courtoisie.

Il y a aussi le fétiche de la foudre.

Une des coutumes bizarres et répugnantes du Dahomey est l'anathème porté aux gens, aux bêtes et aux objets touchés par la foudre. Dès qu'un individu ou un animal est frappé, on le traîne sur la place où un arbre immense représente le fétiche de la foudre, et là il est abandonné, sur une claie, à la pâture des urubus (vautours) et des gens. Les fanatiques s'approchent du cadavre en décomposition et en arrachent des lambeaux qu'ils avalent pour apaiser le fétiche et éviter que, dans la suite, il ne leur arrive le même sort. Lorsque le cadavre est desséché, les os sont brûlés et les cendres jetées dans la lagune.

Le fétiche du tonnerre donne lieu à de grandes fêtes qui durent plus d'un mois. Des trous sont creusés pour recevoir les grands tambours de danse, qui se composent de troncs d'arbres creusés recouverts d'une peau. Et là, pendant une quarantaine de jours, les indigènes dansent sans discontinuer, avec accompagnement de tam-tam et de flûte.

Ces sacrifices ne laissent pas que d'être très onéreux pour les pauvres qui tiennent, nonobstant, à ne pas encourir la disgrâce de l'Esprit.

Au sommet de l'échelle, donnant l'impulsion aux initiés (féticheurs subalternes) qui agissent ensuite sur la foule, se place le grand féticheurs. Le nègre qui occupe cette position, la plus haute peut-être du royaume, est toujours avancé en âge. On n'y arrive qu'après avoir passé par tous les degrés inférieurs.

Ce grand dignitaire habite Abomey et ne sort de cette ville que dans des circonstances extraordinaires. Lorsque l'armée entre en campagne, il se charge d'apaiser les esprits qui essaieraient de troubler les opérations militaires. Avant l'attaque, il fait ses incantations sur un lieu élevé, choisi, placé aussi loin que possible du théâtre du combat, et ce n'est qu'après qu'il a bravement hurlé, fait force grimaces et quelquefois versé du sang humain, qu'il est loisible au roi de donner le signal de l'action.

Malgré toute sa puissance, le roi est obligé de contenir son impatience devant ces cérémonies préliminaires.

Le grand féticheur est à la tête d'une véritable armée de féticheurs, dispersés dans les villes et dans les villages. Les femmes font partie, au moins autant que les hommes, de cette vaste association religieuse. Leur zèle, encore plus exalté que celui des hommes, atteint le plus haut degré de fanatisme. Leurs gestes sont souvent obscènes, toujours extravagants. Douces et tranquilles dans le commerce ordinaire de la vie, elles s'agitent en énergumènes dès qu'elles accomplissent les rites de leur culte. Les féticheurs et les féticheuses se livrent à des pratiques occultes qu'il est impossible de découvrir, tant on se tient en garde contre les profanes. Une langue particulière et inconnue du commun des mortels leur permet de tenir conseil en public, sans qu'ils aient à craindre qu'une oreille indiscrète recueille leurs délibérations. Cette langue diffère essentiellement de la langue nationale ; et celui des initiés, qui en donnerait connaissance, non seulement à un étranger, mais encore à un simple croyant, serait puni de mort.

Malheur à qui contrecarre les féticheurs dans leurs desseins : il ne tarde pas à disparaître. On s'en est débarrassé par le poison lent, versé avec une subtilité étonnante, par une main inconnue.

Les remèdes n'ont aucun effet sur l'homme ainsi intoxiqué ; nos docteurs eux-mêmes ne reconnaissent pas l'empoisonnement et traitent le malade comme s'il était usé par l'anémie tropicale, ou par les accès de fièvre bilieuse. La pharmacopée toxique des féticheurs est des plus variées. Certains de leurs poisons ont un effet foudroyant, d'autres au contraire ne mènent au dénouement fatal qu'au bout d'un mois. Personne, les Européens pas plus que les naturels, n'est à l'abri de leurs maléfices, et plus d'un missionnaire a payé de sa vie sa curiosité de connaître le fétichisme.

Les féticheurs pratiquent aussi la médecine.

Leurs médicaments sont des herbes et des simples qui réussissent quelquefois très bien, dans les maladies apparentes, surtout les blessures ; mais pour se donner de l'importance, ils entourent toujours leur médication de sortilèges et de grimaces ridicules.

Le métier est lucratif, car, outre les bénéfices qu'ils retirent de leurs consultations médicales, ils ont la vente des poisons qui servent aux vengeances particulières. Les horoscopes et la lecture de l'avenir dans les entrailles fumantes des poules et des cabris sont encore du domaine des féticheurs. Les entrailles de poules décident du résultat d'une guerre entreprise, mais pour l'avenir du roi, on ne peut le lire que dans les entrailles humaines.

Nous parlons ailleurs des sacrifices à Ekba.

Les féticheurs n'ont pas que le poison pour exercer leur vengeance, surtout vis-à-vis des grands : ils déclarent leur ennemi comme coupable d'un crime de lèse-majesté ou d'insulte aux dieux, profanateur de quelque fétiche. Le prévenu, traîné devant le tribunal du roi, se défend du mieux qu'il peut pour établir son innocence. Si le roi doute de sa culpabilité, les féticheurs le soumettent alors à l'épreuve de *juramento*, sorte de jugement de Dieu. Pour cela, ils font un grand sacrifice au fétiche qui doit décider si le prévenu est coupable et on lui présente une coupe pleine d'eau fétichisée par leurs invocations ; s'il est innocent, il doit sortir sain et sauf de l'épreuve ; sinon, il meurt dans d'horribles souffrances. Il est bien entendu que quand c'est un ennemi l'eau est toujours empoisonnée.

Peu considérées ordinairement, les femmes le

deviennent énormément dès qu'elles sont féticheuses. Placées dès leur plus jeune âge dans des couvents où, sous l'œil des vieilles féticheuses, elles apprennent les rites des fétiches jusqu'au jour où, assez avancées en âge, elles sont initiées à toutes les supercheries du fétichisme et peuvent exercer pour leur compte.

Ce sont elles qui tirent l'horoscope aux jeunes filles qui vont se marier et qui veulent savoir si leur union sera heureuse ; elles sont aussi matrones et pratiquent la médecine des femmes. Dans les cas de stérilité, les jeunes femmes vont les trouver, et alors elles font des invocations pour chasser l'esprit mauvais qui les empêche d'être mères. Comme on le voit, elles ont pas mal de cordes à leur arc et les bénéfices ne leur manquent pas. On sait déjà quelle est leur cruauté. Le costume des féticheuses est le même que celui des autres femmes, mais elles sont reconnaissables aux bracelets de petits cauris blancs dont elles ornent leurs bras et leurs jambes. Dans les fêtes du culte, elles portent simplement le petit pagne de couleur blanche, des colliers et des pendeloques en petits cauris blancs. D'ailleurs, au Dahomey, montrer ses seins à tous les regards n'est pas une impudeur, mais une marque de déférence. Lorsqu'une femme entre dans une factorerie ou aborde un personnage important, elle se découvre toujours jusqu'à la ceinture.

Quoique les femmes jouissent d'ordinaire d'une grande liberté et qu'elles aient le droit de pratiquer les mêmes métiers, d'embrasser les mêmes professions que les hommes, elles sont pourtant, dans le mariage, considérées comme une simple propriété du mari.

La pratique de la polygamie est générale et l'époux achète ses femmes à beaux deniers ; il n'en reste plus pour les pauvres, et le roi entretient pour eux, à ses frais et à son bénéfice, un corps nombreux de courtisanes.

Le séducteur d'une femme mariée est tenu de la racheter au prix de vente ou de céder sa propre femme en échange ; s'il est célibataire ou trop pauvre pour acquitter la somme due, il est vendu comme esclave ; il subit la mort lorsque l'époux offensé a le rang de cabécère. Souvent, les gens de peu ne sont pas même enterrés ; on les jette dans la brousse, d'où la dent des fauves les a bientôt fait disparaître. Les honneurs de la sépulture sont réservés aux chefs de famille et aux grands personnages. Dans ce cas, on creuse leur tombeau immédiatement au-dessous de la couche où ils ont rendu le dernier soupir.

Comme chez les Achanti et maints autre peuples africains, on avait naguère l'habitude de sacrifier un garçon ou une fille à côté de la tombe. On remplace maintenant les victimes humaines par un chevreau.

Liba, le génie gardien des morts, doit se contenter de cette offrande, d'un peu de farine, de coquillages, de rhum et d'huile versés en libation.

La mort des cabécères, celle des rois, étaient suivies de massacres en masse ; la fosse mortuaire était lavée de sang ; le personnage se rendait dans l'autre monde suivi par un cortège digne de son rang. Souvent des épouses, comme dans l'Inde, se présentèrent spontanément pour suivre leurs maris dans la mort. L'habitude de répandre le sang avait accoutumé les Dahoméens à une cruauté sans bornes : nous avons décrit en détail les massacres, les tortures, les mises en croix, les arrangements de cadavres en groupes artistiques le long des avenues.

Une des cérémonies annuelles consistait à remplir un grand réservoir, qu'on laissait ouvert pour ceux qui voulaient se suicider ; même un simulacre d'anthropophagie se pratiquait récemment ; on grillait des cadavres et on en mâchait les viandes encore fumantes. Un code de lois terribles fournissait toujours en abondance les « criminels » pour les coutumes. Les esclaves redoutaient à bon droit d'être vendus dans le Dahomey : pour eux, c'était marcher à la mort.

D'ailleurs, la perspective d'une fin violente n'avait rien de bien effrayant pour la plupart des naturels. La croyance à l'immortalité était si parfaite chez les Dahoméens, que la mort leur semblait être le passage d'une vie transitoire de rêves à la vie réelle et permanente ; quand le roi « cousin du léopard » voulait s'entretenir avec ses ancêtres, il tuait, nos lecteurs le savent, de sa propre main, le premier venu, pour l'envoyer comme messager dans le monde lointain, et la famille du mort se considérait comme très honorée d'avoir fourni un ambassadeur au souverain ; on raconte que des envoyés de ce genre, grièvement blessés et se réveillant d'un long évanouissement, retournaient auprès du roi, croyant revenir de l'autre monde. La lutte des religions qui se disputent la conquête des esprits aura certainement pour résultat d'amoindrir la foi naïve des indigènes dans la continuation de leur vie par delà le tombeau.

Le Dahoméen, sous son masque noir, cache un profond politique, assure M. Chaudouin.

Avant d'attaquer une question, il l'étudie à fond, en voit le pour et le contre, la tourne de tous côtés pour en connaître les points faibles et pouvoir répondre et parer à toutes les questions qui peuvent lui être posées.

La politique dahoméenne vis-à-vis des Européens consiste à leur laisser tout ignorer, soit du pays, soit de la langue, et de les induire en erreur sur toutes choses. Il en coûterait la vie à quiconque arriverait à connaître le *djè-je* ou *dji-ji*, dialecte dahoméen.

En voyage, les Européens doivent toujours suivre les anciens chemins; ils ne peuvent s'écarter des routes sans une autorisation qui est rarement donnée. On ne peut sortir d'une ville sans en avoir demandé la permission aux autorités qui, alors, vous remettent, en guise de laissez-passer, une graine ou un bâton.

La politique vis-à-vis des autres nations noires consiste à les tromper par de fausses alliances pour pouvoir, à un moment donné, s'en emparer sans trop de résistance.

L'astuce et la mauvaise foi en tout sont donc les principaux moyens de gouvernement.

Les relations commerciales du Dahomey et même de Wydah avec les Européens sont rendues très difficiles à cause du manque d'instruction complète des naturels. Ils n'ont aucune division d'heures, de jours, de mois et d'années. Ils comptent seulement l'époque de leurs semences par les lunes. Ils ignorent jusqu'à leur âge. Ils possèdent pourtant une grande mémoire et calculent de tête avec une grande exactitude.

Ne pouvant s'astreindre à une occupation suivie et laborieuse, ils se livrent à l'oisiveté et cultivent le vol avec une effronterie rare. Il sert de peu, alors, de porter ses plaintes au roi : on n'obtient ni justice, ni restitution. S'il ordonne que l'on fasse quelque recherche, personne n'ose l'entreprendre, parce qu'on a toujours à redouter quelque seigneur qui participe au vol et protège le voleur.

Toutefois, les tribunaux ne manquent pas au Dahomey : chaque cabécère, si minime qu'il soit, a le sien. Mais ce n'est pas la justice qui se rend, c'est l'injustice qui se professe.

Les cabécères jugent en première instance; les condamnés peuvent en appeler au gouverneur du district, et du gouverneur au roi. Mais il est rare qu'ils n'acceptent pas le premier jugement, car un appel entraine de nouveaux frais et les parties sont toujours renvoyées dos à dos. La pratique des juges dahoméens est de faire payer celui qu'ils absolvent et celui qu'ils condamnent.

Quand le jugement condamne à une simple amende, quelques coups de bâton bien appliqués suffisent quelquefois pour délier les cordons de la bourse. Mais lorsque le délinquant n'est pas solvable, on enlève dans sa case tout ce qui est de quelque valeur. On brise ensuite la toiture de cette case, et le malheureux reste exposé avec sa famille à toutes les variations de l'atmosphère. Il doit travailler ensuite jusqu'à l'extinction de sa dette ou bien se résigner à la prison.

La prison dahoméenne est un véritable cloaque. Les condamnés sont jetés dans un trou humide en forme de puits. Ses parents ou amis sont obligés de pourvoir à sa nourriture. Mais les immondices du lieu, la vermine, l'air putride, le jeûne forcé, tout cela ne préoccupe guère le prisonnier ; ce qu'il redoute, c'est la bastonnade, qu'on lui fait administrer une, deux ou trois fois par jour, selon la gravité du méfait. Quand un nègre sort de sa cuve, il a de la peine à trainer son corps amaigri ; sa peau enduite de vase verdâtre et sillonnée par les coups reçus est hideuse à voir. Mais à peine libres, ils oublient tout et ne tardent pas à se livrer de nouveau à leur passion du vol.

Le roi, appelé Dada par les gens du pays, est le maître absolu : terre et gens lui appartiennent. Il donne des terres aux hauts personnages du pays, qui en retirent le bénéfice en récoltant l'huile de palme, mais il fait, selon son bon vouloir, confisquer la propriété ou interdire la cueillette des fruits.

Le conseil du royaume est composé des principaux chefs. La femme, ordinairement considérée comme un être inférieur, s'élève d'un degré lorsqu'elle est une femme du roi. Malheur à qui insulterait une de ses femmes ou les profanerait de son regard ! Elles sont gardées par des eunuques, qui sont des chefs tout puissants. Elles assistent au conseil et leur avis a un grand poids. Ce sont elles qui rafraichissent la mémoire du roi et lui soufflent ses discours aux chefs et au peuple. Les amazones-chefs ont les mêmes prérogatives que les femmes du roi et ont le pas sur les chefs du pays.

Les fils du roi, aussitôt échappés aux soins maternels, deviennent les petits domestiques des grands chefs du pays, portent les armes ou la pipe du cabécère, et le suivent partout dans les conseils et à la guerre, où ils apprennent d'eux la manière de combattre. Quand le roi commence à vieillir, il choisit le plus intelligent, le plus apte à lui succéder, et lui fait bâtir un palais dont les bases sont construites avec de la terre dans laquelle on jette des bijoux, de l'or, de l'argent, du corail, le tout délayé dans du sang humain. Il devient alors prince héritier, membre du conseil, et prend part aux affaires de l'Etat, jusqu'au jour — quelquefois rendu plus proche au moyen du poison — où il monte sur le trône.

Une fois par semaine a lieu « le jour du roi », où il se tient, entouré de ses femmes et de ses chefs, à la porte de son palais. Tout le monde est admis à lui parler, esclave ou chef, et, le front dans la poussière, de lui exposer ses griefs ou ses réclamations. Mais on dit que pour se soustraire à la corvée, il existe dans le palais des sosies du roi qui imitent sa voix, son geste et sa physionomie et qui le remplacent dans maintes circonstances.

Le gouvernement du Dahomey est la monarchie héréditaire dans ce qu'elle a de plus absolu et de plus despotique. Il y a bien les anciens usages dont le roi ne peut, dit-on, se départir ; il y a surtout la domination des prêtres du fétichisme qui savent, quand ils le veulent, se faire obéir du redouté monarque. Néanmoins les marques de respect envers le souverain sont généralement poussées aux dernières limites. Les sujets les plus élevés en dignité ne sont devant le roi que ses premiers esclaves, dont il peut d'un signe faire tomber la tête.

On ne prononce le nom de Sa Majesté qu'en tremblant et à voix basse. Dire du mal des fétiches et de toute la collection des divinités dahoméennes, c'est là une faute légère, punie d'une amende plus ou moins forte, selon la fortune du délinquant ; mais dire du mal du roi, il y va de la vie.

L'impossibilité de parler au roi, même pour les nègres, sans le secours d'un interprète, fait que rien ne peut lui parvenir que par l'entremise de ses ministres ; et ceux-ci se gardent bien de lui communiquer ce qui serait de nature à irriter ses passions, car ils risqueraient fort d'en être les premières victimes. Tous les sujets ont ordre de montrer au roi une figure réjouie.

La cour dahoméenne compte un nombre infini de dignitaires dont la tenue varie selon les circonstances. Parfois on dirait une troupe de manants sales et déguenillés ; aux jours de gala et de grande réception, toutes ces peaux noires se recouvrent de soieries, d'ornements d'or et d'argent.

Le premier de tous ces dignitaires, c'est un chef cuisinier, dont la position est celle qui exige la plus haute confiance ; car tout le monde sait qu'en donnant à son maître une certaine pilule, il peut provoquer une révolution dans tout le royaume. Le roi a d'ailleurs plusieurs cuisiniers, qui tous ont fait leurs études culinaires dans les factoreries. Dès que Sa Majesté apprend qu'un cuisinier a acquis la suprématie sur ses confrères de la casserole, il est bien rare qu'elle ne le souffle pas à son heureux propriétaire.

Après lui, c'est le *Méhou* suprême, ou ministre d'Etat. C'est lui qui a l'oreille du roi. Il se dresse aussi autour du trône une demi-douzaine de poètes qui jettent perpétuellement des boisseaux d'encens à la tête du souverain. Ils se mettent généralement plusieurs pour composer un poème. Leurs sujets ne varient guère : la gloire du roi, la force de son armée, la noblesse de ses ancêtres. Rien d'extravagant comme ces élucubrations accompagnées d'une musique infernale et de mille gestes extraordinaires.

Le roi choisit lui même les chefs des autres villes ou gouverneurs de district, dont le plus important est celui de Wydah. Ce sont les yavogans. Ils en réfèrent toujours au roi et sont directement soumis à deux ministres qui se partagent l'administration du royaume : le *malhou*, ou second, qui est chargé des relations générales du commerce et surtout du recouvrement des droits dont le roi frappe les commerçants européens, et le *minghan*, qui a particulièrement dans ses attributions l'administration de la justice. Doués d'une rare mémoire, s'aidant seulement de quelques graines ou de quelques cailloux qui leur tiennent lieu de toute écriture, ils classent chaque jour dans leur tête toutes les affaires du pays, donnent des ordres à cent messagers, font tout par eux-mêmes, prévoient tout sans rien oublier.

Le roi perçoit les impôts par ses délégués.

Il y a deux sortes d'impôts : l'impôt ordinaire qui suit un cours régulier et porte principalement sur l'huile de palme. Lorsque les nègres portent leur huile soit dans les factoreries, soit au marché, les agents du gouvernement prélèvent la part du roi. Cette part se prélève encore sur la récolte des fruits et sur la pêche dans les lagunes.

L'impôt extraordinaire consiste à prendre aux malheureux indigènes tout ce que le roi a trouvé à sa convenance. Cet impôt n'est que le butin d'un pillage organisé et légal. Le jour et la durée

Vue générale de Grand-Popo (Factorerie Régis. — B. Village de Boffa).

de ces pillages publics sont fixés d'avance en conseil des ministres.

A ces ressources s'ajoute encore le produit des amendes que les nègres, au prorata de leur aisance, subissent sous le moindre prétexte. Il faut bien remplacer le produit, jadis si important, du trafic des esclaves !

Il y a aussi les cadeaux obligatoires au roi dans les grandes circonstances, telles que les fêtes anniversaires.

Le roi du Dahomey est d'autant plus riche qu'il absorbe à lui seul le budget de l'Etat. Les grands du royaume ne doivent rien percevoir de ce qui est impôt public. Mais, de temps en temps, ils reçoivent du roi, qui un champ de palmiers, qui une douzaine d'esclaves, n'ayant d'ailleurs rien coûté au donateur. Encore ces procédés généreux dépendent-ils toujours du caprice.

Les gens du Dahomey, vains de leur histoire de guerres et de conquêtes, se distinguent néanmoins par l'intelligence et la promptitude d'assimilation ; ils apprennent les langues étrangères avec une remarquable facilité : les mesures comparées de Broca ont démontré qu'ils sont parmi les peuples de la terre ayant la plus forte capacité crânienne. La langue dahoméenne a été, jusqu'à ce jour, peu connue. Citons-en quelques mots :

Okou, signifie bonjour,

Okoudea, bonjour,.

Okoudeaffondabea, bien le bonjour, et après ces mots, prononcés d'une voix harmonieuse, qui se fait insinuante pour ainsi dire, le Dahoméen, ou *Djedji*, vous tend la main droite placée de champ, la frotte légèrement contre la vôtre et fait craquer ses doigts avec un bruit net, ressemblant à s'y méprendre à celui que produirait une noix subitement broyée.

Puis la conversation s'engage.

Comme tous les noirs de l'Afrique, le Djedji adore les causeries et les longs discours, mais plus rusé, plus maître de lui que les indigènes des tribus voisines de son pays, il ne s'abandonne jamais devant l'étranger européen, le Yevo. Pour entendre parler le langage pur des Dahoméens, le véritable djedji, ne contenant ni mots empruntés au Nago ou Yoruba, parlé par les Egbas et les habitants d'Oyo et d'Ibadan, ni expressions *Mina*, langue parlée aux Popos et sur le littoral du golfe du Benin, aux bouches du fleuve Volta, il faut assister aux grandes assises que tient chaque année, dans sa capitale, le monarque dahoméen.

Il faut entendre les chefs, les soldats et les amazones chanter la gloire de leur chef et la grandeur de leur patrie.

D'une nature essentiellement monosyllabique, tous les mots finissant en général par une voyelle, cette langue, sœur de celle parlée par les Achantis ou Fanti, dont le *mina* est un dérivé, coule doucement des lèvres des orateurs.

L'analyse permet de retrouver dans les polysyllabes une série d'éléments monosyllabiques juxtaposés. Il existe de nombreux mots composés, mais la signification nouvelle du mot ainsi composé de monosyllabes ayant un sens propre n'est due qu'à la réunion des différentes racines en une seule.

La langue djedji n'a pas été sérieusement étudiée. Les missionnaires français de Lyon, les pères Bouche, Baudin, Sédan, et le supérieur de la mission de Porto-Novo, le R. P. Pied, ont cultivé le *nago* avec le plus grand soin, le parlent à merveille et sont à même de prêcher dans cette langue. La mission installée à Abéokuta, par le père Holley, a permis d'étudier cet idiome, qu'un savant célèbre, M. d'Avezac, réussit, paraît-il, à connaître sans quitter Paris, en interrogeant un noir, ancien esclave, que le hasard lui amena un jour, et qui, dans un portugais bizarre, lui donna la valeur de la plupart des mots employés par les indigènes de Yoruba.

M. A. d'Albeca, aujourd'hui lieutenant de réserve, attaché à la colonne du général Dodda, a fait un travail intéressant sur la langue djedji. Il la trouve dure, remplie d'aspirations gutturales.

Les chants *djedjis* sont, en général, plaintifs, très doux, et même lorsque la voix se faisant emphatique, ou voulant devenir menaçante, se meut dans le registre élevé, elle reste presque toujours douce, sans jamais devenir gutturale.

Les amazones ont presque toutes la *voix rauque*, voix caractéristique, analogue à celle de beaucoup de jeunes gens à l'époque de la puberté. Les nombreuses libations faites après leurs danses monotones et furieuses, l'habitude de fumer la pipe, rendent ces intéressantes guerrières, qui sont parfois très jolies, en général à moitié aphones.

Dans les différents entretiens que M. Bayol

eut, au cours de sa mission, avec le prince Kondo, aujourd'hui le roi Behanzin, il lui parut, et son interprète djedji, M. Xavier Beraud, le confirma dans cette opinion, s'exprimer avec beaucoup de clarté, et la langue dahoméenne qu'il parlait semblait apte à exprimer des idées élevées, bien que d'une nature simple. Il parlait volontiers très haut, avec des gestes terribles, sans que sa voix devînt gutturale, puis, subitement, comme un acteur de talent, il s'arrêtait, souriait et s'étendait sur une chaise longue, couverte d'un tapis arabe, et ses femmes le massaient. Puis il reprenait son discours.

La langue *djedji* ou *fon* et le *mina* parlé aux Popos ont la plus grande analogie.

Le roi Toffa, qui est prince royal du Dahomey, parle djedji, ainsi qu'une partie de ses sujets du royaume de Porto-Novo, mais une partie de son peuple parle le *nago*, et les transactions commerciales que la ville de Porto-Novo entretient avec Lagos et le Yoruba (pays des Egbas en particulier) rend le développement de cet idiome très facile. Le nago est parlé par des millions d'indigènes ; le djedji est à peine parlé par 300,000.

Les Dahoméens ne savent ni lire, ni écrire, et leurs communications avec les peuplades du Niger ont lieu au moyen de lettres arabes écrites par les *Aloufas*, marabouts qui ont commencé à envahir le Dahomey.

On écrit le djedji comme il se prononce.

Caricature du roi du Dahomey, entouré de ses favorites et porté par ses trois ministres.

Les noms n'ont pas de genre.
Homme se dit *sounou*.
Femme se dit *gnionou*.
Fille se dit *vignionou*.
Chef se dit *gan*.

Au pluriel, *hommes* se traduit par *sounou lè*, *femmes* par *gniounou lè*.

L'adjectif est invariable.

Homme beau se dit *sounou egnodépé*.

Femme belle, *gniounou egnodépé*.

J'aime se dit : *Houm louen* ; et le verbe aimer se conjugue en langue djedji comme dans toutes les langues. Il existe le présent, le passé, le futur, l'impératif et l'infinitif. Les indigènes, qui n'ont ni mesures, ni monnaies, qu'ils remplacent par des coquillages ramassés sur les plages de Mozambique, savent compter. Le sac de 20,000 cauris est le chiffre maximum. Pour dire un million, on dit cinquante sacs de 20,000 cauris. De 1 à 20, on compte de la manière suivante :

Dé, houé, aton, éné, atton, aïzen, lenhoué, tanton, tenné, hohouo ; 20 se dit *ko* ;

Quelques mots usuels donneront une idée de la langue :

Bijou se traduit par *nouhoacoué*. Déjeuner par *zanzannoudoudou* ; époux, *assou* ; épouse, *assi* ; gourmand, *ménodounoutrala*.

M. d'Albeca traduit journal par *houemadahodaho*.

Les coutumes générales étant connues, passons maintenant à l'étude des mœurs intimes, à l'examen des productions du pays.

CHAPITRE QUATRIÈME

MŒURS ET PRODUCTIONS

Sommaire : La vie de famille. — Les femmes et les enfants. — Mœurs privées des Amazones. — La fête du bœuf. — Les habitations. — Ameublement. — Excédent des naissances. — Les funérailles. — Universelle cruauté. — Les productions du pays. — Universelle indolence. — Moyen de culture. — La flore. — Les fruits. — Fécondité du sol. — Produits divers. — Animaux. — Oiseaux. — L'alimentation. — L'industrie. — Les métiers. — Les marchands. — La monnaie. — Le suicide. — Les successions. — L'instruction. — La toilette. — Le bâton suprême. — La musique et la littérature. — Comment on voyage au Dahomey. — La police.

La vie de famille n'existe pas au Dahomey. La femme, nubile de bonne heure et mariée très jeune, est flétrie avant l'âge par la maternité, et les durs travaux auxquels elle est soumise. Jeune fille, elle contribue au bien-être de ses parents, en apportant sa somme de travail jusqu'au jour où elle est mariée. On la marie sans lui demander son goût ; la plupart du temps elle est vendue à son époux, dont elle est la favorite pendant un certain temps, jusqu'à ce que, fatigué d'elle, il prenne une autre femme ou revienne à une de ses épouses délaissées; mère, elle ne peut plus être revendue.

C'est aux femmes qu'incombent tous les travaux les plus pénibles de la maison. Son enfant attaché derrière son dos, la femme pile le maïs, fait la farine de manioc, casse les amandes, va chercher l'eau, souvent très loin ; sa seule distraction est, le soir, de se réunir avec ses voisins. Alors elles dansent entre elles, chantent des chansons ou se racontent des histoires, car les femmes habitent toujours séparées des hommes dans les salams.

Le père ne connait pas ses enfants, la mère seule s'en occupe, et comment ! Pas de langes, pas le plus petit morceau d'étoffe pour couvrir leur corps chétif, pas de couche moelleuse pour reposer leurs membres frêles : la terre nue, voilà leur lit.

La femme est généralement douce, coquette et bonne commerçante. Epouse, elle est rarement adultère, l'adultère étant d'ailleurs puni de mort. Dès son plus jeune âge, elle porte autour des reins une ceinture formée de grosses perles de verre ou de corail, et de plusieurs rangées selon sa fortune. Ce collier sert à supporter les vêtements les plus intimes, à savoir, une petite pièce d'étoffe, dont les deux bouts viennent s'y lier, l'un par devant, l'autre par derrière. Par dessus se passe un pagne très court, en soie ou en cotonnade, qui est roulé autour de la taille et descend jusqu'à mi-cuisse, retenu par un foulard de soie. Elles mettent dessus, un grand pagne qui, roulé au-dessus des seins, descend jusqu'à la cheville.

Quand leur époux, grand négociant de la côte, leur impose le costume européen, elles deviennent ridicules, hideuses. On les dirait échappées de baraques de chiens savants, avec leurs chapeaux à plumes et à fleurs, leur robe de couleurs criardes, leurs bijoux sentant la pacotille, et leurs bottines à hauts talons, qui leur donne l'élégante démarche du canard. Le mari complète le tableau, avec sa grande redingote noire, son chapeau haut d'une forme impossible, et l'énorme chaine d'or, qui ballotte sur son gros ventre.

Les amazones portent dans les grandes fêtes en tenue d'apparat toutes espèces de parures, des colliers en verroterie, en corail, des bracelets en argent, en fer, en cuivre et en étain; une *chéfesse* amazone porte même des cornes en or.

Malgré le vœu de chasteté de celles-ci, il arrive que le roi, pour combler les vides faits dans ses troupes, les délie de leur serment pour en faire des racoleuses. L'amazone enlève alors les ornements spéciaux qui pourraient la faire reconnaître comme femme attachée au roi, et elle s'en va, la calebasse sur la tête, dans les foires, minaudant, jacassant gentiment, tout en provoquant les jeunes hommes du regard ; le soir, elle s'en va par les chemins suivis par eux, où les taillis offrent un abri qui défie les regards curieux. Malheur à celui qui se laisse prendre à de semblables agaceries : le lendemain il est dénoncé par la séductrice chargée du racolage, saisi, garrotté ; il a commis un crime, ayant touché à une femme du roi ; il ne peut se sauver de la mort, qu'en se remettant à la discrétion du souverain, qui lui fait grâce, et l'incorpore parmi ses guerriers.

Besace d'amazone.

Mais l'amazone n'en est pas moins femme, et il arrive souvent, dit M. Chaudouin, que son cœur se laisse attendrir et qu'elle aime celui qui est tombé sous ses traits ; mais il lui faut une victime pour cacher sa faute, qui lui coûterait la tête si elle n'en déclarait pas l'auteur ; elle paie alors d'audace et sauve son amant en en dénonçant un autre. Le malheureux se défend, mais son témoignage pèse peu, il est condamné d'avance et n'a qu'à se résigner à être soldat.

Mais les amazones ont d'autres distractions, que le même narrateur nous décrit encore.

Une fête bien étrange, dit M. Chaudouin, est celle donnée par les amazones du roi et qu'elles appellent la « fête du Bœuf ». Voici en quoi elle consiste :

Un bœuf du pays, c'est-à-dire de petite taille, pesant environ 200 kilogrammes, est amené au milieu d'un bataillon d'amazones. Aussitôt elles l'entourent, marchent régulièrement, en cadence, et le serrent bientôt de si près qu'elles le dérobent à la vue de l'assistance. Or, quelques instants après les rangs s'ouvrent et le bœuf a disparu. Chaque amazone en tient à la main ou aux dents un débris sanglant qu'elle dévore tout cru et palpitant, comme le feraient des bêtes féroces.

L'adresse de ces femmes dans la circonstance est vraiment surprenante. Elles égorgent le bœuf en moins de temps qu'on ne dépouille un mouton dans un abattoir. Quand la fête est terminée, c'est-à-dire au bout d'une demi-heure à peine, il ne reste de l'animal que la peau et les cornes. Tout le reste a disparu jusqu'aux entrailles, que les horribles viragos dévorent à belles dents.

Le roi du Dahomey, pour protéger la mère et l'enfant, interdit les relations du mari avec la femme pendant trois ans, temps nécessaire à l'allaitement et à l'éducation. Cette loi a peut-être été faite pour encourager la polygamie et augmenter la population.

L'habitation dahoméenne est toujours rectangulaire, construite en bambous sur les plages ou dans les endroits marécageux, en bois dans les forêts et en terre argileuse du pays, qui devient très dure en séchant au soleil ; elle est couverte en paille ou en feuilles de palmier. Elle se compose d'un salam, vaste quadrilatère formé par une muraille de pieux tréssée avec de la paille ; l'enceinte a généralement plusieurs ouvertures et contient le logement du maître, ceux des esclaves mâles et celui des femmes ; tout cela séparé par des cours. La case est carrée et le toit, soutenu par des piliers de bois ou de terre, forme véranda sur la partie avant. L'intérieur est divisé en deux : une partie affectée au logement du maître et l'autre servant à remiser les objets précieux ! véritable magasin de déballage.

Les maisons sont très sujettes au feu, surtout dans la saison sèche, et il n'est pas rare de voir des quartiers entiers dévorés par les flammes.

Alors les femmes pleurent, s'arrachent les cheveux et les enfants glapissent. Les hommes laissent brûler. Une famille sinistrée est mal vue dans le pays ; on la considère comme ayant offensé les fétiches.

L'ameublement n'est ni luxueux ni confortable ; un lit très bas en bambou, un coffre en bois, deux ou trois vases en terre cuite, un mortier pour moudre le maïs, et c'est tout.

Lorsqu'un homme est condamné pour un crime, on découvre sa maison et personne n'a le droit de la recouvrir ; aussi ne tarde-t-elle pas à être rasée par les pluies.

Les mariages se font de la façon la plus simple : la jeune fille, ornée de ses plus beaux pagnes et de tous ses bracelets, est conduite par ses parents et ses amis chez son époux ; on boit et on danse toute la nuit, et c'est tout.

Les naissances passent inaperçues, tant elles sont nombreuses. La mort donne lieu à la plus grande cérémonie, ou plutôt à la plus grande orgie. Pour les rois et les grands chefs, c'est une débauche de plusieurs mois ; l'eau-de-vie et le sang coulent à flots, nous le savons ; la musique se fait entendre jour et nuit, et les danses ne cessent que par la lassitude des acteurs.

Pour les simples particuliers, voici comment les choses se passent :

Dès qu'un nègre a rendu le dernier soupir, ses parents, ses amis, ses voisins, qui n'avaient nullement songé à lui porter secours pendant sa maladie, s'empressent de se rendre dans sa case. Les féticheurs arrivent à la suite et ouvrent la fête par des mômeries bizarres, tandis que les assistants poussent des cris effroyables avec accompagnement d'une musique infernale.

Ensuite, commencent les réjouissances. L'eau-de-vie, versée à profusion, stimule les moins ardents ; la danse s'anime progressivement et arrive à un degré de vertige inexprimable. Des cris, des hurlements qui tiennent de la bête féroce ; une musique en accord parfait avec les sons rauques qui sortent des gosiers avinés ; le mort, placé sur une natte, au milieu de la case, voilà la scène du premier jour et de la première nuit.

L'ensevelissement a lieu le lendemain ; un trou creusé au centre du taudis, reçoit le cadavre, vêtu de son plus beau pagne ; les divers objets qui étaient à son service pendant sa vie, sont placés à ses côtés. On y joint une provision d'eau-de-vie, nécessaire pour le grand voyage qu'il entreprend. Puis on le couvre, en chantant, d'une légère couche de terre, et les danses reprennent de plus belle, et les calebasses de tafia passent de main en main.

Chaque jour voit se renouveler les mêmes scènes et les funérailles ne prennent fin que lorsque la terre, jetée dans la fosse par couches légères, a atteint le niveau du sol. Alors, chacun rentre chez soi et les blancs, voisins de la case mortuaire, peuvent enfin goûter le repos.

La cérémonie des funérailles royales est annoncée par des décharges d'artillerie, après lesquelles des cris lugubres retentissent dans le palais et parmi les femmes. Le grand sacrificateur fait creuser une fosse de quinze pieds carrés et de cinq pieds de profondeur. Au centre, on fait, en forme de caveau, une ouverture de huit pieds carrés, au milieu de laquelle on place le corps du roi. Alors, le grand sacrificateur choisit huit des principales femmes, qui sont vêtues de riches habits et chargées de toutes sortes de provisions, pour accompagner le mort dans l'autre monde. On les conduit à la fosse où elles sont enterrées vives, c'est-à-dire étouffées presque aussitôt par la quantité de terre qu'on jette dans le caveau. Après les femmes, on amène les hommes qui sont destinés au même sort et doivent être décapités. Leur nombre dépend de la volonté du grand sacrificateur et surtout du nouveau roi.

Les productions du pays consistent principalement en amandes de palme et en huile extraite de ces amandes par les indigènes.

Les fruits poussent par grappes, comme celles du dattier. Les indigènes montent à la cime, s'attachent solidement et cueillent les grappes. Le fruit est comme une grosse prune rougeâtre ; au centre, un noyau dur contient l'amande.

La récolte est portée à la demeure du maître et jetée dans les fosses creusées dans la terre ; on recouvre les fruits d'eau, et les femmes et les esclaves piétinent dessus, comme chez nous à la vendange. Les pulpes écrasées laissent échapper l'huile, qui vient surnager sur l'eau et qui est recueillie dans des pots en terre ou dans des calebasses.

Les résidus de la pulpe sont ensuite séparés des amandes et mis en mottes qui, une fois sèches, sont vendues comme combustible. Les amandes sont dépouillées de leurs coques par les femmes et mises dans des paniers.

Au fur et à mesure de leur production, huile et amandes sont apportées à la maison de commerce (factorerie), et remises contre des matières d'échange, consistant surtout en tafia, genièvre, muscat, tabac, objets de pacotille.

L'année, nous l'avons dit déjà, se partage, au Dahomey, entre deux saisons sèches et deux saisons pluvieuses. Ces dernières s'annoncent par des orages que le vent déchaîne avec fureur et qui sont terrifiants.

Peu après tombent des pluies continuelles.

Au commencement d'avril une puissante évaporation se produit, puis quand le soleil est de retour des Tropiques, au mois de juillet, les pluies cessent pour recommencer au mois d'octobre. Ces alternatives entretiennent l'humidité du sol et rendent la végétation luxuriante en même temps qu'elles tempèrent la chaleur dont l'élévation moyenne est, dans ces parages, de trente à trente-un degrés centigrades.

Aussitôt que la première des deux saisons pluvieuses s'annonce, on commence les travaux agricoles.

Dans un grand nombre de tribus l'Africain, surtout le chef de case, est imprévoyant et peu industrieux, à cause de la nature prodigue qui lui donne, presque sans travail et sans fatigue, le vivre de chaque jour.

A peine a-t-il quitté la peau de vache sur laquelle il couche, il allume sa pipe qui ne s'éteint plus.

Ecartant sa porte de roseaux, il va se chauffer au soleil levant et causer avec ses voisins.

Quant aux indigènes pauvres, lorsque la saison des pluies a ramené la période des travaux, on les voit, aiguillonnés par le besoin, secouer un instant leur indolence pour retomber bientôt dans la vie sensuelle et paresseuse.

Sur d'autres points du littoral et plus avant dans les terres, ce sont les femmes et les esclaves qui seuls travaillent.

Les moyens sont primitifs.

On commence par brûler les hautes herbes pour dégager le sol et détruire les serpents innombrables.

Point de labour, point de charrue par conséquent.

On remue légèrement la terre très féconde. L'engrais est inutile.

On se groupe à trois pour les semailles ; le premier travailleur creuse un petit trou à fleur de terre ; le second y dépose les graines ; le troisième recouvre le trou avec l'orteil.

Deux mois après, la récolte est mûre, des bêches et des coutelas suffisent à la recueillir.

On cultive les haricots, le manioc, le maïs, l'igname, les patates douces et les arachides ; telle est la nourriture presque exclusive des indigènes.

Les plantes aromatiques croissent mal. Le cocotier est rare. Le riz est de mauvaise qualité et le blé ne pousse pas. On assure que le café pourrait être cultivé avec succès, ainsi que la canne à sucre.

Aux environs d'Abomey, les productions deviennent plus nombreuses.

Les arbres que l'on cultive ordinairement sont le palmier, le papayer, le bananier, le citronnier, l'oranger, dont le fruit est tendre et délicat, mais de saveur moins exquise qu'en Europe ; l'acajoutier, le corossolier, le manguier, le goyavier, le cotonnier, le figuier, qui produit peu.

Si les bras ne manquaient pas pour la double récolte du palmier à huile, cet arbre suffirait à lui seul pour nourrir la contrée.

Les grandes forêts de palmiers alimentent à elles seules le commerce avec les étrangers.

Le plus utile de tous ces arbres est le papayer ; son fruit, de la grosseur d'un melon, est sucré, aromatisé et très rafraîchissant. Les gourmets en font d'excellents plats et on le mange au dessert.

Le bananier est superbe au Dahomey.

Le citronnier produit plus abondamment que l'oranger, mais les fruits en sont petits et n'offrent point cette agréable acidité qui en fait le prix.

L'acajoutier est un arbre du pays qui s'accommode de toute espèce de terrain, mais qui ne souffre pas la transplantation. La première fois qu'on goûte son fruit on le trouve insupportable ; on finit par l'aimer beaucoup ; sans être très aqueux et très acidulé, il désaltère infiniment.

Le manguier est aussi très répandu. Il produit un fruit de la forme d'un œuf que les noirs recherchent beaucoup, mais qui répugne aux blancs. Son feuillage, très épais, donne un bel ombrage.

Le goyavier a des feuilles et des rameaux qui ressemblent beaucoup aux feuilles et aux rameaux du pommier. Son fruit, quand il est mûr, répand un parfum de fraises bien prononcé. Un seul suffit pour embaumer tout un appartement.

Enfin, à cette nomenclature d'arbres, on pourrait ajouter, avec beaucoup d'autres, le cotonnier qui l'emporte sur tous par ses belles dimensions, le kola et le bel arbre à pain qui donnent surtout leurs fruits et leurs ombrages à la multitude des singes si voraces et si agiles.

Quant aux fleurs du Dahomey, elles n'occupent une grande place ni dans les notes des touristes et des savants, ni dans les souvenirs des missionnaires. Cela tient à leur rareté dans ces parages.

Les lagunes seules sont parsemées de quelques fleurs, les unes assez remarquables par le parfum qu'elles exhalent, les autres par leurs couleurs éclatantes ; mais si l'on excepte le nénuphar et le nymphée, on ignore le nom et la classification des variétés qui ont fait de la surface de ces eaux un jardin odorant.

En terre ferme, la seule fleur qui attire l'attention est une fleur rouge d'un petit arbre très épineux de la famille des acacias.

Quelques fleurettes, perdues au milieu des buissons et des hautes herbes, y brillent bien un peu ; mais c'est à la manière des vers luisants et il en faudrait des centaines pour former un petit bouquet.

Dans cette terre qui semble maudite, a ajouté le P. Laffitte dans ses souvenirs de voyage, l'absence de fleurs se fait d'autant plus sentir que la nature n'offre, au regard de l'Européen, que des arbres géants qui font épanouir leurs branches à une hauteur prodigieuse, tandis que le sol, ordinairement découvert, conserve une teinte monotone.

Les otages de Wydah, qui ont traversé le pays dans toute sa longueur, affirment que le Dahomey est des plus fertiles qu'on puisse rêver. Les villages sont nombreux et les récoltes seraient splendides si les habitants voulaient se donner la peine d'une culture quelconque ; mais leur ambition est bornée au maïs et au manioc, qui poussent seuls deux fois l'an, et aux amandes de palme, qu'on n'a qu'à cueillir. De plus, l'intérieur est très sain, et on n'y souffre pas des fièvres comme sur le littoral.

Détail curieux : les plus petits villages sont pourvus de gros canons vieux modèle, presque inoffensifs, mais indiquant bien le caractère belliqueux des Dahoméens.

Les animaux domestiques d'Europe se rencontrent au Dahomey, mais toutes les espèces y dégénèrent, toutes sont plus petites. Les chevaux sont très rares à Wydah, et aussi les ânes, qui seraient très utiles dans ce pays n'ayant que des sentiers au lieu de routes.

Les chiens n'aboient presque pas sous la zone torride ; ils font seulement entendre un hurlement.

Quant aux animaux sauvages, ils n'offrent rien de particulier. L'éléphant s'y multiplie ; on n'y voit pas le chameau ni le dromadaire. Le lion est rare, mais en revanche la panthère, le léopard et un autre animal semblable à la hyène sont si répandus, que presque toutes les nuits ils vont dans la ville chercher les débris d'ossements.

Les cochons vivent presque à l'état sauvage ; ils errent jour et nuit, soit dans la campagne, soit dans les villes et les villages, faisant leur pâture des immondices qui jonchent le sol. Ils sont généralement très maigres et fort indigestes.

La campagne de Wydah nourrit de belles chèvres qui ne diffèrent pas essentiellement de celles d'Europe ; la viande de chevreau est très appréciée des blancs ; les nègres gardent pour leur usage les boucs et les vieilles chèvres, dont l'odeur nauséabonde leur est agréable.

Des chauves-souris de la taille d'un pigeon fourmillent à tel point que pendant le jour elles noircissent par leur présence les branches de gigantesques cotonniers qui leur donnent le logement. Chaque soir, au crépuscule, quand elles prennent leur vol, elles sont aussitôt remplacées par d'autres légions non moins nombreuses de vautours et de corbeaux au ventre blanc. Le lendemain matin, l'évolution a lieu en sens inverse.

Les chasseurs ont plus d'agrément avec les pintades, qui vivent à l'état sauvage et s'aventurent par bandes de vingt à trente ; avec les pigeons verts, qui ne diffèrent du ramier que par la couleur du plumage ; avec les perdrix, les tourterelles, les coucous, qui sont très abondants.

Enfin, après avoir nommé l'oiseau-mouche, le cardinal aux couleurs écarlates, le perroquet gris, le plus criard de tous, la petite perruche et le vautour fauve, hideux à voir, nous pouvons dire que les autres familles d'oiseaux ne diffèrent en rien des espèces tropicales : avec leur plumage brillant ils sont sans voix ou sans harmonie.

Entre tous les animaux de la création, ce sont les reptiles qui fourmillent le plus dans le Dahomey, depuis la petite couleuvre jusqu'à l'énorme boa. On les rencontre partout, en pleine campagne, dans les champs labourés, au milieu des hautes herbes où ils font entendre leurs sifflements ; dans les villes, au milieu des rues, devant les cases des nègres, et jusque dans les appartements, sous les lits, au coin du foyer.

Dans les magnifiques forêts de la Côte des Esclaves, sur les bords de ces lagunes et dans ces vastes clairières, le botaniste trouverait une ample moisson de plantes utiles. Le ronier y croît facilement : c'est une espèce de palmier dont le fruit est comestible et dont le parenchyme donne une huile exploitable ; les boababs, les pomagers, géants des végétaux, font l'ornement des campagnes. Les morées, les malvacées, les hibiscus donnent des écorces textiles.

Le cocotier ne pousse que près de l'habitation de l'homme, dont il est toujours le fidèle compagnon. Il croît rapidement et peut, dans un avenir

Village sur pilotis.

prochain, devenir une branche de notre commerce.

Le coton, le gingembre, le poivre, l'arbre à beurre sont les éléments d'un négoce encore restreint, mais qui prend chaque année plus d'extension.

D'autres végétaux tels que le tabac, le café, la canne à sucre, le cacao et une infinité de plantes fibreuses, ne demandent qu'à être cultivés en grand pour donner les plus heureux résultats.

Toutefois, le roi des végétaux dans ces parages, l'arbre providentiel qui fournit presque à tous les besoins du nègre, c'est le palmier à huile. Ce palmier à la tête élégante, mais au tronc souvent irrégulier et raboteux, atteint une hauteur moyenne de six à sept mètres. Il croît avec une extraordinaire abondance sur toute la Côte des Esclaves, principalement dans les Etats de Popo, de Porto-Novo et du Jébou, où il forme d'immenses forêts qui affectent de suivre les dépressions du sol et les endroits humides. Il se multiplie de lui-même et ne demande aucun entretien. Deux fois par an, les indigènes font la récolte des fruits du palmier, dont on extrait l'huile, comme nous l'avons indiqué tout à l'heure.

On sait que l'huile de palme arrive en Europe à l'état solide, comme une graisse épaisse. On l'emploie dans la savonnerie et dans la fabrication des bougies. Une seule maison de Marseille en a expédié, dans une année, 42 navires à ses comptoirs et en a retiré 15,000 tonnes d'huile.

Après le palmier à huile vient encore un autre végétal d'une certaine importance pour le commerce : c'est l'arachide, de la famille des légumineuses. Elle croît de préférence dans les terrains légers. Aussitôt après les premières pluies, le nègre trace d'étroits sillons et sème, à un pied ou deux de distance, la graine de l'arachide. Jeune, la plante a un peu l'aspect de la luzerne clair-semée. En grandissant, elle tend à s'incliner et à ramper tout autour de sa tige. Dès que la floraison est terminée, les pistils fécondés se dirigent vers le sol, y pénètrent et y achèvent la maturité du fruit, sorte de petite amande un peu comprimée par le milieu. Chaque plante produit plusieurs amandes dont l'enveloppe est une coque tendre, rugueuse, parsemée de petites cavités, comme un dé à coudre.

Les amandes d'arachides, ou pistaches de terre, sont une friandise pour les nègres. On les vend bouillies ou grillées sous la cendre. C'est un aliment agréable, mais irritant, qui, à la longue, occasionne des douleurs d'entrailles. A chaque coin de rue, des négresses en offrent aux passants ; les jeunes filles font leur apprentissage commercial en allant vendre l'*azi* de porte en

Le temple des Serpents à Wydah.

porte. Elles s'annoncent par un cri nasillard : « *Azi-no dié uxé ! — Voilà la marchande d'arachides !* »

L'amande d'arachides fournit une huile limpide, inodore, moins épaisse et moins grasse que l'huile d'olive, avec laquelle on la mélange pour obtenir l'huile d'olive livrée au commerce. Ce n'est que depuis une quinzaine d'années que nos maisons françaises ont commencé à acheter des arachides. La quantité n'en est pas grande, les indigènes ne s'adonnant point encore à cette culture sur une grande échelle. Ce sont les Popos qui en fournissent le plus. A Porto-Seguro et à Petit-Popo, en 1869, la mesure d'environ 20 kilogrammes se vendait 2 fr. 50 c.

Le maïs de la Côte des Esclaves ressemble à celui de France; mais le grain ne devient jamais, dans sa pleine maturité, aussi dur qu'en Europe. Le maïs aurait été, dit-on, apporté d'au-delà du Niger par un gardien de singes.

Aussi les Nagos appellent quelquefois par dérision les étrangers des singes. Dans les rues, les enfants ont l'habitude de crier à la vue d'un blanc: « *Oibo akiti agba*: le blanc, le vieux singe. »

Il faut aussi mentionner le béraf, la patate douce et le sésame. Le béraf croît avec une prodigieuse facilité dans les terrains sablonneux, surtout au bord de la mer. Quand ce fruit est mûr, on le cueille et on le laisse en petits tas dans le champ même. Il ne tarde pas à fermenter et à pourrir; c'est alors que les indigènes en extraient les graines. Ils ont la patience de les dépouiller de la pellicule qui recouvre l'amande intérieure.

La patate douce sert aussi à l'alimentation des nègres. La partie comestible consiste dans les tubercules de la racine. Elle a un goût sucré et se prépare comme nous préparons les pommes de terre.

Le sésame s'élève à la hauteur d'un mètre et se cultive principalement aux environs d'Abékouta. On en extrait un suc gras et huileux; le reste nourrit les bestiaux et engraisse les terres.

Grâce à ces richesses naturelles, les tribus de la Côte n'ont jamais connu le fléau de la famine, et l'on n'y rencontre presque pas de mendiants.

Le maïs sert de nourriture quotidienne. Quand le grain n'est encore qu'une masse laiteuse, alors qu'il est à peine formé, les indigènes le font griller sur des charbons ardents et paraissent s'en régaler. Une seconde manière d'accommoder le maïs consiste à le faire bouillir dans un pot de terre. La troisième façon est plus compliquée : on le réduit en farine grossière, on laisse aigrir cette farine dans l'eau, et, pour confectionner le pain, on la pétrit en forme de boule de la grosseur du poing. C'est l'*akassa*.

Parmi les mets indigènes, il en est deux qui priment tous les autres : le *canalon*, qui se compose de poissons et d'herbes hachées, le tout noyé dans l'huile de palmier, et le rat, que le nègre préfère au poulet.

Les Dahoméens fabriquent aussi une espèce de galette avec du maïs et une sorte de haricot, mais ils ne s'en servent que lorsqu'ils sont à la guerre. Le poisson, dans l'intérieur, est rare et cher ; aussi les indigènes mangent-ils beaucoup plus d'ignames, de patates douces et de farine de manioc.

Ils consomment peu de viande, presque tous les animaux étant pour eux fétiches. La poule, le cabri, le cochon figurent dans les grands festins où les noirs, ordinairement sobres, deviennent d'une gloutonnerie étonnante. Peu délicats, il n'est pas rare de les voir manger des animaux morts, et ils raffolent aussi d'une grande chauve-souris très commune dans le pays, et des *ignanes*, sorte de lézards. Avec le maïs et le millet la plupart des nègres font une espèce de couscoussou qu'ils arrosent d'huile de palme, auquel ils ajoutent un peu de poisson de rivière ou de la volaille, suivant le degré de leur aisance, et qu'ils mangent le matin avec la main en plongeant dans une calebasse. Ils ne boivent jamais pendant le repas et mangent avec une extrême lenteur. Leur repas terminé, ils boivent un verre d'eau, se rincent la bouche et avalent ensuite un immense verre de tafia. Il y a aussi les mangeurs de terre, passion qui fait de grands ravages surtout parmi les femmes. Lorsque les malheureux s'y adonnent, la surveillance la plus active, les punitions les plus sévères ne peuvent les en détourner : la malheureuse victime dépérit de jour en jour jusqu'au moment où elle paie de sa vie ce goût dépravé.

Quant aux ustensiles de cuisine, ils sont en terre ; on les fabrique près d'Abomey, et leur fabrication est relativement parfaite. Les cuillères sont faites avec de petites noix de coco traversées par un court bâton.

Les femmes surveillent la cuisson des mets tout en filant le coton avec une petite quenouille, en fabriquant de petits paquets de tabac qu'elles iront vendre plus tard à la foire, tout cela sous l'œil vigilant de la première femme du maître, celle qui a le pas sur toutes par son rang d'ancienneté.

Chaque village possède un forgeron. Wydah, ville de premier ordre, en possède deux. Ces fils de Vulcain sont, en général, peu actifs. Leurs outils sont d'ailleurs primitifs ; un soufflet formé de deux outres qu'on presse avec rapidité et alternativement avec deux bâtons, une culasse de canon en guise d'enclume, un cylindre en fer court, mince d'un bout, servant de marteau, des pinces et un tronçon de lime, c'est tout ce qu'un visiteur a trouvé dans une forge très achalandée. La provision de fer consistait dans de gros clous et de vieux cercles de barriques. Les articles qui sortent de la main des ouvriers sont généralement grossièrement travaillés. Cependant, ils arrivent à fabriquer des colliers et des chaînes pour les esclaves, des lanternes en fer, des clochettes, des gourdes, des lances ondulées, même des serrures très simples, avec clé, et aussi les fameux couteaux du Dahomey, dont quelques-uns sont très curieux par leur forme et par leur ciselure. Plusieurs sont aussi bijoutiers et font des bracelets et des bagues en argent et en or assez bien travaillés.

L'art de fondre et de couler les métaux n'est pas connu au Dahomey ; la monnaie courante est de la poudre d'or ou, plus fréquemment, des *cauris*. Ce sont de petites coquilles d'un blanc de lait. Les plus petites ne sont pas plus grosses qu'un pois commun ; les plus grosses ont le volume d'une noix. Elles servent aussi de parure. Les nègres percent ces coquilles et les enfilent, au nombre de quarante, dans un cordon ou dans un jonc, et, dans le commerce, ils les préfèrent à l'or. Deux cents de ces cordons forment le prix d'un esclave. Il faut 2,000 coquillages pour 25 francs de notre monnaie. On juge par là quelle masse énorme doivent offrir les trésors du roi après la perception des impôts.

Le petit marchand, homme libre et peu fortuné, subvient à son existence en échangeant dans les factoreries quelques pots d'huile contre les marchandises qu'il va revendre dans les foires.

Les acheteurs du roi sont nommés par lui pour faire ses achats ; ils sont craints de tout le monde, car ils joignent à leur profession celle d'espions. Le roi les envoie de tous côtés, souvent très loin, pour acheter tout ce qui arrive de nouveau.

Le grand négociant noir est le plus grotesque

de tous, ridiculement vêtu à l'européenne, plein de morgue, voulant tout acheter, parlant de chiffres ronds comme de très petites sommes, mais oubliant souvent de payer. Il est élève de la mission, où il a appris à peu près à lire et à écrire. Il ne manque pas une fête, accompagné de sa *dame* vêtue de falbalas d'un goût scabreux.

Les lois du Dahomey condamnent le suicide. La famille ou le maître du suicidé sont condamnés à une forte amende. Le plus vilain tour qu'un esclave puisse jouer à son maître est de se pendre : il le prive de ses services et de plus le fait condamner.

La famille est toujours responsable des actes de ses membres, comme le maître de ceux de ses esclaves. C'est elle ou c'est lui qui paye les amendes de l'insolvable. Le débiteur peut encore s'acquitter en devenant temporairement l'esclave de son créancier.

Dans les classes riches, le père donne à ses fils de quoi s'établir et commencer un petit négoce. A la mort du père, le fils aîné le remplace et hérite de tout, même des femmes. Il n'est pas rare qu'il prenne comme femme légitime une des femmes de son père, ou encore sa propre sœur lorsqu'elle n'est pas de la même mère que lui ; la loi ne s'y oppose pas.

Les indigènes sont entre eux d'une grande politesse et ne s'abordent qu'après force *okou* (bonjours). Devant un supérieur, ils mettent un genou en terre et battent des mains tout en prononçant des okou sans fin, que la personne saluée répète au moins trois fois ; puis ils font claquer leurs doigts trois fois encore. Les femmes font de même entre elles.

Le Dahoméen a la chevelure crépue et plantée par petites touffes. Les esclaves ne peuvent porter les cheveux longs ; les gens du roi ont la tête rasée et ne portent qu'une mèche de cheveux près de l'oreille. Les gens du prince en ont deux. Les femmes de condition portent les cheveux très longs et ébouriffés ; d'autres les peignent et les ramènent en arrière en forme de cimier d'un enlacement bizarre.

Le bâton est tout : il représente le roi. C'est par lui qu'il transmet ses ordres d'un bout à l'autre de son royaume. Les maisons de commerce ont aussi un bâton qui les représente dans leurs rapports avec les autorités ; c'est la carte de visite, la pièce officielle témoignant de l'authenticité d'un envoyé d'un voyageur qui a *demandé les chemins*. Les missions ont le leur, les chefs aussi. Ceux du roi sont courts et garnis d'argent.

Certains jours, à Abomey, le père de Behanzin faisait une exposition générale de ses richesses. Environ quinze mille femmes, toutes habillées de neuf, portaient en procession les trésors du monarque. Cette procession durait du matin jusqu'au soir, et les chemins qu'elles parcouraient étaient interdits à tout le monde, singulière condition pour une exposition. Cette fête n'allait point, naturellement, sans de nombreuses pendaisons et des centaines de têtes coupées. Car ces massacres ont un double motif : d'abord ils impriment le respect de la puissance royale, et ensuite, les esclaves formant la plus grande richesse du pays, plus on en immole et plus on fait montre de somptuosité.

On a eu l'occasion de voir plus haut la musique des Dahoméens à l'œuvre. Leurs instruments ne sont pas moins primitifs que discordants. Quant à leur littérature, elle n'existe point, la langue ne s'écrivant pas. Les événements, l'histoire, les guerres et les actions d'éclat des grands hommes se transmettent à la postérité par la parole. Ce sont des récits, des fables, des poèmes, des contes qui s'apprennent et se transmettent d'individu à individu, grâce à une mémoire prodigieuse.

Les seuls moyens de locomotion connus dans le Dahomey sont le hamac si on voyage en terre ferme, et la pirogue si on voyage par lagune. Les pirogues sont formées d'un tronc d'arbre creusé et n'offrent rien de particulier.

Le hamac est en coton très solide, tissé dans le pays, zébré de couleurs voyantes aux dessins bizarres et orné de franges en coton de diverses couleurs. La perche qui le soutient, longue de 4 mètres environ, est formée de la nervure centrale de la feuille d'un palmier, qui constitue, une fois séchée et dressée, un support très léger et d'une grande résistance. Il est percé des deux côtés, à 50 centimètres de ses extrémités, de trous dans lesquels passent deux chevilles en bois travaillé, qui servent à fixer les deux extrémités du hamac. Une tente en cotonnade à rayures voyantes et un oreiller complètent ce véhicule spécial. La tente, comme celle d'une embarcation, est fixée aux deux chevilles du hamac par deux cordons qui servent à la maintenir dans la position voulue, au gré du voyageur.

Le hamac est porté par quatre, six ou huit porteurs, suivant l'importance du voyageur ; on peut s'y tenir couché ou assis, les jambes ballantes ou croisées à la mode turque. Dès qu'on y est installé, les porteurs le soulèvent et placent l'extrémité du bambou sur leur tête, protégée du frottement au moyen d'un petit coussinet rond en paille. Ils maintiennent le hamac en équilibre avec une main, ou même, le plus souvent, ils l'abandonnent complètement, et se mettent en marche à une allure très rapide. Ils portent ainsi le hamac avec une telle douceur qu'on ne ressent pas le plus petit mouvement ni le plus léger choc.

Lorsqu'on est plusieurs ensemble, que la route se fait en caravane, les porteurs s'excitent entre eux et se livrent alors à une course échevelée ; l'émulation s'en mêle. Mais alors, gare aux faux pas ! Il est vrai d'ajouter que les chutes sont très rares, car ils sont d'une adresse merveilleuse, et leurs camarades qui sont autour d'eux pour les relayer lorsqu'ils sont fatigués saisissent toujours le hamac à temps pour que l'Européen ne se fasse pas de mal.

Vient-on à traverser une lagune, ils entrent dans l'eau sans hésitation, et dès qu'ils ont de l'eau jusqu'aux cuisses, deux autres porteurs saisissent le hamac en dessous, soutiennent le voyageur aux épaules et aux jambes, le soulèvent tandis que les deux autres portent le hamac à bout de bras, afin d'éviter de lui faire prendre un bain de siège.

La police du roi du Dahomey est admirablement bien faite.

Quand Behanzin avait ordonné de fermer les chemins, malheur à celui qui tentait de s'aventurer dans les sentiers en dehors de son village.

Du fond d'une touffe d'arbustes, du milieu de la brousse, partait un coup de feu ou une flèche empoisonnée.

Une autre loi dahoméenne voulait qu'aucun blanc ne passât une nuit sur la plage.

A Godomey, à Avretéké, à Wydah, les agents des factoreries devaient, au coucher du soleil, quitter le bord de la mer pour aller à Godomey-Ville, à Avrétéké-Ville ou à Wydah-Ville.

Les marchandises placées dans les magasins de la plage étaient sous la garde des cabacères (douaniers ou gendarmes noirs) et, on le doit reconnaître, pas une maison n'a eu à se plaindre d'un vol.

Les monarques d'Abomey, qui rêvaient de donner à leur capitale un immense développement, qui en voulaient faire le centre d'un empire colossal, avaient ainsi pris leurs précautions contre tout envahissement.

Les établissements européens sont désormais débarrassés de leur protection.

Queue de cheval de féticheur.

Casse-tête dahoméen.

CHAPITRE CINQUIEME

LES VILLES DE LA COTE. — LE ROI TOFFA

SOMMAIRE : La côte. — Pays sous le protectorat de la France. — Porto-Novo. — Description de la ville. — Les récoltes. — L'industrie. — Le climat. — La navigation fluviale. — Le tafla. — Gros et détail. — Les marchés. — La monnaie. — Le roi Toffa. — Un ivrogne en chambre. — L'Etoile noire. — L'imprimerie royale. — L'éléphant blanc. — Les ministres. — Le cérémonial. — Les anarchistes de Porto-Novo. — L'armée de Toffa. — Une prophétie. — Entre Porto-Novo et Kotonou. — Wydah. — Agoué. — Les Minas. — Superstitions. — Lagos. — Les coutumes de Wydah. — Le serpent fétiche. — Le temple. — Fête religieuse. — Danses sacrées.

Revenons maintenant à la côte et décrivons-en les villes et les établissements européens.

Porto-Novo et Kotonou à l'est, Grand-Popo à l'ouest, sont sous le protectorat de la France. Nous laisserons de côté Kotonou, point de débarquement que nous aurons à étudier au point de vue des factoreries dans le chapitre suivant.

Au centre de nos possessions se trouve Wydah, que nous visiterons tout à l'heure, cité qui était placée sous la dépendance du roi du Dahomey et où nous possédons un établissement depuis le XVI⁰ siècle.

Au XVII⁰ siècle, un fort y fut construit par la France.

On voit que nos relations avec le Dahomey ne datent pas d'un jour.

Le royaume de Porto-Novo est situé entre le Dahomey, le territoire d'Abéokouta et la colonie anglaise de Lagos. Ses limites ne sont pas définies au nord, et la région y est encore inexplorée. Mais on présume qu'en remontant dans cette direction, on doit arriver au pied des montagnes dites de Kong, qui séparent le territoire du Soudan. Il n'y a dans le royaume que deux ou trois villes ou marchés principaux qui sont : Porto-Novo, la capitale et résidence du roi, Dambo, Adjara, Késonou, et une infinité de villages ou hameaux. La population de tout l'Etat peut être estimée à environ 300,000 habitants.

Porto-Novo, en langue du pays *Adjaché*, ou ville de féticheurs, est à 20 ou 25 milles au nord de Kotonou. C'est le chef-lieu du royaume, qui aurait jadis appartenu à un suzerain du roi du Dahomey. On s'y rend en pirogue par la lagune de Kotonou et le voyage n'est guère agréable.

Les embarcations sont taillées dans un seul tronc d'arbre et mesurent de 15 à 18 mètres de longueur. Elles sont rondes en dessous et ne naviguent guère à la mer. Durant la traversée, des nuées de moustiques vous dévorent; on entend de toutes parts le clapotement des eaux occasionné par les ébats des caïmans. De tous côtés, cris d'oiseaux de nuit, de bêtes sauvages; l'air est sillonné d'une infinité de lucioles.

Porto-Novo, à proprement parler, n'est pas une ville; c'est une agglomération de cases. Elle peut se diviser en deux parties bien distinctes : la ville fétichiste et la ville semi-européenne, un peu moins sale que sa voisine.

L'état sanitaire y est déplorable; tout le monde y a la fièvre tous les dix jours. Pendant l'expédition de 1890, chaque jour un tiers de l'effectif y était malade.

Rien ne peut rendre l'idée de la puanteur occasionnée par les ordures et par les charognes éparses de tous côtés. On rencontre de toute part des calebasses remplies de terre, des perches fixées dans le sol et garnies à leur sommet de banderoles de linge de couleur blanche, des fétiches grossièrement sculptés : ce sont là autant de divinités honorées par les habitants, qui sont aussi superstitieux, mais moins sauvages que leurs voisins du Dahomey.

Le roi Toffa fait généralement un excellent accueil aux Européens qui vont le visiter dans ce que l'on est convenu d'appeler son palais, à l'intérieur duquel on accède par un couloir infect.

Ce palais est situé, à Porto-Novo, sur la place du Grand-Marché ; c'est une modeste maison blanche, aux volets autrefois verts, ayant un étage et trois fenêtres de façade. Elle a de vastes attenances, couvertes en paille, comme le bâtiment principal ; d'immenses cours, pleines de fétiches et de divinités couvertes de nattes, sont toujours remplies de monde et d'activité. Sur le derrière, faisant face à la lagune, une grande construction abandonnée, élevée en terre du pays, aujourd'hui en ruines, était le palais projeté par Mecpou, le prédécesseur et un peu l'ennemi du souverain actuel.

En face de ce reste d'édifice, sur une étagère ou claie en bambous, soutenue par cinq ou six piquets le long desquels grimpent des plantes et des lianes, sont alignées, hideuses, les têtes des ennemis tués à la guerre ; la collection s'est considérablement augmentée depuis la campagne récente.

Le hangar vermoulu sis près du grand marché de Porto-Novo et que l'on désigne plaisamment sous le nom de palais des fétiches, sert aux réceptions officielles, aux palabres de justice.

Le roi reçoit ses visiteurs assis ou plutôt couché sur un lit à colonnades dorées, entouré de soixante ou quatre vingts princesses à peine vêtues.

Les armoires sont encombrées de bibelots qui feraient rêver un marchand de bric à brac : crachoirs en argent, cannes sculptées, uniformes chamarrés de broderies dorées, pipes monumentales, casquettes à plusieurs ponts, gravures d'Epinal, soldats de l'armée française grandeur naturelle.

Dans ce musée bizarre circulent librement des canards, des dindons, des poules, des enfants et des esclaves. A la porte d'entrée, un *legba* (dieu) en bois, grossièrement sculpté, veille sur les destinées de la branche cadette de la maison du Dahomey.

Sur les murailles, çà et là, des dessins primitifs, des bonzes qui tirent la langue, tous les fétiches de l'Olympe dahoméen, depuis *Sapata* (maladie) jusqu'à *Abbétayo*, génie malfaisant qui fait chavirer les pirogues et qui pousse les marchands blancs à mettre de l'eau dans leur rhum.

Le roi de Porto-Novo affirme que lorsque le fétiche a bu, il se tient tranquille ; aussi, avant de commencer une bouteille, arrose-t-il la terre du liquide qu'elle contient.

Les sacrifices humains, qui avaient encore lieu il y a trois ou quatre ans, paraissent avoir cessé, depuis l'occupation française, qui devient de jour en jour plus sérieuse et finira certainement par transformer à son avantage le royaume de Porto-Novo.

Autrefois, à 500 mètres de la ville, dans une forêt d'arbres gigantesques et de palmiers, qu'on appelle le Bois Sacré et qui est encore, d'ailleurs, jonché d'ossements en certains endroits, on immolait des victimes humaines aux fêtes des fétiches : il est juste de dire que, sous le règne de Toffa, ceux que l'on offrait en holocauste aux divinités païennes étaient des condamnés à la peine capitale, dont on modifiait seulement le genre de mort. Le supplicié avait toujours la mâchoire fracassée, et la langue coupée, pour qu'il ne puisse pas, sans doute, aller raconter la chose dans l'autre monde; on lui ouvrait le corps, et après mille mutilations, le cœur, arraché, servait à d'autres cérémonies.

Ces mœurs charmantes ont heureusement subi des modifications ; aujourd'hui, dans les fêtes des fétiches, des agneaux, des moutons et des poules remplacent les malheureux condamnés.

Néanmoins il y a encore un point sur lequel Toffa est inflexible et l'on ne peut que lui donner raison : c'est la punition du vol par la mort. Cette rigueur est motivée, le vol étant inné chez le noir, en général.

Si ces mesures énergiques n'avaient pas été prises à Porto-Novo, les Européens et même les indigènes seraient obligés de veiller, l'arme au poing, nuit et jour, sur ce qui leur appartient ; tandis que la sévérité du roi à cet égard fait réfléchir l'individu qui convoite le bien d'autrui et a rendu, depuis plusieurs années, la tranquillité aux habitants.

L'homme qui est traîné devant le trône de justice de Toffa, pour vol, sait que la mort l'attend, le mingan prend livraison immédiate du prisonnier.

Les gens de Porto-Novo sont fainéants, paresseux, menteurs comme ceux du Dahomey et des pays avoisinants ; ils sont, de plus, très poltrons et excessivement intelligents; ils possèdent pour le commerce, une finesse, une aptitude particulière.

La race n'a rien d'extraordinaire comme type. D'un noir rougeâtre, elle provient de croisements d'Anagos ou Yoroubas et de Dahoméens. On parle ces deux langues à Porto-Novo. Le costume du pays est très primitif pour les deux sexes : un morceau d'étoffe ou pagne.

Les habitations sont construites en terre du pays, une matière rougeâtre, argileuse, et qui acquiert en séchant une assez grande solidité ; on la nomme bare (de bara, terre en portugais). Ces cases sont couvertes en feuilles de palmier superposées ; elles n'ont qu'un rez-de-chaussée. La terre destinée à la construction de chaque maison ou groupe de maisons est enlevée, pour éviter la peine d'un long transport, à l'endroit le plus proche du travail, ce qui fait que la ville est criblée de trous plus ou moins grands et profonds, pleins d'eau stagnante sur laquelle surnagent, pendant des mois, tous les animaux morts qu'on y jette. Cet inconvénient, joint à l'irrégularité des constructions et à la sinuosité des rues qui sont déjà très étroites, rend la ville très malsaine.

Depuis deux ans, on perce des rues et on s'efforce d'assainir la ville.

La population de Porto-Novo est excessivement agglomérée : il y a quelquefois deux ou trois familles dans un espace très restreint. On estime le chiffre des habitants, y compris les nombreux Brésiliens, Portugais, Sierra-Léonais, Minahs, qui y sont établis, à plus de 30,000, sans ajouter ceux des villages situés autour de la capitale du royaume et qui forment sa banlieue. On y compte (sans les troupes) de 25 à 30 Européens.

La coupe verticale du plan de la ville donne une élévation d'environ 15 mètres au-dessus de la lagune au bord de laquelle elle est située.

Les principaux quartiers commerçants sont Sadogho, Attaké, Dégué, L'odjà Bocou. La Résidence de France, la Poste, la Mission catholique, les factoreries, la maison de campagne de Sa Majesté et les quelques habitations européennes sont dans ceux de Zébou, Oganla Soké, Gébékon, Akpassa.

Il y a aussi des sœurs de charité. Les missionnaires enseignent le français dans leurs écoles et catéchisent 2,000 indigènes.

Le cimetière des Européens est à côté de la Mission catholique ; celui des indigènes est, pour chacun, dans le sous-sol de sa maison, à une profondeur d'environ 1 mètre, ce qui contribue, certainement, à corrompre davantage l'air des rues.

La température moyenne est de 29 à 35° centigrades, à l'ombre, pendant la journée, la nuit, elle descend de 2 ou 3°.

Les alizés du sud-ouest soufflent, en moyenne, de midi à 7 heures du soir. Pendant les mois de novembre, décembre et janvier, le vent du nord se fait sentir la nuit et jusqu'à 6 ou 7 heures du matin.

Les influences du grand voisinage de la région avec l'équateur font qu'elle en subit toutes les influences ; les jours n'ont de variation entre eux que d'une ou deux minutes dans l'année et les saisons s'y présentent dans l'ordre suivant :

Printemps, ou petite saison des pluies : août, septembre, octobre. — Eté, ou saison sèche, ou armantan, novembre, décembre, janvier. — Automne, ou petite saison des pluies : février, mars, avril. — Hiver, grande saison des pluies : mai, juin, juillet. Les variations sont très fréquentes et difficiles à fixer, selon les années.

La religion des indigènes de Porto-Novo est le fétichisme.

Les féticheurs des deux sexes travaillent dans leur couvent à des ouvrages dont ils ont la spécialité, ouvrages en cuivre repoussé et en paille.

Le palmier à huile (Elcas Guineensis) est la grande richesse de Porto-Novo : c'est cet arbre précieux qui est la source de son commerce, de son alimentation et de plusieurs de ses industries. D'un aspect gracieux, il atteint en moyenne de 10 à 12 mètres d'élévation. Il donne des fruits à 5 ou 6 ans, alors qu'il n'est haut que de 2 ou 3 mètres, et il continue à croître jusqu'à 25 ans. Tous les terrains lui conviennent : le sable, la vase, l'argile durcie, le terrain noir ; le seul soin qu'il demande, c'est d'être débarrassé, de temps en temps, des plantes grimpantes qui le couvrent. Pour que la récolte soit abondante, il lui faut beaucoup de pluie et, dans ces contrées, il est généralement servi à souhait. Il donne deux récoltes par an : la première, très modeste, est en octobre et novembre : elle ouvre le chemin aux *régimes* qui se préparent pour la seconde saison qui est de février à juin et abondante.

Un régime pèse de 10 à 15 kilogrammes ; il peut être comparé à une énorme grappe de raisin rouge écarlate, hérissée de piquants ; chaque grain arrivé à maturité se détache tout seul et prend une teinte noirâtre vers le bout. Ce fruit, de la taille d'une grosse noisette, est composé d'une pulpe fibreuse extrêmement grasse, rouge, épaisse de 0°6, laquelle entoure une coque d'une

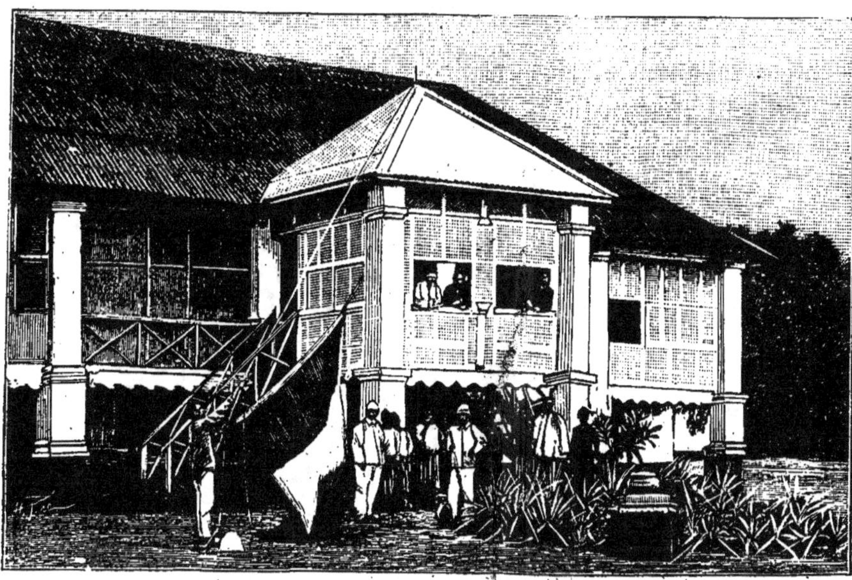

La résidence de Porto Novo.

grande dureté qui sert d'enveloppe à l'amande ; cette dernière ne se détache que lorsqu'elle est restée à sécher longtemps au soleil.

On fabrique l'huile dite de palme avec la pulpe bouillie et écrasée dans de l'eau : sur le bord des fleuves ou lagunes, de petites pirogues servent de cuves pour presser le fruit; dans l'intérieur, on construit le récipient en terre. L'huile et les parties grasses surnagent : la pulpe et la coque restent au fond. On recueille la première et, après avoir été recuite, l'huile de palme est prête pour la vente; elle ressemble alors à de la purée de citrouilles ou de tomates ; sa saveur et son parfum sont désagréables à ceux qui n'en ont pas l'habitude. Elle est la base de la nourriture des indigènes et sert, de plus, à leur éclairage.

Les amandes, après avoir été séchées au soleil, pendant deux ou trois mois, sont décortiquées et vendues également ; elles sont noires ou brunes et dures : leur goût est celui du savon de ménage, à la composition duquel elles servent en général après avoir été pressées; on en tire, en Europe, une huile très fine qui sert à plusieurs usages. Les indigènes mangent les amandes de palme avec plaisir.

Mais l'huile et les amandes ne sont pas les seuls produits du palmier : avec la pulpe séchée, avec les tourteaux de loques, les gens du pays allument le feu très rapidement, ils font un savon noir dans le genre du nôtre; en pratiquant une ouverture au sommet du tronc, sans toucher au cœur, on obtient tous les deux jours, environ un litre d'une liqueur blanchâtre, fermentée, rafraîchissante, appelée *vin de palme*; avec les feuilles on couvre les habitations, et l'on fait des ouvrages en paille de toutes sortes; avec la tige, du bois à brûler; avec ses fibres, des balais, etc., etc.

Les produits sont apportés par les indigènes en ville; ceux des villages trop lointains les font parvenir à des marchés intérieurs échelonnés que l'on nomme foires, comme chez nous, et d'où ils arrivent peu à peu à la capitale.

Ces indigènes vendent à des négociants brésiliens, sierra-léonais, portugais, etc., lesquels revendent à leur tour aux factoreries françaises et allemandes qui font l'exportation. Le rendement commercial dépasse 5 millions de francs.

Le port de Porto-Novo est Kotonou, dont il est séparé d'environ 12 à 15 milles, par lagune. Les maisons françaises, seules, exportent par Kotonou jusqu'à présent; les Allemands envoient leurs produits à Lagos. Il y a deux chenaux à passer pour aller à Kotonou : celui d'Aguégué et celui de

Le roi Toffa.

Toché. Tous deux, autrefois contestés par les Anglais, nous appartiennent aujourd'hui. On y a établi des postes de tirailleurs sénégalais. On prend généralement par le Toché, ce qui est le plus court.

En somme, comme l'a constaté M. Edouard Foa, Porto-Novo promet pour l'avenir une belle colonie à la France ; seulement le climat est très ingrat et l'air que l'on y respire meurtrier pour l'Européen : il ne faut pas y séjourner longtemps, si l'on tient à sa santé et à revoir son pays natal.

L'insalubrité est due aux marais et aux lagunes.

Aussi les médecins envoient-ils les malades à Kotonou, qui jouit de l'air du large.

L'eau n'y est pas saine, la plus grande partie de celle que l'on boit ne provenant que des infiltrations de la lagune.

Enfin, les noirs de Porto-Novo avaient la coutume d'ensevelir leurs morts dans leurs cabanes, ce qui engendrait des épidémies terribles de fièvre. L'administration coloniale fait son possible pour empêcher cet usage, mais bien des infractions se commettent encore.

A l'arrivée, cette grande cité que Lagos seule dépasse en population, paraît cependant jolie. La ville haute apparait au milieu des orangers, des palmiers, des cocotiers ; la végétation est luxuriante.

On retrouve les grands arbres des forêts vierges du Gabon avec leurs troncs enserrés par des lianes aux fleurs superbes ; la terre, d'un rouge foncé, qui ressort en de certains endroits, au milieu de cette épaisse verdure, produit un effet étrange.

Porto-Novo est un très grand centre d'échanges. En plus des maisons françaises Régis et Fabre, qui ont toutes deux des installations superbes, il y a des maisons allemandes, anglaises et portugaises qui font beaucoup d'affaires.

De petits navires à vapeur, d'un faible tirant d'eau, prennent, par la lagune de Lagos, du fret pour l'Europe, en transbordement en rade de Lagos sur les grands navires.

D'après M. Ch. Roux, négociant et député de Marseille, qui nous a fourni ces renseignements, nos maisons françaises usent rarement de leur entremise, la totalité de leurs transports se faisant par pirogues, *via* Kotonou, évitant ainsi les frais considérables de la douane anglaise.

Le premier article d'échange est le « tafia », espèce de rhum de basse qualité.

Les maisons françaises font subir à cet alcool une préparation spéciale dans les docks de Marseille et on le vend aux noirs sous les noms pompeux d'anisado, de moscatel, etc.

Après, viennent les tissus aux couleurs voyantes, le sel, les armes et la poudre, les chapeaux, le riz, la quincaillerie, les objets de toilette, etc.

Comme en Europe on vend en gros et en détail. Il y a des traitants qui achètent, à la fois, jusqu'à 50 et 100 ponchons d'eau-de-vie et qui, ensuite, les revendent à d'autres ou les débitent à la bouteille ou au verre.

Les magasins de détail avec leurs affiches

SPIRIT — SALT

(alcool, sel), sont très nombreux à Porto-Novo.

A côté des gros acheteurs il y a le nègre qui vient prendre une fiole de tafia et la négresse qui marchande un mètre de tissu pour se faire un « pagne », ou bien encore une petite bouteille de parfum.

Le paiement se fait en marchandises ou en livres sterling.

Souvent, les maisons font des crédits pour enlever une affaire importante.

Le marché est très curieux à parcourir.

Il se tient, suivant l'époque, trois ou quatre fois par semaine.

Chaque denrée a son emplacement.

Ici se vend le piment dont les noirs sont très friands, et le riz ; là le manioc et les boules de viande, enveloppées dans des feuilles.

Plus loin, le sel, les poissons salés, les tiges de maïs, qui cuisent dans de gros chaudrons, comme nos pommes de terre frites, que l'on vend dans les vieux quartiers de Paris.

On voit l'endroit réservé aux tissus, à la soie, à la cotonnade, le Louvre et le Bon Marché de là-bas. Ailleurs se vendent les nattes, les poteries, le corail, les ustensiles en bois, ce qui rappelle les marchandises de nos bazars.

Au marché, toutes les transactions se font en cauris, la monnaie courante, coquillages venant surtout de Zanzibar.

La renommée de Behanzin (le Requin) a causé beaucoup de préjudice à notre protégé Toffa, souverain de Porto-Novo, roi indigène, qui est la cause originelle du conflit franco-dahoméen.

Examinons donc un peu ce souverain au physique et au moral.

Houénou Baba-Dassy, dit Toffa le doux, le bon, le successeur de Mési, est haut de taille, dolichocéphale (ayant le crâne en forme de cône). Les yeux éteints, la figure glabre, le roi d'*Adjaché* ou Porto-Novo se distingue de ses nombreux sujets par ses costumes hétéroclites. Il s'habille moitié à la romaine, moitié à la française.

Autrefois, monarque despote et sanguinaire, radouci et civilisé depuis le contact européen, il est un grand ami et admirateur de la France. Sous un aspect rude et de mauvaise humeur, sous son insouciance apparente, se cachent la réflexion et la perspicacité.

Successeur d'une dynastie de rois nègres, très puissants mais tributaires du Dahomey, il a secoué ce joug tyrannique et s'est fait ainsi l'ennemi déclaré de ses anciens suzerains et parents, car sa famille descend, comme eux, des princes d'Allada, fondateurs du royaume du Dahomey.

Autant que l'on puisse en juger, l'âge étant difficile à déterminer chez le noir, le roi de Porto-Novo doit avoir de quarante-cinq à cinquante ans.

Drapé dans un grand pagne de soie coloriée ; sur la tête une large casquette verte le matin, un gibus de livrée à cocarde d'argent l'après-midi, un chapeau de général de division le soir ; aux extrémités, des chaussettes rouges et des pantoufles noires sur lesquelles on lit brodés en lettres d'or les deux mots « King Toffa », le cousin de Behanzin, prince de la famille royale du Dahomey, se fait toujours porter en hamac et préserver du soleil par un vaste parasol rouge que les « ministres » ou *laris* tiennent à tour de rôle au-dessus de l'auguste personnage.

C'est un bon nègre, très conciliant, peu belliqueux, presque toujours entre deux vins, dégrisé subitement lorsqu'on lui annonce que le Dahomey s'avance vers le Décamey (plateau boisé où se réfugient ceux qui ne veulent pas reconnaître son autorité).

Ordre de l'Étoile noire.

La générosité de Toffa est proverbiale. Il a cédé gratuitement à la colonie naissante ses droits de douane (300,000 francs environ). Il n'a pas hésité à dépenser 5,000 francs pour payer les statuts, brevets et croix de l'*Étoile noire*, que son agent commercial à Paris lui a expédiés pour l'initier aux beautés de la civilisation européenne.

Quoique non inscrit dans l'almanach de Gotha, il porte sur ses armes léopard d'argent, sous fond de gueules rampant sous un palmier de sinople, écartelé d'une étoile de sable sous fond d'azur. L'écu est surmonté d'une couronne royale à cinq étoiles de sable, terminé par un globe étoilé.

Blason du roi Toffa.

Le brevet de l'*Étoile noire* représente une belle femme blanche (la France), aux pieds de laquelle se prosterne dans une attitude suppliante, un nègre habillé de cotonnades fabriquées à Manchester. Dans le lointain des palmiers, une mer bleuâtre où circule une longue pirogue. Au centre, une étoile noire et un cachet à sec. Dans le coin, cet emblème de progrès : *Imprimerie du roi, à Porto-Novo.*

La décoration est bleu-ciel. Il y a des chevaliers, des officiers, des commandeurs avec ou sans plaque, des grands-officiers et des grand'croix.

Cet ordre exotique de chevalerie coloniale a été créé à l'occasion de la campagne de 1890, pour récompenser les services rendus au royaume guinéen. Toffa est grand-maître et donne l'accolade aux nouveaux titulaires : le jour de la cérémonie, on lui passe le grand-cordon, on lui met sur la tête un grand casque de trompette de dragon, à crinière rouge ; le ban et l'arrière-ban des danseurs et des danseuses sont convoqués au Palais, et la population fait fétiche.

Ne pas confondre l'*Étoile noire* avec l'*Eléphant blanc* du Dahomey, créé en 1855 à Abomey par le roi Ghézo, à l'occassion du passage en cette ville de l'amiral Wallon, aujourd'hui député du Sénégal. Gléglé, père de Behanzin, a supprimé cet ordre.

Les ministres du roi de Porto-Novo, que l'on

nomme, d'après la langue du pays *larrys*, sont tous princes ou chefs. Ils sont des conseillers et chargés chacun de fonctions différentes, mais qui ne sont pas bien définies comme sous nos régimes civilisés.

Le mingan, le plus ancien, n'est pas larry ; il est cabécère, c'est une autre distinction ; il est grand-prêtre du fétichisme, après le roi, qui en est le chef naturel ; il joint à ces fonctions celles d'exécuteur des hautes œuvres qui, autrefois, étaient loin d'être une sinécure.

Sabre du Minghan (bourreau dahoméen).

Le premier larry reste toujours avec Sa Majesté, faisant l'office de secrétaire et de confident. Le second n'a d'autre attribution que celle de porter le bâton du roi, dans les grandes cérémonies (on sait que, suivant l'usage dahoméen, le bâton ou canne représente la carte de visite, la procuration). Les autres larrys ou cabécères, au nombre de 10 à 15, se partagent le soin de rendre la justice, de s'occuper des patentes, de contrôler l'octroi, les exportations, et cela d'une façon qu'envieraient nos législateurs.

Leur signe distinctif est la coiffure : elle forme une espèce de casque, divisé en petites tresses, très régulièrement faites, formant du front à la nuque une arête régulière. Une ligne rouge ou blanche, tantôt à droite du front, tantôt à gauche, indique ceux qui sont de service officiel.

Les cabécères sont complètement rasés et portent une petite calotte blanche de la forme de celle de notre clergé.

Les femmes des larrys portent les cheveux de la même façon ; celles du roi et des cabécères se rasent, au-dessus du front, des oreilles et de la nuque, une ligne circulaire d'un doigt environ à partir de la naissance des cheveux, ce qui rend la démarcation bien nette et recule la chevelure généralement ébouriffée.

La polygamie est générale et limitée aux moyens d'existence du mari. Le roi a de 100 à 150 femmes ; les princes, une vingtaine ; les riches une dizaine, et ainsi de suite.

Quelques détails encore sur cet excellent roi Toffa.

Le roi Toffa ne boit jamais en public (non plus, d'ailleurs, que le roi Behanzin ; les usages en cours là-bas s'y opposent formellement) ; mais il se rattrape copieusement dans le silence du cabinet. Des intimes seuls sont admis à ses séances de dégustation. Dès que Sa Majesté met la main sur son verre, les *larrys* et favoris de la suite particulière se précipitent à terre, automatiquement, comme des clowns. Elle-même se cache derrière un pagne et vide son calice d'un seul trait. Le roi a bu. Tout le monde respire. Ses sujets claquent des doigts, relèvent la tête après avoir embrassé la terre et se mettent à rire. Sa Majesté éternue et pousse un long soupir de soulagement : *Ok !... ok !... Hou ! hou ! hou !...*

Toffa marche rarement à pied. Très décoratif, il s'avance lentement dans la cour du « palais » et accompagne les visiteurs de marque jusque dans la rue. Les sujets simulent immédiatement une grande terreur et se prosternent sur son passage. Les femmes poussent des cris de joie. Les ministres frappent à tour de bras ceux qui encombrent les chemins poudreux. Les enfants se sauvent en pleurant.

La politique intérieure du royaume est très sombre, dit M. A.-L. d'Albéca, à qui nous empruntons les quelques renseignements qui précèdent.

Porto-Novo a ses anarchistes, les *Mecpon*, affiliés au Dahomey, qui convoitent les propriétés de Toffa et son personnel féminin. Les *larrys* veillent de leur mieux sur leur souverain, se disputent ses bonnes grâces, le trompent, le volent, en attendant qu'ils l'empoisonnent.

L'armée est nulle : 5 à 600 guerriers pouvant servir d'éclaireurs. Ces gens, quoique mal commandés, nous ont rendu le service de marcher en tête de la colonne et d'essuyer les premiers feux. le 20 avril 1890, au combat d'Atchoupsa. Mais ils se démoralisent aisément, tant les Dahoméens leur inspirent de terreur. En revanche, ils sont toujours les premiers au pillage.

Une prophétie pour finir :

Toffa sera roi du Dahomey, le féticheur le lui a déclaré, tout comme les sorcières à Macbeth, C'est la solution qui s'imposera peut-être, après la destruction du pouvoir de Behanzin, au moins dans les anciens royaumes de Juda, Savi, Jacquin et Allada. Il ne peut être question d'organiser un système d'annexion quelconque. Il faudra agrandir simplement le protectorat. Effrayés par les minuties administratives, les nègres ne manqueraient pas de se sauver dans le Pocrah, territoire anglais qui commence à une heure de Porto-Novo.

D'ailleurs, et ceci n'est qu'une opinion personnelle, dit M. d'Albéca, la meilleure manière d'administrer les nègres, c'est de les laisser tranquilles avec leurs palmiers et leurs superstitions.

Porto-Novo est relié à Kotonou par une lagune ou plutôt par une chaine de lagunes d'une longueur de 18 milles environ, que nos canonnières de rivière mettent de trois à quatre heures à parcourir.

Le canal n'a rien de bien curieux ; il a été comparé, par un de nos officiers de marine à qui nous devons ces renseignements, aux bords du Danube dans la branche de Soulina.

Partout des roseaux, des palétuviers. L'eau est tapissée de plantes aquatiques. Les caïmans y sont nombreux, ainsi que les poissons volants.

De grands oiseaux noirs et qui, vaguement, ressemblent par la forme à nos cigognes, passent par bandes nombreuses.

Les eaux des lacs que l'on traverse sont jaunes et sales.

Ici et là, sur les bords de ces lacs, des villages dont un très pittoresque, très grand, Afotomou, montre ses cabanes construites en jonc, élevées à l'aide de grands piquets à deux mètres au-dessus de l'eau. Une de nos gravures le montre page 48.

Sous chaque habitation est attaché le tronc d'arbre creux qui sert à la famille pour aller à la pêche.

Ce village, fait curieux à noter, a été construit par les habitants de Godomey qui ont fui devant les déprédations des Dahoméens et qui, sachant l'horreur qu'ont ceux-ci pour l'eau, se sont installés sur la lagune même, comme les Vénitiens et comme les castors.

D'autres villages plus petits bordent les rives. Quand passent nos bateaux, une nuée de petits noirs tout nus courent à la suite du bateau d'où on leur jette des morceaux de biscuits qu'ils se disputent à coups de poing.

Nous nous arréterons tout à l'heure à Kotonou, quand nous examinerons nos établissements commerciaux.

Notons seulement au passage une légende historique.

Une version circule sur le nom de Kotonou, qui veut dire « lagune des morts », lagune dont le nom s'étend au village que nous occupons. Au temps jadis, les gens du Dahomey voulurent attaquer une nation voisine avec laquelle ils avaient de très anciens démêlés. Pour la joindre, il fallait passer la lagune. Le roi ne trouva rien de mieux que de la faire combler. Mais la maladie se mit sur ses troupes, qui moururent en telle quantité que les cadavres formèrent une espèce de jetée. Après avoir perdu de cette façon la majorité de son armée, le roi finit par être obligé de se retirer dans le haut pays.

D'où le nom significatif : lagune des morts.

De Kotonou, on se rend à Godomey-Plage, qui n'est guère qu'un entrepôt de marchandises, des maisons Fabre et Régis ; puis à Godomey-Ville, et, à une quinzaine de kilomètres plus loin, à Wydah.

Wydah, situé à 40 kilomètres de Kotonou, dépend du Dahomey dont il est le port le plus important. Il s'en exporte par an au moins 50,000 tonnes d'huile de palme. Son nom lui a été donné par les Anglais ; les Portugais l'ont appelé et l'appellent encore Adjuda.

La cause et le but de la fondation de Wydah est la traite des nègres avec toutes ses horreurs.

C'était autrefois le centre d'un petit Etat libre qui avait un roi indépendant et s'administrait lui-même. Mais il ne tarda pas à tomber sous la domination des rois du Dahomey, probablement aidés par les négriers, qui avaient tout intérêt à traiter avec une nation belliqueuse pour avoir une plus grande quantité de marchandise noire sous la main, et partant de plus gros bénéfices.

Les Portugais furent les premiers à s'y établir et y construisirent le fort qui subsiste actuellement, quoique en mauvais état, et dans lequel ils tiennent encore garnison.

Puis, ce fut le tour des Anglais et des Français. Ces deux nations construisirent, elles aussi des forts, et se divisèrent la ville, augmentant les effectifs de leurs garnisons respectives par des noirs qu'ils prenaient dans le pays et auxquels ils apprenaient les rudiments de la discipline et de l'exercice militaire.

On peut voir encore ces forts : le fort anglais a été vendu à une maison allemande de Hambourg ; le fort français fut loué à la maison Régis moyennant une redevance de 5 francs par an, à la condition que celle-ci l'entretiendrait en bon état, clause qui a été fort mal observée, dit M. Chaudouin.

La ville par elle-même n'offre rien de particulier ; les cases des indigènes sont bâties en terre et recouvertes de paille. Aucun ordre ; chacun a bâti à sa fantaisie, prenant la boue nécessaire à deux pas de sa maison ; aussi n'y trouve-t-on que rues tortueuses, étroites, coupées, hachées, véritable dédale où il est difficile de se reconnaître. A chaque instant, de grands trous béants dus à l'enlèvement de la boue nécessaire pour la construction des maisons, et remplis par des tas d'ordures où les urubus, espèce de vautours se prélassent et font le service de la voirie. Auprès de chaque porte se voient des fétiches en terre représentant un homme accroupi, grossièrement sculpté et orné d'un énorme phallus couvert d'huile de palme, de plumes et de sang de poules, offrande des fidèles. Çà et là, un bouquet d'arbres abrite la demeure d'un féticheur et de ses fétiches. Sur de grandes places se tiennent les marchés.

Deux missionnaires sont logés dans une maisonnette adossée à l'église, qui ressemble plutôt à une grange et dont le toit menace fort d'aller rejoindre le sol si Dieu ne lui vient en aide. Dans une grande salle ils instruisent une quarantaine de négrillons, leur apprennent à chanter des cantiques et à baragouiner un peu de français et de portugais avec l'aide d'un noir éduqué qui leur sert de maître d'école.

En face de la Mission se trouve la maison des sœurs. La supérieure, femme d'une rare énergie, est depuis vingt ans à la côte ; elle élève, avec l'aide de deux sœurs, de jeunes négrillonnes, leur apprenant à coudre, à lire et à écrire, mais en pure perte. Bien peu profitent de cette éducation. Devenues femmes de très bonne heure, elles épousent quelque nègre cossu qui se moquent de l'éducation et réclame d'elles toute autre chose. Les garçons, plus heureux lorsqu'ils profitent de l'éducation qui leur est donnée, deviennent

employés dans les factoreries et quelquefois, plus tard, grands négociants.

Wydah comptait, avant 1860, 50,000 âmes. Sa population est aujourd'hui réduite de plus des deux tiers.

Une partie de la ville est située sur le rivage, à quatre kilomètres. C'est Wydah-plage. Pour s'y rendre, il faut traverser la lagune.

De Wydah à Grand-Popo, la distance est d'environ trente-cinq kilomètres, et on la parcourt généralement en pirogue.

Grand-Popo n'est pas une ville, c'est une réunion de petites bourgades établies sur les îles de la lagune et sur la plage, à l'embouchure de la rivière Mono, le long de laquelle descendent toutes les marchandises venant du nord. Les habitants semblent s'être réfugiés là pour échapper au despotisme royal du Dahomey. Depuis qu'ils sont sous la protection de notre drapeau, le nombre s'en est considérablement accru.

Plus loin encore on trouve Agoué, bâti entre la lagune et la mer ; le terrain sablonneux ne se prête à aucune culture, mais vers l'intérieur, la végétation est assez puissante.

Agoué fut fondé en 1823, dans les circonstances suivantes :

Les commerçants et les négriers venant à la Côte des Esclaves amenaient, pour les aider dans leur chargement, à Grand-Popo, à Wydah, à Lagos, des compagnies de Minas, hommes remarquables par leur adresse à passer les mauvaises barres de ce pays.

Deux de ces compagnies, dont l'une était au service des Anglais, et l'autre au service des Portugais, partirent de Wydah pour regagner leur patrie, mais, surprises par le vent contraire, elles furent obligées d'atterrir à quelques heures de marche au-dessus de Grand-Popo, afin de renouveler leurs vivres. Elles trouvèrent là des fruits en telle quantité qu'elles résolurent de s'y fixer. Elles construisirent des cases où, quelques jours plus tard elles amenèrent leurs familles. Ainsi fut fondé Petit-Popo. Ces gens devinrent les interprètes des négriers dans leur commerce avec l'intérieur.

Mais la compagnie anglaise surpassant l'autre en opulence, voulut nommer un chef qui eût tout pouvoir sur les deux compagnies. De son côté, la compagnie portugaise se choisit un chef en dépit de toute opposition, et lorsque sa rivale vint l'attaquer, avec l'appui des nègres de l'intérieur, elle ne céda qu'à la dernière extrémité, après que toutes ses cases eurent été la proie des flammes. Les Minas vaincus vinrent camper à deux heures au-dessous de Petit-Popo. Là, protégés à gauche, par la mer, à droite par une large et profonde lagune, ils bravèrent leurs ennemis, dont tous les efforts demeurèrent impuissants.

Georges, chef de la compagnie anglaise, se retira à Petit-Popo ; Cohingo, chef des Portugais, resta maître du pays d'Agoué.

Pendant ce temps-là les esclaves libérés du Brésil profitèrent de leur liberté pour rentrer dans leur pays et vinrent apporter à Agoué l'appui de leurs bras et de leurs richesses.

Les Minas, de Petit-Popo, jaloux de leur prospérité, tentèrent de nouveau de les détruire en 1832. Ceux-ci les repoussèrent et se fortifièrent.

En 1861, sous la conduite de leur chef Padro Conjo, les habitants de Petit-Popo attaquèrent de nouveau Agoué. On leur répondit par le canon. Les assaillants effrayés entassèrent sur le rivage une immense quantité d'herbes sèches et y mirent le feu. Ce moyen leur réussit. Les flammèches vinrent tomber sur les toits de chaume, et en un instant la ville ne fut plus qu'un monceau de cendres. Les Minas et les Brésiliens d'Agoué n'abandonnèrent cependant pas la position ; les uns et les autres s'adonnèrent dès lors à l'agriculture, et c'est ainsi qu'Agoué est devenu le pourvoyeur des marchés de Grand-Popo et de Wydah.

A Agoué, comme sur les autres points de la côte, le fétichisme est la religion de la grande masse. Les superstitions sanglantes y sont également en honneur. Féticheurs et féticheuses y sont fort vénérés et fort puissants. La nourriture principale des indigènes est le poisson frais ou desséché au soleil.

Quelques-uns taillent ou aiguisent leurs dents en scie pour mieux déchirer la viande crue, dont ils se régalent aux grandes occasions. La pratique du tatouage, répandue sur tout le littoral, est très en honneur chez les Minas. Ils sont très noirs et méprisent les basanés et les mulâtres. Leurs femmes sont très fécondes et fort bonnes nourrices.

L'architecture est la même qu'au Dahomey, la toilette des plus sommaires, quoique non exempte de coquetterie.

Détail typique : Quand un Mina veut traire sa vache ou sa chèvre, il lui suce les mamelles avec ses grosses lèvres et rejette le lait dans une calebasse. C'est très long et peu ragoûtant.

Par son irrégularité, Lagos ressemble à toutes les villes de l'intérieur et du littoral. On commence toutefois à récrépir les cases avec de la chaux et on élève souvent un étage ; c'est là, d'ailleurs, un privilège réservé aux blancs et au roi. Certaines cases ont un péristyle et les propriétaires se donnent le luxe d'en cirer le parquet avec de la bouse de vache. On voit des parquets noirs comme l'ébène, unis comme du marbre, propres et luisants. L'entretien de ces parquets est confié aux femmes, qui délaient la bouse de vache dans l'eau, en répandent une légère couche sur le sol, la laissent sécher et la frottent avec les feuilles du *papayer*.

Ne quittons pas cette contrée sans citer les coutumes bizarres de Wydah.

Un des usages les plus curieux est sans contredit la fête du serpent-fétiche, protecteur du sol.

Cette fête a lieu annuellement ; fidèles et féticheurs y prennent part, au milieu d'un grand concours de population dont n'est point exclue la fine fleur de l'élément féminin. M. Chaudouin, qui y a assisté, en a fait une description très typique :

D'abord, le fétiche. C'est un boa dormeur tout à fait inoffensif, de deux à trois mètres de long. La peau est blanche sous le ventre, mouchetée de noir avec des reflets roussâtres sur le dos. Il se nourrit de lézards, de rats et, en général, de toute espèce de petits animaux. Voilà le dieu, le fétiche protecteur du pays, répandant partout où il passe la fécondité et le bonheur.

On dirait, à le voir, qu'il a conscience de ce qu'il est, et qu'il se rend parfaitement compte de la vénération dont il est l'objet. Son allure est lente, rien ne l'effraye, rien ne l'émeut. Il traverse rues, marché, habitations, pleins de bruit, pleins de monde, sans se déranger un seul instant de son chemin. Tous s'écartent respectueusement devant lui.

Les noirs, la nuit, se préviennent entre eux et préviennent les Européens, quand il est sur la route, de peur que par mégarde il ne lui soit fait du mal ; sur son passage ses adorateurs se prosternent le front dans la poussière et lui adressent leurs supplications. Malheur à qui le toucherait ou à qui sourirait : il serait mis en pièces.

Les féticheurs seuls, ou leurs adeptes, ont le privilège de porter la main sur l'animal-dieu (et à ce titre ils sont eux-mêmes sacrés), lorsque par hasard il lui a pris la fantaisie, noctambule incommode mais non dangereux, de partager votre lit. En ce cas le féticheur est immédiate-

La barre de Kotonou.

ment appelé, puis, lui passant rapidement la main sur le dos pour l'endormir, il l'emporte « levé » sur ses deux mains à plat, comme un cordage roulé, pour le réintégrer dans le temple, cet éden de serpents du Dahomey.

Sincère ou non, le culte existe en effet, il a des rites, des manifestations extérieures auxquelles nous allons assister.

A Wydah, en particulier, au centre de la ville, s'élève le temple, sous un bosquet d'arbres, soigneusement à l'abri des ardeurs du soleil. L'entrée en est interdite aux Européens. Le monument n'a d'ailleurs rien de remarquable : c'est une grande case recouverte de paille ; à travers les interstices du mur et par la baie de la porte, on aperçoit tous les habitants de ce paradis, roulés autour des solives qui retiennent la charpente, pliés en deux doubles sur les bois de soutènement, ou pendus par la queue la tête en bas, tout au long, aux aspérités du toit.

Le sanctuaire est précédé d'une petite tourelle percée de deux portes.

En général, entre deux digestions, le dieu-serpent rend des oracles. Nuit et jour, sur la porte du temple, se tient un féticheur ou une féticheuse attendant le nègre crédule qui va consulter. Il n'est pas possible de savoir ce qui se passe au cours de ces séances, que l'on peut qualifier de magie noire, mais on l'imagine aisément. C'est l'éternelle histoire de la bêtise humaine ; elle est la même partout.

Voyons maintenant la fête du serpent-fétiche.

Quelques jours à l'avance, les habitants apportent et déposent en tas, sur la place, des quantités considérables de petits fagots de bois.

— C'est pour le fétiche, disent-ils à qui les interroge.

Un beau matin, en effet, dit M. Chaudouin, les autorités nous font prévenir d'avoir à fermer la factorerie et condamner nos fenêtres parce que le serpent-fétiche va passer, solennellement promené en hamac. Ce jour-là, il est défendu de sortir et de regarder au dehors, mais le lendemain, la fête sera publique, et nous aurons la permission d'y assister.

Nous nous conformons à l'ordre et nous ne tardons pas à entendre un grand charivari de trompes et de tambours ; nos petits mouleks, qui sont restés avec nous enfermés dans la factorerie, donnent en ce moment les signes de la plus épouvantable terreur. Impossible d'en tirer un mot ; ils claquent des dents et tremblent de tous leurs membres. Que se passe-t-il donc dehors ? Essayer de voir, c'est s'exposer à des vexations. Aussi restons-nous bien tranquilles, claquemurés chez nous. D'ailleurs, la musique s'éteint déjà au loin, le défilé est terminé.

Le lendemain, vers les deux heures, les autorités nous font prévenir que la fête publique va commencer et que nous sommes autorisés à y assister. Par une chaleur torride, nous nous acheminons vers le temple ; les autorités sont déjà là, sous leurs parasols, au milieu de leurs familiers. Nous leur serrons la main suivant l'usage et, gracieusement, ils nous offrent un abri à côté d'eux.

La place est bondée de monde, les spectateurs ont sorti leurs grands pagnes des jours de fête : le tout-Dahomey des cérémonies officielles est là en même temps que le *high-life*. L'aspect est vraiment curieux. Sur les étoffes aux couleurs bigarrées, où le bleu domine, ressortent les têtes noires aux yeux brillants, aux dents blanches. Tout cela reluit, suinte et grouille à travers une atmosphère chaude et lourde fortement imprégnée de ce parfum *sui generis*, mélange d'huile de coco et de graisse que le nègre traîne partout après lui.

Des femmes de cabécères et autres dignitaires sont drapées dans leurs voiles de soie, les bras chargés de bracelets de corail et de bibelots en or et en argent. Sur leur peau noire, l'atiké, parfum pilé avec une sorte de pierre blanche, dont elles se sont frottées, tracent des sillons et des traits gris. De loin, on croirait voir des zèbres. C'est la suprême élégance, paraît-il.

Attention, la fête commence.

Près de la porte du temple, une cinquantaine d'exécutants frappent à tour de bras sur des tambours, des tams-tams et des marottes formées de calebasses tendues d'une peau, sur lesquelles battent de petits morceaux d'os retenus par de courtes ficelles. On juge du charivari. Il paraît cependant que c'est un air très populaire : tout le monde est dans le ravissement, sous le charme ; des tics nerveux font tressaillir les faces glabres, une véritable gamme de grimaces court à travers la foule. Les têtes branlent doucement, puis plus fort. Je ne sais qui a commencé, mais voilà un claquement sec qui éclate, puis deux, puis trois, puis cent, puis mille, et en avant, allez donc, en cadence ! Tout oscille, tout tremble, tout ondule, chacun frappe et claque sec sur sa poitrine avec les mains, l'horrible musique résonne toujours, dominant le bruit. C'est un roulis de boules noires dans une orgie de glapissements.

Mais un groupe s'est détaché de la foule : ce sont les danseurs publics, hommes et femmes, qui vont commencer le branle sérieusement.

Le peuple a formé le cercle autour d'eux ; et eux, en face de la musique, s'entraînent d'abord légèrement, par une série de contorsions ondulées et de déhanchements rythmés ; puis, par à coups, une jambe ou un bras brusquement se détend, la désarticulation devient plus prononcée et plus rapide, enfin, les reins se cambrent violemment, les coudes se collent au corps, la tête se rejette en arrière, creusant encore davantage l'encolure, et les jambes exécutent une gigue échevelée. Le moment psychologique est arrivé.

Hommes et femmes, maintenant, tout est mêlé, tout se trémousse, torse nu, la gorge au vent ; la masse noire semble ne plus faire qu'un tout ; l'odeur monte avec le vacarme dans le tourbillon jusqu'à ce que, haletants, épuisés, inondés de sueur, musiciens et danseurs roulent sur le sol.

Mais ce n'est pas fini, ce n'est pas pour danser seulement que l'on est venu là. La musique s'arrête enfin et un grand mouvement se produit dans la foule. Le clou de la fête, la vraie cérémonie va commencer.

On amène une vingtaine d'esclaves, hommes, femmes et vieillards. Les malheureux sont supposés avoir fait du mal ou insulté le fétiche. Ils ont les mains liées par devant, et, attachés autour de la taille, à leur cou, les étranglant à moitié, sont suspendus des poules, des cabris, des cochons et des chiens, à qui on a lié le museau pour les empêcher de crier et qui, comme eux, sont soupçonnés avoir fait du mal au fétiche.

On les fait aligner et agenouiller devant nous, la tête inclinée vers le sol ; deux vieilles féticheuses s'approchent d'eux, suivies de jeunes vierges qui font leur noviciat auprès d'elles et qui portent sur leur tête des pots d'huile et des calebasses pleines de farine de manioc.

Elles ont revêtu pour la circonstance le costume de leur condition : le pagne blanc en étoffe du pays roulé autour de la taille et tombant jusqu'aux genoux, leurs bracelets en petits cauris blancs aux chevilles et aux bras.

Elles s'avancent en chantant vers les malheureux ; l'une d'elles leur verse successivement sur la tête une calebasse d'huile de palme et une autre la saupoudre ensuite de farine de manioc. Les pauvres diables font triste mine ; l'huile leur inonde la figure et leur pénètre dans les yeux, ils font des grimaces épouvantables. Bien saupoudrés et huilés, on les conduit au dehors de la place, dans un endroit où on a élevé un bûcher avec les fagots apportés par les fidèles. Tout autour on a construit de petites cabanes en feuilles de palmier sous lesquelles on les fait entrer. A ce moment les féticheurs et leurs adeptes entourent le groupe. En déployant leurs pagnes et en se donnant la main, ils forment une triple enceinte que les regards ne peuvent pénétrer. Tout à coup le feu est allumé, les pagnes tombent alors, et les malheureux, débarrassés de leurs liens et des animaux qu'on leur avait pendus autour du cou, s'enfuient à toutes jambes, poursuivis à coups de bâton par la foule, jusqu'à une petite lagune dans laquelle ils se plongent et d'où ils sortent purifiés et pardonnés par le fétiche. Nous en avons fini avec les coutumes et les descriptions, nos lecteurs connaissent maintenant tout le Dahomey, tous ses usages.

Arrivons à la question pratique, à la question commerciale et démontrons, comme nous l'avons dit, l'intérêt de la France à maintenir ses établissements sur la Côte des Esclaves.

CHAPITRE SIXIÈME

LE COMMERCE. — LES FACTORERIES

Sommaire : Nos relations commerciales avec le Dahomey depuis le dix-septième siècle ; sous le règne de Louis-Philippe ; sous le second Empire. — Traités divers. — Possessions étrangères. — Protectorat français. — Les incidents de 1878. — Convention avec la République française. — Les factoreries. — La barre. — Les requins et les nègres. — Le warf de Kotonou. — Description des factoreries. — Anecdotes. — Le trafic de l'huile de palme. — Statistique des douanes. — Les chiffres du *Journal officiel* de nos protectorats. — Bel avenir de la colonie. — Recettes et dépenses. — Détails complémentaires. — Rivalité étrangère. — Utilité de la protection de nos nationaux. — L'influence française. — Nécessité d'une énergique politique coloniale.

On connaît le pays, depuis le Dahomey jusqu'à la côte, on connaît les coutumes, on sait quelles sont les productions naturelles de cette contrée très fertile ; voyons quels sont les résultats obtenus par notre commerce et quels profits ont été recueillis par nos négociants, quels bénéfices ils comptent avoir dans l'avenir.

C'est à l'étude de M. Ch. Roux, député et négociant de Marseille, au *Journal officiel des établissements et protectorats français du golfe de B*'*nin*, c'est aussi à la maison Régis, que nous avons emprunté les documents que nous résumons et qui sont d'une rigoureuse exactitude. Nous citerons également les textes des traités principaux.

Les relations de la France avec les peuples du Bénin remontent, nous l'avons dit, à une époque assez reculée. En 1671, nous possédions déjà à Wydah un fort et une garnison. Le fort fut évacué par la suite, pour des raisons d'économie, mais le drapeau français, confié à la garde de quelques noirs, ne cessa pas d'y flotter. Vers 1840, le gouvernement français autorisa M. Victor Régis, négociant de Marseille, à occuper le fort, à s'y installer et à y mettre le siège de son commerce, sans loyer ni charge d'aucune sorte, à la condition de restituer l'immeuble au gouvernement à la première réquisition.

Afin de mieux consacrer ses droits, la France eut toujours soin, depuis 1841, de revêtir des fonctions consulaires l'un de ses commerçants résidant à Wydah. Sous le règne de Louis-Philippe, le prince de Joinville débarqua à Wydah et fut reçu par un haut fonctionnaire du Dahomey, Titi, qui l'invita à dîner et le servit dans de la vaisselle plate. Cette consécration fut solennellement reconnue, le 1er juillet 1851, par un traité d'amitié et de commerce conclu entre le président de la République française et Guezo, roi du Dahomey, désireux de « resserrer les liens d'amitié qui unissent depuis des siècles sa nation à la nation française. »

Ce traité, signé à Abomey par le lieutenant de vaisseau Boëtte, fut établi sur les bases suivantes :

Moyennant les droits et coutumes établis jusqu'à ce jour, le roi du Dahomey assure toute protection et liberté de commerce aux Français qui viendront s'établir dans son domaine ; les Français, de leur côté, se conformeront aux usages établis dans le pays.

Tout navire débarquant une cargaison entière payera comme droit d'ancrage, savoir : quarante piastres de cauris blanc, vingt-huit pièces de marchandises, cinq fusils, cinq barils de poudre, soixante gallons d'eau-de-vie. S'il ne décharge que moitié, il ne payera que moitié ; s'il ne décharge rien, il ne payera rien, même en prenant à terre un chargement complet de marchandises du pays.

Si une autre nation obtenait, par un traité quelconque, une diminution de droits, le roi accorderait sur-le-champ les mêmes faveurs aux Français.

Désirant prouver aux Français toute sa bonne volonté pour ouvrir aux négociants étrangers de nouvelles branches de commerce, le roi promet sa protection toute particulière au trafic de l'huile de palme et des arachides et autres produits des contrées placées sous ses ordres.

En cas de naufrage d'un navire français sur les côtes du Dahomey, le roi fera porter tous les soins possibles au sauvetage des hommes, du navire et de la cargaison ; une indemnité conforme aux usages du pays sera payée aux sauveteurs.

Les gens dits du Salam français prétendant avoir seuls droit aux travaux de la factorerie française, leurs salaires seront fixés par une convention spéciale quelle que soit la nature de ces travaux ; par réciprocité, le roi fera punir sévèrement tout homme du Salam qui refuserait de travailler sans prétexte valable.

Le roi s'engage à réprimer avec sévérité la fraude de l'huile de palme, laquelle fraude peut porter un préjudice notable à l'industrie de l'huile.

Il ne sera plus permis à des agents tels que les *décimèros* d'arrêter la traite de l'huile de palme comme ils l'ont fait parfois sans le moindre prétexte. Le roi jugera seul si elle doit être autorisée ou au moins le yavoghan de Wydah, et, conformément aux anciens usages, les traitants seront prévenus des motifs de cette défense.

Pour conserver l'intégrité du territoire appartenant au fort français, tous les murs ou bâtiments construits en dedans de la distance réservée (13 brasses à partir du revers extérieur des fossés d'enceinte) seront abattus immédiatement et il sera défendu au roi d'en construire de nouveaux.

Le roi prend l'engagement de donner toute sa protection aux missionnaires français qui viendraient s'établir dans ses états, de leur laisser l'entière liberté de leur culte et de favoriser leurs efforts pour l'instruction de ses sujets.

Le Président de la République française, voulant reconnaître de son côté les bons offices et la protection accordée aux Français par Sa Majesté le roi du Dahomey, saisira toutes les occasions de lui en prouver sa satisfaction en lui envoyant le plus souvent possible des officiers investis de sa confiance.

Au bas de ce traité, fait double à Abomey, le roi du Dahomey, ne sachant pas signer, avait fait une croix.

Les choses en restèrent là jusqu'en 1861, époque à laquelle l'île de Lagos fut cédée aux Anglais. Ceux-ci, non contents de cette cession, cherchèrent à acheter Soudji, roi de Porto-Novo, lequel répondit à leurs propositions en élevant des prétentions sur Badagry. Cette circonstance leur suffit pour envoyer au Bénin des navires de guerre qui bombardèrent Porto-Novo.

Soudji, effrayé, réclama aussitôt la protection de la France, qui lui fut accordée en février 1863. Le 7 mai de l'année suivante, un de nos vaisseaux allait mouiller en face du terrain concédé par le roi pour l'installation du protectorat. Le territoire sur lequel s'étendait notre protection formait un rectangle de 45 kilomètres environ, limité, à l'est, par les établissements anglais dépendant de Lagos ; à l'ouest, par le royaume du Dahomey, et au nord par un certain nombre de petits Etats plus ou moins dépendants de cette dernière contrée.

La même année, le roi du Dahomey nous cédait, en échange de la protection que nous lui accordions, le village de Kotonou, seule station pouvant servir de port à notre nouveau territoire.

Mais cette convention ayant été toute verbale, il importait de la ratifier par un traité régulier. Il fut passé à Wydah le 19 mai 1868.

En voici le texte :

L'an 1868, le 19 mai, les soussignés Jean-Baptiste Bonnaud, agent du consul de France au Dahomey et à Porto-Novo, assisté de M. Pierre Delay, négociant français à Wydah, et de Daba, yavoghan (gouverneur) de Wydah, agissant au nom et par les ordres du roi du Dahomey, assisté de Chantadon, grand cabécère (1) de Wydah, en présence de tous leurs moss (2), des envoyés ordinaires et extraordinaires du roi du Dahomey, et des moss des grands cabécères du royaume absents de Wydah ;

Se sont réunis dans la maison du yavoghan, siège du gouvernement du roi du Dahomey à Wydah ; à l'effet de convenir ce qui suit :

Le yavoghan, ayant pris la parole, s'est exprimé ainsi :

« Le roi du Dahomey, dans son désir de donner une preuve d'amitié à S. M. l'Empereur des Français, et reconnaître les relations amicales qui ont existé de tout temps entre la France et le Dahomey, avait, vers la fin de l'année 1864,

---

(1) Gouverneur de district.
(2) Hommes de confiance, interprètes.

fait cession à la France de la plage de Kotonou.

» Le 9 mars dernier, il a envoyé à Wydah un messager spécial nommé Kokopé, porteur de son bâton royal, à l'effet de renouveler cette cession entre les mains du vice-consul de France, avec toute la solennité en usage dans le Dahomey.

» Dans ces circonstances, il a été jugé nécessaire, tant par le roi du Dahomey que par le vice-consul de France, qu'un écrit constatât la confirmation de la cession faite antérieurement par le roi du Dahomey, de la plage de Kotonou et l'acceptation par la France de cette cession.

» L'agent vice-consul a répondu au nom du gouvernement de l'Empereur, en exprimant toute sa gratitude au roi du Dahomey pour cette nouvelle preuve d'amitié.

» Il a ajouté qu'il acceptait cette cession dans la pensée qu'elle favoriserait l'extension des relations commerciales existant entre les deux pays et serait ainsi profitable à tous les deux; mais, quel que fût le désir du roi du Dahomey de voir Kotonou occupé militairement par la France, le gouvernement de l'Empereur n'avait pas cru devoir, jusqu'à présent, réaliser cette occupation, et qu'il ne la réaliserait qu'autant que cela conviendrait à ses intérêts; que, jusqu'à ce moment, rien ne devait être changé à l'état des choses actuel, en ce qui concerne les indigènes du pays et la perception des droits de douanes. »

Le yavoghan, les grands cabécères, les envoyés du roi du Dahomey et les moss présents de tous les cabécères du royaume ayant manifesté leur adhésion aux paroles prononcées par l'agent vice-consul, les articles suivants ont été rédigés d'un commun accord entre toutes les parties contractantes:

Article premier. — Le roi du Dahomey, en confirmation de la cession faite antérieurement, déclare céder gratuitement à S. M. l'Empereur des Français le territoire de Kotonou avec tous les droits qui lui appartiennent sur ce territoire, sans aucune exception ni réserve, et suivant les limites qui vont être déterminées :

Au sud, par la mer; à l'est, par la limite naturelle des deux royaumes du Dahomey et de Porto-Novo; à l'ouest, à une distance de six kilomètres de la factorerie Régis aîné, sise à Kotonou, sur le bord de la mer; au nord, à une distance de six kilomètres de la mer, mesurés perpendiculairement à la distance du rivage.

Art. 2. — Les autorités établies par le roi du Dahomey à Kotonou continueront d'administrer le territoire actuellement cédé, jusqu'à ce que la France en ait pris effectivement possession. Rien ne sera changé à l'état des choses existant actuellement; les impôts et les droits de douanes continueront, comme par le passé, à être perçus au profit du roi du Dahomey.

Art. 3. — Le présent traité sera soumis à l'approbation du gouvernement de S. M. l'Empereur des Français, mais la cession du territoire de Kotonou est considérée comme d'ores et déjà définitive et irrévocable, sauf la non-ratification du présent traité par l'Empereur des Français.

Fait et signé, par les parties contractantes, à Wydah, les jour, mois et an que dessus.

Pendant que nous traitions avec le Dahomey, notre influence s'étendait sur divers comptoirs de la côte du Bénin, et nous acquérions successivement Grand-Popo, en 1857, Petit-Popo, en 1864, Agoué et Porto-Séguro, en 1868.

De ces possessions, nous ne gardâmes que Grand-Popo et Agoué ; les autres furent cédées à l'Allemagne, en échange de quelques points du littoral sur les rivières du Sud.

Les événements de 1870-71 nous éloignèrent forcément de nos préoccupations coloniales.

Le 18 avril 1878, à la suite d'un différend survenu entre le Dahomey et l'Angleterre, et à l'occasion duquel les négociants français s'imposèrent de grands sacrifices pour tirer le roi du Dahomey d'une situation très fâcheuse, celui ci consentit à une nouvelle convention, aux termes de laquelle il renonçait aux profits de douane sur Kotonou.

Nous la citons parce que, comme les précédentes, elle établit nettement nos droits :

Au nom de la République Française,

Entre le capitaine de frégate Paul Serval, chef d'état-major du contre-amiral Allemand, commandant en chef de la division navale de l'Atlantique sud, au nom du Président de la République Française, d'une part ;

Et le yavoghan de Wydah et le cabécère Chantadon, au nom de S. M. Gléglé, roi du Dahomey, lequel a préalablement pris connaissance du projet de traité, et lui a donné son approbation, d'autre part,

Il a été convenu ce qui suit :

Article 1er. — La paix et l'amitié qui règnent et n'ont cessé de régner entre la France et le Dahomey, depuis le traité de 1868, sont confirmés par la présente convention, qui a pour objet d'élargir les bases de l'accord entre les deux pays.

Art. 2. — Les sujets français auront plein droit de s'établir dans tous les ports et villes faisant partie des possessions de S. M. Gléglé, et d'y commercer librement, d'y occuper et posséder des propriétés, maisons et magasins pour l'exercice de leur industrie ; ils jouiront de la plus entière et de la plus complète sécurité de la part du roi du Dahomey, de ses agents et de son peuple.

Art. 3. — Les sujets français résidant ou commerçant dans le Dahomey recevront une protection spéciale pour l'exercice plein et entier de leurs diverses occupations, de la part de tous les sujets de S. M. Gléglé, et des étrangers résidant au Dahomey.

Il leur sera permis d'arborer sur leurs maisons et factoreries le drapeau du Dahomey seul ou associé au pavillon français, et le roi Gléglé s'engage à faire connaître à ses sujets et à tous les étrangers qui habitent ses domaines, qu'ils aient à respecter les personnes et les propriétés des Français, sous peine d'un sévère châtiment.

Art. 4. — Les sujets français jouiront, pour l'admission et la circulation des marchandises et produits introduits par eux et par leurs soins au Dahomey, du traitement de la nation la plus favorisée.

Art. 5. — Aucun sujet français ne pourra désormais être tenu d'assister à aucune coutume du royaume du Dahomey où seraient faits des sacrifices humains.

Art. 6. — Toutes les servitudes imposées aux résidents français au Dahomey et particulièrement aux habitants de Wydah, sont et demeurent supprimées.

Art. 7. — En confirmation de la cession faite antérieurement, S. M. Gléglé abandonne en toute propriété à la France le territoire de Kotonou avec tous les droits qui lui appartiennent, sans aucune exception ni réserve et suivant les limites déterminées dans l'article 1er du traité de cession, du 19 mai 1868.

En vertu de ces traités, le gouvernement français se décida à faire acte d'occupation sur Kotonou et Porto-Novo. Un colonel d'infanterie de marine y fut envoyé avec une petite garnison.

A deux reprises différentes nos droits sur la Côte des Esclaves furent contestés.

En 1865, les Anglais voulant s'annexer Porto-Novo, menacèrent la ville d'un bombardement et bloquèrent la rivière, de façon à empêcher les communications avec Kotonou et à obliger le commerce français à passer par Lagos.

Notre agent consulaire, M. Béraud, démontra sans peine l'inanité de ces prétentions et obtint même des indemnités pour nos nationaux lésés.

Dix ans plus tard, les Portugais essayèrent aussi de substituer leur influence à la nôtre et s'emparèrent de Kotonou, mais, sur notre représentation, ils se retirèrent et, à partir de ce moment, toutes les nations furent d'accord pour reconnaître notre suzeraineté sur toute la côte entre Lagos et les établissements allemands.

Telle était la situation lorsque survinrent les événements de 1889, que nous étudierons dans le chapitre suivant.

Ces points préliminaires fixés, entrons enfin dans les détails commerciaux.

On sait comment nous fut cédé Kotonou, où il y a trois établissements ; l'un, le plus beau, est celui de la West African Telegraph Company. Il est en fer et de grandes dimensions. C'est le seul endroit où un étranger puisse actuellement trouver à se loger, grâce à l'amabilité de l'employé français du télégraphe : M. Bomard.

Les deux autres sont les factoreries de MM. Mante frère et Borelli, de Regis aîné et Fabre.

Ces factoreries sont contiguës, construites en bois, de la hauteur d'un premier étage.

Le rez-de-chaussée sert de magasin, mais la plus grande partie des marchandises se trouve étendue sur le sable avec des branches d'arbre par dessus. Chaque factorerie a son Decauville allant de la plage à la lagune. Nous les décrirons plus longuement tout à l'heure.

Quant à nos officiers et à nos soldats, ils logent dans des baraquements couverts en tôle, sur lesquels quelques-uns, pour se garantir mieux de la pluie et du soleil, ont placé de grandes feuilles de cocotier.

Ce ne sont pas là des habitations salubres.

L'hygiène exige, dans ces pays très chauds, où les émanations de la terre sont redoutables, que les parquets soient surélevés et les toits ventilés.

Rien de tout cela n'existe à Kotonou où l'on sort de plain-pied de l'hôpital sur le sable.

Kotonou sert de port à Porto-Novo, aussi est-ce là que s'opèrent les embarquements et les débarquements des factoreries.

Ces opérations sont difficiles et coûteuses.

Tout le long de la côte, la mer, que rien n'arrête depuis le pôle, est sans cesse houleuse. Les vagues grossissent peu à peu en se dirigeant vers la plage et avant d'y arriver, rencontrent au fond de la mer des reliefs du sol, qui forment une série d'obstacles.

Elles se dressent alors, s'élevant à chaque nouveau choc, et formant ce qu'on nomme la barre.

Celles de Kotonou et de Wydah sont les plus dangereuses, à cause de l'innombrable quantité de requins qui se trouvent dans le canal placé entre la barre et la plage.

Les nègres *minas* (noirs d'Accra : Anglais) sont les seuls qui consentent à passer la barre de Kotonou.

Chaque équipe est composée de douze nageurs, d'un patron, de trois féticheurs et de cinq ou sept autres noirs, qui restent sur la plage pour conjurer les dieux, tirer le « serf-boat » à terre et rouler la marchandise des magasins à la plage.

L'équipe ne s'engage jamais que pour une année et coûte, en moyenne, 12,000 francs pour cette durée.

Lorsque la lame étant trop violente, les embarcations chavirent et si quelque pauvre noir est dévoré par les requins, l'équipage refuse le lendemain son service ; il faut de nombreuses sollicitations et de non moins nombreuses bouteilles de tafia pour le décider à le reprendre.

Les principales factoreries ont toujours à Kotonou cinq ou six équipes chacune, qui représentent leurs plus grands frais à la côte, surtout si l'on tient compte des nombreux cadeaux qu'il faut donner pour activer le travail et obtenir des minas qu'ils volent le moins possible, et ne restent pas trop longtemps en fête lorsque l'un des leurs a été victime des requins.

Le warf, que l'on a commencé de construire à Kotonou, en 1891, a 212 mètres ; il est établi sur de forts piliers en acier, vissés dans le fond et espacés de 3 m. 10 dans le sens paral èle à la plage, et de 8 mètres, puis de 16 mètres en s'avançant vers le large. Des croix de Saint-André les maintiennent entre eux ; le tablier, tout en fer, est à 7 mètres au-dessus des basses mers ; à l'extrémité du warf existera un plateau de 12 mètres sur lequel seront placés des grues et des porte-manteaux pour hisser le soir les serfs-boats.

Les navires ne peuvent pas accoster le warf ; la houle les en empêche ; l'utilité du warf consiste à pouvoir permettre d'opérer par tous les temps en ne passant plus la barre, mais il faut quand même transborder passagers et marchandises du navire sur des embarcations qui vont ensuite les débarquer sur le warf.

Cependant, d'après un correspondant digne de foi et qui, récemment, a visité la côte occidentale d'Afrique, à bord du paquebot postal de la Compagnie Fraissinet, le problème est résolu ; le peu de prise que la mer aura sur les piliers du warf les met à l'abri de son œuvre destructive. Le warf de Kotonou est donc appelé à rendre de sérieux services et détournera une partie des marchandises de Porto-Novo qui passent actuellement par la lagune de Lagos, et amènera l'établissement, sur ce territoire français, de nouvelles factoreries, Béhanzin mis à la raison.

A quelques centaines de mètres, au nord-ouest de la maison du télégraphe, s'élève le fort de Kotonou, solidement construit en briques avec montures en fer. Ce fort, de grandes dimensions, commande, du côté de la terre, tout l'emplacement jadis occupé par le village de Kotonou, que nos troupes brûlèrent dans la journée du 8 mars 1890 ; du côté de la mer, il peut facilement bombarder la rade ; bien que n'étant pas encore terminé, il peut, dès aujourd'hui, abriter 300 hommes, et l'espace débroussaillé qui l'entoure de tous côtés le met à l'abri de toute surprise.

A trois lieues environ de Kotonou, l'on trouve Godomey ou Jackin, qui est formé par d'autres factoreries de Régis et Fabre. C'est à Godomey-Calavi, à quelques kilomètres dans l'intérieur, que se fait le commerce ; à Godomey ont lieu seulement les opérations d'embarquement et de débarquement.

A Avrétéké, situé à quelques milles de Godomey, les maisons Régis et Fabre sont seules établies. Avrétéké-Ville est le centre du commerce et sur la plage se fait le transit.

A Wydah, outre les maisons françaises Régis et Fabre, il y a les maisons allemandes Gœdelt et Woller, et Brohm. C'est cette dernière qui a vendu des mitrailleuses à Behanzin et fourni des agents pour apprendre aux Dahoméens la manière de s'en servir.

Il y a quelques mois, s'est retirée la puissante maison anglaise Swansy, mais bientôt va y venir Jean Holt, dont les comptoirs sont nombreux au Gabon et au Niger.

Les factoreries forment à elles seules Wydah-Plage, tandis que les habitations sont de l'autre côté de la lagune.

Une maison pour loger les agents, des magasins pour entreposer les marchandi es européennes et les produits indigènes, ainsi peut se définir une factorerie.

M. Chaudouin, l'un des otages de l'expédition

Le roi [...] sa cour.

de 1890, qui était au Dahomey agent de la factorerie Cyprien Fabre, est un guide tout indiqué pour nous en faire visiter une en détail.

Pénétrons d'abord dans une factorerie de la plage.

Elle se compose d'une vaste enceinte rectangulaire en bambou. Sur un des côtés de ce vaste carré, et protégé des ardeurs du soleil par une grande tonnelle en feuilles de palmier, sont amoncelés les ponchons (gros barils) d'huile.

Derrière les ponchons est un grand magasin en planches peintes à la chaux et recouvert d'une toiture en feutre; c'est là que sont emmagasinées les marchandises riches, telles que balles de tissus, caisses de sucre, de liqueur, poudre, fusils et bibelots divers.

Au fond s'ouvrent deux autres grands magasins, en bambou aussi et couverts en paille; l'un sert de grenier pour les amandes de palme, l'autre reçoit les sacs de sel, les grands bocaux de faïence, les verreries et, en général, toutes les marchandises de peu de valeur.

Derrière ces magasins, abrités, comme les ponchons d'huile, par des feuilles de palmier, se placent les ponchons de tafia qui, une fois vides, servent de récipients pour l'huile.

L'autre côté de la factorerie sert de débarras. Là sont accumulés tous les ponchons vides, empilés les uns sur les autres. Sous un hangar, à l'abri des rayons du soleil, tout près du *baracon* (1) d'où l'agent blanc peut les surveiller, les tonneliers du pays réparent ceux qui sont abîmés, rabattant les cercles avec un bruit cadencé de coups de marteau, suivant le rythme des danses locales.

Tout près du baracon se trouve un autre hangar où l'on met les pirogues de barre à l'abri du soleil, et où on les répare s'il y a lieu.

Tel est l'aspect d'ensemble d'une factorerie de plage, le tout animé par le roulement de noirs roulant des ponchons ou charriant des caisses, criant, s'invectivant, chantant en cadence, sous la surveillance de l'agent européen qui fait la plage et qui, sans cesse l'œil ouvert au milieu de

tout ce monde, veille à ce que les porteurs de caisses ne les ouvrent pas pour chiper une bouteille de gin ou autre liqueur, stimule les retardataires par quelques bons coups de trique fortement appliqués au milieu des reins.

Dès qu'une pirogue vient de s'échouer sur le sable, sous l'impulsion de la lame, les noirs se précipitent sur les caisses qui en forment le chargement. En un clin-d'œil, elle est vide et les colis qu'elle contenait sont alignés sur la plage. On en vérifie le nombre et la nature pendant que dans un coin, couché à l'abri d'un apatam, un soldat du roi surveille, sans en avoir l'air, le débarquement et compte les colis à son tour avec des graines différentes qui représentent le nombre et l'espèce de la marchandise afin de pouvoir plus tard percevoir les droits d'entrée.

Le personnel d'une factorerie de plage comme celle de Wydah se compose : d'un agent européen, d'un employé noir qui fait fonctions d'interprète, d'une dizaine de hamaquaires qui servent à porter l'Européen en hamac et à faire le travail courant de la factorerie. Il y a de plus deux tonneliers et leur moulek (domestique), un charpentier et son moulek (dans tous ces métiers les ouvriers ont un petit gamin qui leur sert de domestique, qui porte les outils, et qui, en même temps, est un apprenti ; c'est généralement un petit esclave du patron de l'ouvrier ou un esclave appartenant à l'ouvrier même, car dans le Dahomey les esclaves peuvent posséder eux-mêmes un esclave). Enfin, une quarantaine de Minas (1) pour le service des embarcations complètent ce personnel ; on y ajoute, pour les grosses journées de travail, comme les embarquements et les débarquements, des journaliers du pays qu'on loue suivant les besoins.

Les noris qu'on emploie sont difficiles à mener, car aucun châtiment ne les épouvante.

Maintenant, visitons, avec le même guide, une factorerie de l'intérieur, dont la précédente n'est qu'une dépendance, une sorte d'entrepôt affecté au débarquement et à l'embarquement des marchandises.

C'est un bâtiment assez important, par comparaison avec les autres constructions du pays.

Au premier étage, la salle à manger, qui sert aussi de salon, est grande et percée de portes et fenêtres de tous côtés. Les murs sont peints à la

---

(1) C'est le nom que l'on donne au bureau qui sert à la fois de salle à manger et de buen-retiro à l'agent qui fait la plage : petite cabane en bois percée de petites fenêtres pour établir le mieux possible un courant d'air, dont on a réellement besoin par la chaleur intense qu'on est obligé de supporter. Une table, une presse à copier, un hamac et un canapé du pays, bas et assez commode pour faire la sieste, en composent l'ameublement; une longue-vue et des séries de pavillons pour télégraphier aux navires sur rade en sont l'ornement.

---

(1) Nègre de la région de Mina.

chaux et ornés d'une grande carte d'Afrique. Deux petites tables servant de dressoir, un canapé en paille à jours, un buffet échoué à la côte après Dieu sait quelles pérégrinations, une grande pendule à caisse vermoulue et une douzaine de chaises en constituent l'ameublement.

Cinq autres chambres se trouvent encore au premier étage : celles du gérant, du second et de l'agent de plage ; la cinquième est celle de l'agent en chef, quand il passe à Wydah.

Au rez-de-chaussée, des magasins servant d'entrepôt aux provisions (cambuse), aux caisses de tissus, de liqueurs, à toutes sortes de marchandises, aux chats, aux rats et à des quantités innombrables de fourmis ; au-dessus du premier étage, les combles abritent des quantités considérables de chauves-souris et de serpents qui, de temps en temps, vous font l'agréable surprise de descendre par les poutrelles de la toiture et de venir s'installer dans vos meubles.

Un grand escalier en bois conduit à la véranda, au milieu de laquelle on aperçoit l'écusson du consulat français et la hampe du pavillon national.

Dans la cour de devant, celle où se traitent les affaires, de grands murs en argile du pays, cimentés et passés à la chaux, entourent tout le périmètre de la factorerie. A droite, une grande enfilade de magasins.

Sous un hangar accoté aux magasins, une estrade entourée d'une barrière supporte un bureau : c'est là que se traitent les affaires avec le petit acheteur de passage.

Sur le derrière des hangars s'étend le jardin de la factorerie, où, dans de petits carrés cultivés avec soin, on se procure toute espèce de légumes d'Europe : et, adossés aux murs, cuisine, buanderie, salle de bains, poulailler avec poules, canards, dindes, moutons, cabris, etc.

A la porte de chaque factorerie, un *décimère* prélève une petite quantité sur tous les produits qui entrent : c'est le droit du roi, auquel tout acheteur doit se soumettre. Les grands commerçants indigènes s'en libèrent en payant une redevance annuelle.

Le personnel de la factorerie de Whydah se compose ordinairement de trois agents européens : le gérant, agent responsable qui dirige la factorerie ; le second du gérant, qui s'occupe de la surveillance et des écritures ; un agent de plage, généralement un marin, jeune capitaine au long cours ou officier de la marine du commerce qui surveille l'embarquement des marchandises.

Deux employés noirs sont placés à la tête du personnel indigène. Ils parlent et écrivent le français d'une façon à peu près compréhensible. Le personnel se complète enfin par des hamaquaires, des mouleks et des Minas.

On est obligé d'employer ces derniers pour le service des pirogues, comme nous l'avons appris à nos lecteurs, parce que les Dahoméens considèrent la mer comme un fétiche et leurs lois religieuses les empêchent d'aller sur l'eau.

Le commerce, tel que nous le comprenons, ne date, pour nous, que de 1840.

Jusqu'en 1838, époque à laquelle la traite des nègres a été supprimée *officiellement*, c'est-à-dire en apparence, le seul commerce consistait à vendre des esclaves et on se bornait à envoyer de France des verroteries, du tafia et diverses étoffes.

Quand l'emploi de l'huile de palme fut connu, qu'on en fit du savon d'abord, des bougies plus tard, la culture des palmiers y prit une plus grande importance et le trafic s'établit, grâce à l'initiative française.

Quel est actuellement l'importance de ce commerce ? C'est ce que nous allons essayer d'établir, en citant les chiffres qui seuls peuvent prouver et l'importance de nos transactions et l'intérêt que nous avons eu à faire, dans cette partie de l'Afrique, des sacrifices si grands.

Il n'y a point de statistique du commerce du Dahomey, mais on possède celle de nos possessions limitrophes.

Or, en 1889, les relevés du service des douanes coloniales donnent les chiffres ci-dessous pour le mouvement commercial des établissements français du golfe de Bénin : Porto-Novo, Kotonou, Grand-Popo et Agoué :

Importation : 3,683,833 francs, dont 1,499,565 francs venus de France.

Exportation : 4,435,601 francs, dont 2,002,795 francs à destination de France.

Soit un mouvement commercial total de 8,119,434 francs, sur lesquels les expéditions de ou pour la France s'élèvent à 3,502,360 francs.

Le mouvement de la navigation a été de 124 navires à vapeur et à voiles jaugeant 124,475 tonnes.

Suivons la progression, d'après le tableau dressé par le *Journal officiel* de nos établissements pour l'année 1891.

Récapitulation générale du 4ᵉ trimestre.

IMPORTATIONS.

Porto-Novo	998.446 fr.	60 c.
Kotonou...............	388.315	05
Grand-Popo, Agoué.....	483.296	43
Totaux.....	1.870.058	08
Report des 3 trimestres..	3 919.155	68
Totaux.....	5.789.213 fr.	76 c.

EXPORTATIONS.

Porto-Novo	1.284.783 fr.	60 c.
Kotonou...............	1.028.032	25
Grand-Popo, Agoué.....	1.033.968	45
Totaux.....	3.346.784	30
Report des 3 trimestres..	4.332.291	90
Totaux.....	7.679.076 fr.	20 c.

ENSEMBLE (Année 1891).

Importations............	5.789.213 fr.	76 c.
Exportations	7.679.076	20
Totaux.....	13.468.289 fr.	96 c.

Ces possessions de Grand-Popo et Porto-Novo, comme surface territoriale, représentent à peine le tiers du Dahomey qui, leur est incomparablement supérieur comme fertilité. En l'état, et d'après nos propres renseignements, nous estimons le commerce total du Dahomey à 12 ou 13 millions, entrées et sorties réunies, — c'était du moins le chiffre de 1889, avant la première guerre ; cette année-là, on a débarqué à Wydah 39 navires, dont la cargaison d'entrée représentait environ 3 millions, et embarqué l'équivalent de 1,200,000 gallons représentant 2,100,000 francs, et de 6,000 tonnes d'amandes de palme représentant 1,600,000 francs ; au total donc pour Wydah 6,700,000 francs , représentant la moitié du mouvement du Dahomey (Avrékété, Godomey et Abomey-Caravi compris).

Ce qu'il est impossible de calculer, c'est l'essor immense que sont appelées à prendre les affaires dans ce pays après la pacification. Qu'on songe qu'actuellement, la très grosse majorité des fruits des palmiers à l'huile pourrissent sur l'arbre, faute de bras pour les cueillir. La condition du peuple dahoméen est la plus misérable qui existe : il ne peut rien posséder, tout est au roi. Deux, trois, quatre fois par mois, les collecteurs passent dans les cases, font main basse sur tout ce qu'ils aperçoivent, poules, porcs, grains, denrées : c'est pour le roi. Sur les sentiers conduisant au marché de Wydah, des collecteurs, fréquemment placés, arrêtent et saisissent tout au passage ; tel malheureux qui a cueilli quelques pots d'huile de palme pour venir les vendre à l'insu des autorités se voit saisi, complètement dépouillé et souvent maltraité. Ces produits ainsi « crochés » (c'est l'expression du pays), sont versés aux Allemands en à-compte de leurs livraisons d'armes. On comprend que, dans de telles conditions, le Dahomey se dépeuple et décline de jour en jour, et si une chose doit surprendre, c'est que ce malheureux pays puisse produire encore les chiffres que nous relevons. Ce fait indique une vitalité et une force latente d'expansion qui se développera après la guerre.

Au fond, le Dahoméen est beaucoup moins belliqueux que commerçant, et dès qu'il pourra posséder, le pays changera de face et constituera une colonie splendide.

Le sol, nous le répétons, est d'une fertilité sans égale et son climat, à peu de distance du littoral, se prête à toutes sortes de cultures.

D'après les documents officiels, les recettes de Grand-Popo et Porto-Novo se sont élevées, pour l'année 1891, à un total de fr. *462,772 93* c. Le budget des dépenses de ces mêmes possessions n'atteint pas 300,000 francs.

L'acte général de la conférence de Bruxelles, mis en vigueur le 2 avril, a eu pour effet de tripler le tarif des droits sur les spiritueux, ce qui assure, pour l'année en cours, le doublement des recettes précitées.

Le territoire du Dahomey, passant sous notre domination, donnera une recette au moins équivalente au total, et en n'admettant rien de changé aux conditions commerciales antérieures, les territoires de Grand-Popo, du Dahomey et de Porto-Novo donneront au minimum 1600 mille francs de recettes par an. Nous ne voulons rien préjuger de l'avenir.

Les dépenses seront bien inférieures aux recettes, même en gardant le Dahomey. Au point de vue militaire, une garde de police suffit ; les populations sont d'un caractère doux, pacifique ; moins on les gouvernera, et moins on aura d'embarras. Il n'y a à redouter ni insurrection ni révolte. Quant à l'armée dahoméenne, une fois Béhanzin vaincu, jamais plus elle ne se reconstituera.

Avant la guerre de 1890 (ce sont des faits déjà

cités, mais sur lesquel son doit insister) ; il existait dans le Dahomey deux maisons françaises : Cyprien Fabre et Cie et Mante frères et Borelli, plus une maison allemande C. Gadelt, de Hambourg. Les deux maisons françaises étaient établies à la fois à Wydah, Avréketé, Godomey et Abomey-Caravi, tandis que la maison Gœdelt possédait un seul établissement à Wydah.

Après la guerre, Behanzin, dans le but de se constituer rapidement un armement à l'européenne, fit inviter tous les commerçants allemands de la côte à venir s'installer à Wydah, et bientôt cette ville compta cinq maisons allemandes, savoir : Gœdelt, Wölber et Brohm, Traügolt Sollner, Victor Sohn, Barth. A l'exception de la première, toutes ces maisons ne venaient dans le Dahomey que pour se livrer, sous le couvert du commerce ordinaire, au trafic louche des esclaves et des armes perfectionnées. Aussi leur présence eût pour effet de bouleverser complètement le commerce honnête, au grand détriment des maisons françaises, et d'accroître considérablement la misère du peuple, car pour pouvoir payer les armes fournies par les Allemands, et livrer les quantités d'esclaves voulues, le roi dut guerroyer sans relâche, et, en même temps, faire main-basse sur toutes les récoltes du pays.

Lors de la nouvelle rupture avec la France, en mars 1892, le roi donna ordre de faire fermer les maisons françaises et de consigner nos nationaux chez eux. — Depuis le départ des otages échangés en mai et juin contre des Dahoméens de marque, les établissements des maisons françaises ont été complètement abandonnés à la discrétion des indigènes ; ces établissements ont été détruits ou pillés en grande partie, sinon en totalité. L'ensemble des valeurs ainsi perdues représente malheureusement des sommes considérables.

Pendant ce temps, les maisons allemandes de Wydah ont continué leur commerce, bénéficiant largement de la fermeture des maisons françaises, et elles ont profité du retard inexplicable du blocus du Dahomey, blocus qui n'a été mis qu'en juin, pour compléter l'armement de Behanzin, en fusils, canons et munitions.

On voit qu'il ne s'agit pas d'une affaire de petite importance.

Les faits par nous énumérés, les chiffres que nous venons de citer, démontrent jusqu'à l'évidence, l'utilité absolue de l'intervention armée.

Le commerce avec le Dahomey et le territoire de Porto-Novo a, en réalité, beaucoup d'importance, et il aurait pris un développement bien plus grand sans les incursions répétées de Behanzin qui refoulaient les populations laborieuses de Porto-Novo et Grand-Popo vers le territoire de Lagos ou de Petit-Popo.

En outre, quoiqu'un service postal ait été organisé sur la côte occidentale d'Afrique, et qu'un paquebot parte chaque mois tantôt du Havre, tantôt de Marseille, les efforts des commerçants ont été paralysés, pour ainsi dire, par la défectuosité de la direction gouvernementale.

Il importe à la mère-patrie de bien protéger ses marchands qui, au risque de leur fortune, au risque de leur vie, au prix des plus cruels efforts de toute sorte, vont sur les rivages les plus éloignés, les plus meurtriers, travailler à l'enrichissement commun, frapper à tous les débouchés.

En vain M. Déroulède, devant la Chambre qui a protesté presque tout entière, a dit que la politique coloniale est une politique de missionnaires et de commissionnaires !

Il n'en est pas moins certain que si l'on a des colonies c'est pour y faire commerce, pour y envoyer les produits de la France et en tirer ceux qui ne poussent pas sur notre sol et qui sont utiles à notre alimentation et à nos industries. Ces intérêts, en apparence particuliers, sont, en réalité, des intérêts généraux.

Si, comme l'a très justement fait remarquer M. Ch. Roux, que nous citons de nouveau, si on abandonne nos négociants à leur malheureux sort, s'ils sont molestés par le premier roi nègre venu, la conséquence de ce système est fatale. Ils n'auront qu'à s'en aller, car ils ont certes trop de patriotisme pour se résigner à commercer sous pavillon étranger. Or, en s'en allant, ils détruiront du même coup l'influence française dans les pays où ils l'avaient implantée. Et, à ce sujet, il paraît indispensable de jeter un regard en arrière, quelque pénible que soit cette revue rétrospective. Nos malheurs immérités de 1870 avaient porté un coup funeste à l'influence, à l'omnipotence dont nous jouissions, principalement sur la côte occidentale d'Afrique. A cette époque, ceux de nos concitoyens qui étaient établis aux quatre coins du monde et qui avaient la charge de notre honneur national, ont plus souffert qu'on ne semble le croire et déployé plus de courage et de patriotisme qu'on ne le suppose.

Pour serrer le débat, pour le limiter au point

spécial dont nous nous occupons, *le golfe de Benin*, il n'y avait pas ou *presque* pas d'Allemands dans ces parages avant 1870. Immédiatement après nos désastres, ils y font leur apparition. Les commissionnaires de Hambourg y installent des factoreries qui grandissent, et, en 1886, un *M. Nachtingal*, se disant naturaliste, et muni d'une lettre de recommandation du gouvernement français, se présente à *Porto Seguro* et demande à y faire des études scientifiques. Il y séjourne plusieurs mois, empaille des oiseaux, puis subitement part pour les *Canaries* où l'attendait un navire de guerre allemand. Il revient peu après, débarque avec les officiers allemands, plante son drapeau sur la côte et va voir le roi qui proteste et lui dit qu'il est sous le protectorat de la France. Les officiers allemands lui répondent qu'il n'y a pas de garnison française, que le pays leur plait et qu'ils le gardent. Plusieurs mois après, notre gouvernement adressé quelques observations et on arrive (fait absolument étrange !) à céder aux Allemands, non seulement *Porto-Seguro*, mais le *Petit-Popo*. De leur côté, les Anglais arrondissent leur territoire du côté de *Lagos*, nous donnant des compensations absolument dérisoires.

Les malheureux commerçants français établis à Porto-Seguro et à Grand-Popo protestèrent de leur mieux, mais l'acte fut consommé. Nous ne sommes plus en 1885, et quand toutes les nations de l'Europe font des efforts surhumains pour étendre leur influence en Afrique, il n'est plus permis, encore une fois, que nous abandonnions un coin de notre territoire africain.

Un des inspecteurs de l'Université, soutenant cette thèse récemment à Marseille, disait, avec raison, combien il était utile que cette grande cité s'occupât de nos établissements d'Egypte et du golfe du Benin, non seulement pour le bien de notre commerce, mais aussi pour l'influence générale de la France dans le monde, car il faudrait que le français fût la seconde langue de tous les hommes.

Tel doit être, en effet, le résultat d'une haute et ferme politique coloniale.

CHAPITRE SEPTIEME

LA CAMPAGNE DE 1890

Sommaire : Les causes de notre intervention militaire au Bénin en 1890. — Mauvaise foi du roi Glé-Glé. — Influences étrangères. — Insulte au drapeau. — Exactions et insolence des troupes royales. — Débarquement de nos soldats. — La mission Bayol. — Notre résident à Abomey. — Deux entrevues. — Spectacle terrifiant. — Mort de Glé-Glé. — Le commandant Fournier. — Le premier corps expéditionnaire. — Le commandant Terrillon. — Escarmouches. — Pièges tendus aux otages. — Leur voyage à Abomey. — Leur supplice. — Lettre de Behanzin au président Carnot. — Attaque de Kotonou. — Les renforts. — Bombardement du Décamey. — Dogba. — Rappel de M. Bayol. — Négociations de paix. — Combat de d'Atchouha. — Retour des otages. — M. Ballot, gouverneur général. — La mission du père Dorgère. — A Wydah. — Traité de 1890. — Considérations générales.

Suivons pas à pas le programme que nous avons tracé. Il ne nous reste plus que la dernière partie de notre tâche à remplir.

Comment le gouvernement de la République a-t-il été amené à déclarer la guerre au roi du Dahomey ; quelles sont les causes qui ont décidé l'envoi de nos troupes ?

Par quel enchaînement de circonstances a été décidée une expédition qui a, hélas, coûté la vie à plusieurs de nos enfants, et des meilleurs ?

C'est ce qui nous reste à dire.

Aucun incident notable n'était venu troubler notre présence au Benin lorsque, on s'en souvient, vers la fin de l'année 1887, le roi Glé-Glé s'avisa de soulever des difficultés au sujet de la validité du traité de 1878, nous sommant, en même temps, d'avoir à renoncer, non seulement à l'occupation de Kotonou, mais encore à notre protectorat sur le royaume de Porto-Novo.

Le silence fut la seule attitude jugée digne, et Glé-Glé en conclut qu'il nous avait intimidés.

Ses griefs contre nous étaient d'ailleurs multiples : l'abolition de la traite, la surveillance des côtes, les châtiments infligés aux négriers avaient depuis longtemps inspiré au Dahomey tout à la fois une terreur salutaire et un ressentiment profond à l'égard de la France, qui s'était mise à la tête de la grande œuvre humanitaire.

Ces sentiments malveillants, il faut bien le reconnaître, furent envenimés et exploités par des personnalités étrangères sans scrupules certains Portugais, notamment, qui continuèrent la traite aussi longtemps que le Brésil leur ouvrit un débouché, étaient devenus les confidents des rois du Dahomey et ne se faisaient pas faute de les aigrir contre la France. En ces derniers temps, les Allemands eux-mêmes qui, de Togo, s'efforçaient de rayonner au loin, rendirent plus d'un mauvais service à la cause de l'humanité en excitant les passions barbares des Dahoméens contre nous.

En 1887, un incident mit le feu aux poudres.

La France avait établi le long du Ouéméd quelques petits postes de tirailleurs sénégalais et plusieurs factoreries commandées par des noirs qui nous étaient tout dévoués. Or, il advint qu'un jour les Dahoméens se mirent en campagne et se ruèrent sur les peuplades qui habitaient au nord de notre colonie de Porto-Novo.

Ils arrivèrent ainsi à un village du Décamey où se trouvait installé un comptoir sous la direction d'un noir sénégalais. Tandis que tous les habitants fuyaient épouvantés, abandonnant aux envahisseurs leurs troupeaux, leurs grains, tout leur avoir le chef de la factorerie, réunissant autour de lui les travailleurs sous ses ordres, leur dit :

— Ne fuyez pas, mes amis, vous n'avez rien

Le débarquement du matériel de guerre au moyen du warf à Kotonou.

M. Ballot, gouverneur du Bénin.

à redouter des gens du Dahomey. Notre protecteur, le grand chef de la France, m'a remis ce drapeau...

Et il montrait le drapeau tricolore aux couleurs françaises qui abritait la factorerie.

Puis continuant :

—Les Dahoméens peuvent venir ; vous verrez qu'au seul aspect de ce symbole ils respecteront notre comptoir et passeront leur chemin sans nous molester..

Cependant les guerriers approchaient, et déjà, par leurs cris, leurs chants, leurs danses, ils témoignaient toute l'ivresse que leur procurait la convoitise d'un gros butin. Ils atteignirent ainsi la factorerie qu'ils saluèrent d'une violente décharge. Le chef de poste sortit alors et, tenant à la main le drapeau français, il s'avança résolument vers l'ennemi.

—Arrêtez... ! cria-t-il, nous sommes les protégés de la France.

Un ricanement sauvage accueillit ses paroles, les balles sifflèrent de plus belle, et la plupart de ses hommes tombèrent autour de lui. Blessé lui-même, il s'avança encore, criant au cabécère qui commandait l'armée dahoméenne :

—Nous sommes des Français ! Nous sommes des Français !

Et le brave continuait à agiter désespérément cet emblème dans lequel il avait mis toute sa foi.

Bientôt il ne resta plus personne debout à ses côtés, et le cercle des assaillants s'étant resserré, le chef dahoméen se saisit de lui et le fit prisonnier.

— Tu l'aimes donc bien, dit-il, ce drapeau français ? Eh bien, il va te servir, tu vas voir.

Sur un signe, une amazone s'approcha du

pauvre chef sénégalais, et, d'un coup de son coutelas, lui trancha la tête que l'on noua dans le drapeau.

Par un raffinement de cruauté, la propre femme du malheureux, emmenée comme esclave, fut contrainte de porter ce lugubre trophée au roi de Dahomey lui-même.

Puis il y eut une razzia d'un millier d'hommes, femmes et enfants, dont les uns furent vendus et les autres massacrés.

L'injure était sanglante et eût légitimé une vengeance immédiate; on différa cependant, feignant de considérer cette offense comme un acte de brigandage.

Glé-Glé ne se gêna pas alors pour dire qu'il n'admettait point que le roi de Porto-Novo fût notre protégé, et nous prévint que si nous ne renoncions pas à ce protectorat, si nous persistions à ne pas évacuer Kotonou, il reviendrait au mois de mars suivant.

Les indigènes de Porto-Novo, terrifiés, et ne se sentant pas protégés par nous, se réfugièrent, le roi en tête, sur le territoire anglais ; les commerçants européens, très alarmés, se transportèrent à Lagos, à l'abri du pavillon britannique, et firent intercéder auprès du commandant en chef de la division navale de l'Atlantique pour obtenir l'envoi de quelques soldats.

Une compagnie de débarquement eut beaucoup de peine à rétablir la tranquillité.

Les Dahoméens, après avoir pillé et ruiné les plantations de Porto-Novo, se retirèrent, laissant le pays complètement dévasté.

L'administrateur particulier du golfe du Bénin, M. Beeckmann, écrivait, le 4 avril, au contre-amiral Brown de Colstoun, qui commandait alors la station navale de l'Atlantique, une lettre où il lui demandait du secours :

« La population entière est sur la rive anglaise ; les commerçants sont à Lagos ; la ville est déserte. La colonie est ruinée, perdue ; le pavillon, compromis. La présence seule de vos hommes ramènera la confiance, peut-être sans coup férir. Les commerçants sont venus en corps, hier et aujourd'hui, me supplier d'intercéder auprès de vous, amiral, pour obtenir l'envoi de quelques hommes à Porto-Novo. »

Le contre-amiral était devant Kotonou, à bord de l'*Aréthuse*, croiseur à batterie. Il avait avec lui le croiseur de 2ᵉ classe le *Sané*, commandé déjà par M. Léopold Fournier, capitaine de vaisseau. M. Brown de Colstoun n'hésita pas à former, avec les compagnies de débarquement

des deux navires, une troupe dont le commandement fut confié au capitaine de frégate Thomas, second de l'*Aréthuse*, et qui réussit peu à peu à ramener le calme à Porto-Novo. Les fugitifs revinrent dans leurs villages. ·

Le roi de Dahomey, pendant ce temps, faisait fermer les factoreries françaises de Wydah, niait tous nos droits sur Kotonou et même l'existence du traité de 1878, qu'on a lu plus haut. Puis il fit expulser les religieuses françaises de Wydah, ainsi que le P. Dorgère, chef de la mission.

Telle était la situation, lorsque la France se décida enfin à charger M. Bayol, alors lieutenant gouverneur des rivières du Sud, d'aller demander au roi de Dahomey des explications sur ses actes déloyaux, ainsi que la ratification du traité précédemment conclu. M. Bayol reçut des instructions toutes pacifiques, fut même chargé de remettre quelques cadeaux au monarque noir. Il lui écrivit de Porto-Novo, n'obtint pas de réponse satisfaisante et résolut d'aller trouver le roi à Abomey.

Notre délégué adressa d'abord au roi une lettre dans laquelle il lui annonçait qu'il était chargé de régler les affaires qui divisaient les deux pays. Il demandait à Glé-Glé d'envoyer à Kotonou un représentant muni de pleins pouvoirs et il ajoutait :

« Je suis chargé de vous remettre des présents qui vous sont envoyés de France.

» Je m'empresserai de le faire dès que toutes les affaires seront terminées.

» Des relations jamais interrompues et datant depuis plus de deux cents ans unissent les deux pays. Je puis vous assurer que notre plus grand désir est de continuer, en les rendant meilleures encore, ces relations amicales, qui sont à l'avantage de nos deux nations. »

La réponse de Glé-Glé arriva le 1ᵉʳ novembre. Le roi disait qu'il n'avait pas de traducteur capable, et il invitait M. Bayol à lui envoyer quelqu'un à Abomey pour lui traduire la lettre.

« Le roi, disait M. Bayol dans son télégramme de ce jour, affirme son amitié pour le gouvernement français. Partirai mercredi (6 novembre) avec Angot (son secrétaire) pour Abomey, seul moyen de savoir vérité sur dispositions réelles du roi. »

Ces dispositions n'étaient pas celles que semblait indiquer la réponse royale. Le roi de Dahomey venait d'écrire une lettre de protestation au président de la République française, et, en même temps, il sollicitait l'intervention du Portugal. Le cabinet de Lisbonne agit, dans cette circonstance, avec la plus grande correction et déclara à notre gouvernement qu'il ne répondrait pas à la demande du Dahomey. Si des démarches analogues furent faites auprès d'autres puissances, elles n'eurent pas d'autre résultat.

On pensait que M. Bayol pouvait régler les affaires sur la côte. On ne prévoyait nullement un voyage à Abomey. Néanmoins, on laissa M. Bayol partir pour l'intérieur, sur l'assurance qu'il avait pris toutes ses dispositions pour que sa mission n'eût aucune conséquence fâcheuse.

« Pars à l'instant pour Abomey, télégraphie-t-il le 16 novembre. Roi a envoyé ambassade me chercher. »

C'est à la suite de ces faits que M. Bayol arriva dans la capitale du Dahomey.

Après le cérémonial d'usage, Glé-Glé daigna venir s'entretenir avec notre représentant auquel il affirma qu'il était le plus grand roi de l'Afrique et que ses sujets étaient invincibles.

Ce fut le prince héritier Kon-Dô qui, chargé par son père de traiter les affaires extérieures, répondit insolemment à M. Bayol que le territoire de Kotonou lui appartenait, que nous devions l'évacuer, renoncer à notre protectorat sur Porto-Novo et lui livrer nous-mêmes le roi Toffa.

M. Bayol proposa l'arbitrage d'une puissance européenne pour examiner la validité des traités. Kon-Dô ne voulut pas y consentir. On offrit de limiter la perception des droits de douane de Kotonou aux seules marchandises destinées à Porto-Novo et à Lagos. Les objets destinés à Abomey-Kalavy et à Godomey transiteraient en franchise. Nouveau refus.

Pour ce qui concerne l'écrit qu'ils paraissaient vouloir exiger, écrit M. Bayol dans son rapport, j'ai répondu qu'il était inutile.

Le prince et tous les chefs ont protesté : « Le roi, ont-ils ajouté, me dicterait *ses volontés*, que je n'aurais qu'à *signer* avant de partir. »

J'ai déclaré inutilement qu'un papier ainsi établi était contraire aux conventions internationales, et que je ne pouvais signer un protocole dont les termes n'auraient pas été convenus entre les deux pays.

Je me suis heurté à un refus catégorique. Après le palabre, le prince est redevenu très courtois.

M. Bayol devait voir le roi le lendemain. Mais les Grandes Coutumes étaient commencées : le roi n'était pas disposé à parler affaires.

Les sacrifices étaient nombreux et voici ce que dit à ce sujet M. Angot dans le rapport journalier de la mission :

« Il nous fallut, le 1ᵉʳ décembre, pour entrer chez le roi, passer au milieu de dix têtes d'hommes fraîchement coupées et déposées de chaque côté de la porte, sur deux petits monticules de sable.

» Une large flaque de sang humain masquait l'entrée de la demeure royale ; il nous fallut beaucoup de précautions pour n'y point marcher. Dans l'intérieur du palais, je vis également plusieurs têtes fraîchement coupées.

» Le lendemain, en nous rendant à une heure et demie au palais du roi, seize nouvelles têtes avaient été placées aux mêmes endroits que la veille.

» Avant d'arriver à l'endroit où se tenait le roi, on nous fit passer au milieu de quatre potences au haut desquelles, pendus par les pieds, la tête en bas, étaient deux malheureux hommes morts dans cette position après avoir été mutilés et avoir eu les yeux crevés et les dents cassées.

» Le 6 décembre, M. Bayol tomba très gravement malade. Pendant quinze jours il ne put se lever. On fit savoir à la mission qu'il était prudent de partir : Glé Glé était malade, lui aussi ; son grand âge — il avait soixante-quinze ans — pouvait amener un dénouement fatal. S'il mourait, le massacre des Français était inévitable.

» M. Bayol crut, dans ces conditions, qu'il pouvait donner une certaine satisfaction aux Dahoméens en signant, non pas une renonciation aux traités, mais une lettre destinée au Président de la République. »

Une seconde conférence fut décidée.

Elle eut lieu le 27 décembre.

Pendant une seconde entrevue, notre représentant et ses compagnons durent passer, comme la première fois, au milieu de trente-quatre têtes d'hommes fraîchement coupées.

Notre représentant obtint du prince Kon Dô l'autorisation de se retirer, après avoir dû signer la pièce dictée par le prince, pièce dont nous avons parlé et dans laquelle il était dit que les chefs de Porto-Novo étaient vassaux du Dahomey, que les navires français ne devaient pas circuler dans les eaux de l'Ouémé, etc.

Deux jours après, Glé-Glé mourait, le prince Kon-Dô lui succédait sur le trône, sous le nom de Béhanzin, et, dès son arrivée au pouvoir, se préparait à une action énergique contre nous.

Avisé de la situation, M. le sous-secrétaire d'Etat aux colonies soumit la question au Conseil des Ministres, qui crut devoir repousser toute idée d'offensive et, ne voulant pas engager une action énergique sans le concours financier des représentants du pays, la situation parlementaire étant difficile, s'arrêta à une action restreinte au Bénin. Le commandant Fournier lui-même, estima que l'action pouvait être limitée à la défense de nos territoires et à la protection de nos factoreries sur la côte.

A la suite de la décision du Gouvernement, M. Barbey, Ministre de la Marine, donna des instructions au commandant du *Sané*, pour que, dans l'expédition engagée, il prêtat au lieutenant-gouverneur tout son concours, mais en restant strictement dans son rôle maritime, c'est-à-dire en évitant tout débarquement de marins.

Ainsi fut décidé l'envoi d'un corps expéditionnaire d'abord, et plus tard de renforts, pour infliger le châtiment qui convenait à ce roi sanguinaire qui faisait si bon marché des traités et prenait pour de la faiblesse notre trop généreuse longanimité.

Nous allons retracer brièvement les principaux événements de cette expédition, renvoyant ceux de nos lecteurs qui désireraient la suivre dans tous ses détails au très intéressant ouvrage de M. Victor Nicolas, capitaine d'infanterie de marine (1).

Le 7 février 1890, le corps expéditionnaire tiré du Sénégal fut passé en revue par le colonel Doods, puis embarqué sur l'*Ariège*, à destination du Bénin. Il se composait de deux compagnies de tirailleurs sénégalais et d'un détachement d'artillerie, auxquels fut adjointe une compagnie de tirailleurs gabonais.

Le chef de bataillon Terrillon le commandait.

Marcher sur Wydah, où plusieurs de nos compatriotes se trouvaient à la merci du roi Béhanzin, sembla par trop téméraire avec un effectif de 300 hommes valides à peine. Force fut donc, à regret, de les abandonner à leur sort. On décida de prendre solidement pied à Kotonou et d'y construire un fort (21 février).

Deux engagements assez sérieux eurent lieu successivement, heureux pour nos armes, mais faisant ressortir l'insuffisance de notre effectif en présence des forces ennemies.

Des renforts furent demandés et les travaux de défense poussés activement à Kotonou. De nombreux ennemis s'étant massés dans les bois environnants, furent bombardés par le croiseur le *Sané* et par la chaloupe l'*Emeraude*. Un grand désordre s'ensuivit dans les rangs dahoméens.

Le 28 février, une reconnaissance fut dirigée sur Zobbo. Nos soldats sont accueillis par une vive fusillade ; ils s'élancent en avant, enlèvent le village au pas de course, et, dans un combat des plus vifs, mettent en fuite l'ennemi, qui, après deux retours offensifs, n'eut pas moins de trois cents hommes hors de combat.

Le commandant Fournier, qui explorait la côte, apprit alors à Wydah, que les Français qui y étaient restés, et sur le sort desquels on avait de trop justes appréhensions, avaient été attirés hors de la factorerie Fabre, où, ils s'étaient réfugiés, saisis comme otages, et dirigés sur Abomey, *enchaînés par les pieds et par le cou.*

Ce fut une longue torture que ce voyage d'Abomey accompli par nos compatriotes : le P. Dorgère, MM. Bontemps, Piétri, Denley, Heuzé, Leyraud, Tooris et Chaudouin. Ce dernier a éloquemment raconté, dans son ouvrage intitulé *Trois mois de captivité au Dahomey*, les souffrances que ses compagnons et lui eurent à endurer et les spectacles atroces auxquels ils assistèrent.

Attirés à l'*agor* (préfecture) pour entendre un *récade* (message) du roi, à peine pénétraient-ils dans la grande salle qu'une nuée d'indigènes se ruèrent sur eux, les jetant à terre, leur tirant les oreilles et les cheveux, les piétinant. Le P. Dorgère eut plusieurs poignées de cheveux arrachées. On les battit au sang, on leur mit un carcan au cou, on leur ôta leurs souliers et leurs chapeaux, etc. Les autorités de Wydah agissaient d'ailleurs ainsi de leur propre initiative et, parait-il, sans aucune instruction du roi.

« On nous pince, dit M. Chaudouin, on nous serre les côtes en nous traitant de chiens, de cochons et même de nègres, insulte qui nous ferait bien rire à tout autre moment. Le geôlier chargé de mailler notre chaîne suit l'exemple de ses chefs, il m'allonge des coups de ciseau sur la tête ; mon voisin n'est pas plus heureux, car la brute s'amuse à lui pincer le nez entre le maillet et le ciseau, au grand contentement de la galerie qui rit à se tordre et paraît infiniment s'amuser de ces outrages. »

Et, plus loin :

« ... Immédiatement après la musique, portés processionnellement par quatre vigoureux guerriers, nous apercevons quatre pots de terre, couverts d'une nuée de mouches et d'où s'exhale une odeur terriblement fétide. Notre gorge se serre brusquement ; le cœur pris comme dans un étau, la tête vide, dans une angoisse épouvantable,

---

(1) L'Expédition du Dahomey en 1890.

nous les regardons : quatre têtes de Français, tirailleurs sénégalais, tués à Kotonou, vont aller grossir l'ossuaire et le trophée de guerre du roi. Quelle épouvantable vision ! »

Cependant, fort maltraités jusqu'à Allada, les otages avaient été, depuis cette ville, l'objet de soins plus humains. Arrivés à Kana-Goumé, ils sont enfin mis en présence du roi, au milieu de tout le cérémonial d'usage.

Le roi est au milieu de la cour, sur un trône recouvert de tentures et entouré de parasols. Tout le monde est agenouillé, le front dans la poussière. Le roi est accroupi ; il fume une longue pipe dorée, et cinq fort belles négresses l'entourent, remplies d'attentions et de prévenances, lui présentant la calebasse où il crache, puis lui essuyant la figure et la bouche avec un linge très fin et très blanc. Quelques cabécères sont agenouillés auprès du trône : c'est le conseil royal.

Le roi offre aux otages un repas d'honneur, auquel ils ne touchent guère. Il est vêtu d'une chemisette et d'un pagne. Il les fait asseoir et leur tient ensuite un assez long discours dans lequel il se donne naturellement un rôle superbe.

Il déplore la guerre que lui font les blancs et déclare qu'il n'y a plus de raison en France, que la France est gouvernée par des jeunes gens ; que tous les blancs qui sont venus le voir ont été très bien reçus et sont repartis chargés de cadeaux.

« Bayol, leur dit-il, est venu dernièrement chez moi, ainsi qu'un autre blanc appelé Angot. Je les ai très bien traités. Bayol étant malade, j'ai envoyé des médicaments pour le guérir. Mon père étant sur le point de mourir, la question de Kotonou n'avait pu être réglée. Bayol m'avait promis d'attendre et de ne pas toucher à Kotonou ; mais, au contraire, aussitôt qu'il a su la mort de mon père, il a fait introduire nos cabécères chez lui et s'est emparé d'eux sans les avoir fait prévenir de cette mesure de rigueur. »

Puis il exposa ses différends avec le roi Toffa, avec qui M. Bayol s'était associé pour lui faire la guerre, « dans l'espoir d'avoir un riche cadeau » de Toffa.

Behanzin leur tint encore beaucoup de propos saugrenus de même nature et conclut en leur disant que, bien que pouvant leur faire couper le cou, il leur donnait son amitié et leur rendait la liberté d'aller continuer le commerce de leurs tactoreries.

Il leur signifia donc qu'ils étaient libres ; mais ce ne fut pas sans qu'ils eussent écrit sous sa dictée, par l'intermédiaire d'un interprète, la lettre typique que voici, qu'ils s'engagèrent à faire parvenir « au roi Carnot » :

« Les blancs sont pour le commerce et ils font la guerre, ce n'est pas bon. Qu'ils fassent la paix, qu'ils gardent bien la France et ne se laissent pas tromper.

» Quand vouloir parler avec le roi de Dahomey, envoyer un officier propre de sa maison. Ils sont amis depuis longtemps et le roi de Dahomey a toujours très bien traité les blancs.

» Et Jean Bayol, comme il a fait, il a fait mal. Kotonou lui appartient (au roi) ; c'est Dieu qui le lui a donné ; et il ne peut laisser son territoire à un autre, car cela lui ferait du mal ; le tonnerre l'écraserait ; et voilà pourquoi il ne peut donner son terrain.

» Ce sont les Français qui font le commerce sur toute la côte, Wydah, Godomey, Abomey-Calavi, et ce sont eux qui font la guerre ; ce n'est pas juste.

» Arrangez la paix et laissez la question du terrain. A Kotonou, ils (les Français) ont la liberté de faire tout ce qu'ils veulent ; il l'a dit à M. Jean Bayol.

» Mais c'est Toffa qui est en cause et non M. Carnot. M. Bayol ici a été très malade, et c'est le roi de Dahomey qui l'a guéri. Qu'il n'y a pas de roi en France ; qu'il (M. Carnot) n'est que le premier ; que personne n'a remplacé M. Régis (1), que son fils Régis est sous les ordres de M. Bayol, qui le commande.

» Il a donné beaucoup de cadeaux et les officiers, par M. Bayol. A-t-il reçu ?

» M. Bayol ici, le roi père malade ; le roi mort, celui-ci a fait prévenir à Kotonou, et M. Jean Bayol a profité pour bombarder Kotonou et massacrer les femmes, les petits enfants, les femmes enceintes, les a fait jeter à la mer. C'est pourquoi le Dahomey a tiré le fusil, mais il s'est défendu et n'a pas attaqué.

» C'est lui (le roi de Dahomey) qui a mis le roi Toffa sur le trône. Ouéfin a été soumis par le Dahomey, qui a rendu à Toffa les gens prisonniers à Ouéfin, mais Toffa furieux a fait massacrer les Dahoméens résidant à Porto-Novo. Comme Toffa a fait tuer les Dahoméens, c'est pour cela que le père du roi a envoyé prendre Djïbé.

» Toffa, voyant que son père est mort, est très content, et voilà pourquoi il (le roi) a en-

_____

(1) Le Dahomey a toujours considéré M. Régis comme étant roi de France.

voyé des gens pour couper tous les palmiers, et les soldats blancs ont tiré contre les Dahoméens même le canon. Et les Dahoméens ne les attaquent pas.

» Maintenant encore beaucoup de soldats Dahoméens vont dans les chemins de Porto-Novo pour couper les palmiers. Si on rend les otages, il fera retirer ses troupes, sinon il continuera à couper les palmiers.

» Que M. Carnot fasse tous ses efforts pour finir cette question et assurer la paix.

» Salutations du roi. »

Revenons à Kotonou, que les Dahoméens se préparaient à attaquer et le commandant Terrillon, appuyé par l'artillerie du commandant Fournier, à défendre vaillamment.

Cette attaque eut lieu avant le lever du jour. Les Dahoméens s'avancèrent en rampant dans l'ombre. Ils surprirent les sentinelles et leur coupèrent le cou ; de même le gardien de la batterie fut égorgé ; le maréchal des-logis d'artillerie voulut se défendre : une amazone, belle fille de seize ans, le poignarda et lui coupa le cou. Le brigadier artificier subit le même sort. Mais l'alarme avait été donnée par le lieutenant Compérat ; au même moment, par bonheur, les tirailleurs sénégalais s'avançaient en courant et balayèrent les premiers assaillants.

L'ennemi, en grand nombre cette fois, s'élança sur les remparts et commença un feu terrible. L'attitude résolue des chefs enflamma nos soldats ; le lieutenant Compérat reçut trois balles sans quitter son poste ; pendant près de six heures, l'armée dahoméenne renouvela ses attaques furieuses, auxquelles prirent part les intrépides amazones. A certains moments, la mêlée devint horrible, le combat eut lieu corps à corps, à la baïonnette ; l'élan de nos troupes fut admirable. Finalement, les soldats de Behanzin durent se retirer, ayant perdu des centaines de morts et de blessés.

Les cadavres amoncelés aux abords du fort témoignaient de l'acharnement avec lequel on avait combattu des deux côtés.

Dans le Télégraphe même, la défense fut superbe : cinq Européens qui s'y trouvaient renfermés ainsi qu'une blanche, firent le coup de feu pendant toute l'action.

Il faut avoir assisté à ce combat, commencé au milieu des ténèbres contre des ennemis nombreux et vigoureux, dit le commandant Terrillon, pour apprécier l'énergie déployée par ce petit noyau d'hommes, dont le moral fut à la hauteur de la situation critique qu'il a traversée depuis le commencement de la lutte jusqu'aux premières lueurs du jour.

Le colonel Dodds consigna cet héroïsme dans un ordre du jour et envoya des éloges aux combattants.

En attendant de nouveaux renforts, on s'occupa des travaux de défense et de fortification. Mais bientôt on apprit que, Porto-Novo était menacé, et on dut y envoyer des soldats, en même temps que l'*Emeraude* allait mouiller devant Abomey-Calavi et le bombardait, afin de désorganiser la marche de l'ennemi.

A ce moment, les instructions du gouvernement, qui avait été interpellé à la Chambre, étaient encore et toujours que le seul but de l'expédition était de prendre les mesures propres à faire respecter les traités, à protéger nos nationaux et à les faire indemniser des préjudices subis par eux, d'obtenir la signature d'un traité de paix reconnaissant nos droits sur le territoire de Kotonou et le protectorat de Porto-Novo, traité contenant une clause par laquelle le roi renoncerait formellement aux sacrifices humains ; mais qu'il fallait éviter tout entraînement pouvant engager une marche sur Abomey, c'est-à-dire une expédition sérieuse à laquelle répugnaient et le Parlement et l'opinion publique.

Des renforts arrivèrent le 16 mars ; on dirigea quelques troupes sur Porto-Novo et on poussa plusieurs reconnaissances sur Godomey, où eurent lieu quelques escarmouches assez sérieuses avec les avant-postes des forces ennemies réunies aux environs d'Allada.

Cependant, les Européens restés à Wydah étaient sérieusement alarmés, et il importait d'occuper militairement cette ville. Pour y parvenir, il fut résolu que l'on ferait une diversion sur l'Ouémé, au nord de Porto-Novo, afin d'attirer sur ce point une partie des contingents dahoméens. Le commandant Terrillon se décida à aller sans retard attaquer l'ennemi retranché dans les villages du Décamey (1), notamment à Dogla.

Après une marche des plus pénibles dans un terrain argileux, broussailleux et marécageux, l'ennemi surgit de partout et la fusillade éclate. Le capitaine Oudard, qui marche à la tête de sa compagnie de Gabonais, est, un des premiers,

---

(1) Le Décamey comprend la réunion d'une demi-douzaine de villages situés entre 20 et 40 kilomètres au nord de la ville de Porto-Novo.

frappé mortellement d'une balle au ventre, et le lieutenant Mousset succombe, au même moment, à un coup de chaleur.

Ce double malheur n'abat point le courage de nos hommes, au contraire : c'est la rage au cœur que, s'élançant contre leurs adversaires, ils les débusquent, la baïonnette dans les reins. Les feux de salve de mousqueterie, joints à ceux de l'artillerie, ne tardent pas à jeter la panique dans le camp ennemi ; dès lors, c'est une fuite désordonnée que rien ne peut arrêter. Quand il ne reste plus aucun Dahoméen dans les villages, la retraite est ordonnée.

Dans cette journée pénible, nos soldats avaient montré une fois de plus leurs brillantes qualités militaires, marchant et combattant pendant neuf heures au milieu de forêts inextricables et dans des marécages où ils enfonçaient jusqu'à la ceinture.

Le lendemain, vingt-cinq minutes de bombardement suffisaient à mettre en fuite 1,200 Dahoméens réfugiés à Azouicé, où nos obus leur firent subir de grandes pertes.

Des renforts arrivèrent encore à Kotonou le 31 mars.

En même temps, le commandant Terrillon recevait sa nomination de lieutenant-colonel qu'il avait si héroïquement conquise.

L'*Emeraude* alla bombarder ce qui restait des villages du Décamey, dont les habitants effrayés se soumirent au roi Toffa, notre allié.

Le 5 avril, le mouvement en avant sur Wydah, longuement préparé en raison des difficultés qu'il présentait, allait être exécuté, lorsque M. Jean Bayol fut rappelé à Paris par ordre supérieur, et dut laisser la direction des établissements français du Bénin à M. Ballot, résident de France. Il était aussi prescrit que la partie de la Côte des Esclaves comprise dans la limite de nos possessions était mise en état de blocus afin d'empêcher l'importation des armes et des munitions au Dahomey.

En même temps, le capitaine de vaisseau Fournier était désigné pour prendre le commandement supérieur de nos établissements, avec ordre d'occuper solidement Kotonou et Porto-Novo, de concert avec le lieutenant-colonel Terrillon ; de repousser vigoureusement toute attaque et de négocier la paix sur les bases suivantes : restitution des Européens prisonniers, maintien de Kotonou comme possession française, transaction relativement aux douanes perçues par nous à Kotonou, qui pouvaient être remplacées par une allocation annuelle au roi du Dahomey.

Quelques jours après, le lieutenant-colonel Terrillon était frappé d'un accès pernicieux d'insolation qui le mit en danger de mort. Mais bientôt une amélioration sensible et progressive se produisit.

A ce moment encore, des reconnaissances poussées dans différentes directions signalaient la présence de masses ennemies ; Abomey-Calavi, Zobbo, Dogba étaient bombardés ; une partie de l'armée dahoméenne marchait sur Porto-Novo, occupée par une trop faible garnison pour ne pas courir de très sérieux dangers. Le lieutenant-colonel Terrillon, malgré son état de faiblesse, s'y porta avec une poignée d'hommes. Il était accompagné de M. Ballot, résident de France, qui fit preuve, en maintes circonstances, d'un grand courage personnel.

L'action eut lieu le 20 avril, à Atchoupa, village situé à quelques kilomètres au nord de Porto-Novo. La fusillade, dès le début, fut vive du côté des ennemis, mais la supériorité de notre tir jeta l'effroi dans les masses dahoméennes. Aussitôt le carré fut formé, et pendant près de deux heures ce fut un feu continu sur l'ennemi. Celui-ci, avec un complet mépris de la mort, se lança trois fois à l'assaut. Les amazones, comme toujours, furent les plus acharnées. On fut obligé d'en éventrer une pour sauver un caporal blessé auquel elle s'apprêtait à scier le cou. Atteintes ou non, elles se cramponnaient aux jambes des tirailleurs, s'efforçant de les faire tomber pour les poignarder ensuite. On vit bientôt se dessiner chez l'ennemi un mouvement tournant, afin de couper notre retraite.

Nos munitions s'épuisaient ; il fallait protéger Porto-Novo, menacé par un corps de 2,000 hommes, et à cet effet garder une réserve de cartouches pour la route. Le carré se mit donc en marche vers la ville, s'arrêtant de temps à autre pour balayer le terrain de ses feux de salve. Les Dahoméens, furieux de voir avorter leur plan, nous harcelaient sans cesse. Enfin, ils se replièrent, ayant perdu environ 1,500 hommes tués ou blessés, sur les 6,000 guerriers et 2,000 amazones, dont se composait leur armée. Et nous ne comptions, nous, que 300 hommes !

Nos pertes avaient été relativement légères : huit tués et trente-sept blessés, dont 20 guerriers du roi Toffa. M. le résident Ballot avait eu son casque traversé par une balle.

Un chaleureux ordre du jour du colonel Terril-

Le bombardement de [...] Dahomey.

lon rendit l'hommage qui convenait à ce glorieux fait d'armes.

On s'occupa alors de compléter les lignes de défense de Porto-Novo, et d'y construire des forts.

Les troupes dahoméennes s'étaient repliées en ravageant toutes les tribus qu'elles rencontraient sur leur passage ; mais ces villages étaient abandonnés ; aussi, comme il leur fallait des victimes, une expédition composée de quinze cents hommes se dirigea sur Egga. Les Dahoméens suprirent les Egbas et détruisirent la plus grande partie de leurs guerriers. Ils anéantirent plus de 130 villages, se livrèrent à des scènes de carnage épouvantables ; des femmes, des enfants, eurent la tête tranchée ; plusieurs même furent brûlés vifs. Ils s'avancèrent de plus en plus dans l'intérieur, faisant 2,000 prisonniers et en égorgeant plus de la moitié, y compris les femmes et les vieillards.

Ils semblaient avoir renoncé momentanément à lutter contre nous.

Quelques obus tirés autour de Whydah eurent pour effet de montrer à Behanzin que nous étions toujours prêts à combattre ; de décider les autorités de cette ville à envoyer au roi des messagers pour les sauver du bombardement, en même temps qu'elles permettaient au commandant supérieur de s'employer à la conclusion de la paix.

Bientôt (le 3 mai), on apprit l'arrivée à Kotonou des otages, après un voyage qui n'avait pas duré moins de soixante-treize jours, le retour ayant d'ailleurs été effectué dans de bien meilleures conditions que l'aller. Leur mise en liberté avait été hâtée grâce au lieutenant portugais de Whydah, qui savait que le commandant Fournier ferait bombarder la ville si les otages n'étaient pas rendus.

Vers la même époque, le lieutenant-colonel Terrillon fut relevé de son commandement pour cause de santé et remplacé par le lieutenant-colonel Klipfel.

Dans un ordre du jour ému, il fit l'éloge des troupes placées sous ses ordres et rendit hommage aux services rendus par M. Ballot, résident de France, ainsi qu'aux Pères de la Mission, aux sœurs et aux agents des maisons de commerce Mantes frères, Borelli et Régis aîné.

La carrière de M. Ballot, gouverneur-général des établissements français du Bénin, est des plus simples. Ancien sous-officier de marine au Sénégal, il entra, à l'expiration de son congé, dans l'administration coloniale de Saint-Louis, et en

parcourut tous les échelons jusqu'au poste de directeur des affaires politiques. C'est de là qu'il fut envoyé au Bénin, où il était déjà résident lorsque se produisirent les premiers événements de 1890. On vient de voir comment il eut, au combat d'Atchoupa, son casque traversé d'une balle aux côtés du colonel Terrillon. M. Ballot, aimé de tout le monde au Dahomey, l'est surtout du roi Toffa, notre allié ; c'est dire qu'il n'est guère l'ami de Behanzin qui, nous le savons, est loin de porter Toffa dans son cœur.

Ajoutons qu'au cours de la campagne de 1892, dont nous allons tout à l'heure aborder le récit, M. Ballot, qui devait être d'un grand secours au général Dodds, a été élevé à la troisième classe de son grade, en raison de ses signalés services.

Cependant, les messagers, au nombre de 35, envoyés au roi par le commandant Fournier, selon les instructions qu'il avait reçues, avaient été à leur tour retenus comme otages à Abomey. Behanzin cherchait évidemment à gagner du temps pour reformer son armée. Enfin, une détente se produisit, et à la fin de juillet le P. Dorgère qui, dans ses trois mois de captivité, s'était créé des relations avec les autorités dahoméennes, fut chargé de la mission délicate d'aller réclamer à Whydah la mise en liberté des messagers et de tenter d'amener le roi à composition.

Les négociations, laborieuses, n'aboutirent pas, et le P. Dorgère se décida alors à repartir pour Abomey, volontairement cette fois. Il y reçut un fort mauvais accueil d'abord, puis finit par obtenir la liberté des envoyés du commandant Fournier. Les négociations traînant en longueur, celui-ci résolut d'employer un argument décisif : il partit de Kotonou avec la *Naïade* et vint s'embosser devant Wydah, donnant vingt-quatre heures aux Dahoméens pour signer un arrangement, sous peine de bombardement.

L'effet de cette menace fut des plus heureux, car, le 3 octobre, l'arrangement suivant était signé :

« En vue de prévenir les malentendus qui ont amené entre la France et le Dahomey un état d'hostilité préjudiciable aux intérêts des deux pays,

» Nous soussignés,

» A la daka Do-de-dji, messager du roi, assisté de Cussugan, faisant fonctions de yavoghan ; Zizidoque, Zonouboucon, cabécères ; Aïnadou, trésorier de la ogre, désignés par S. M. le roi Behanzin Ahy Djery,

» Et le capitaine de vaisseau de Montesquiou-

Fezensac, commandant le croiseur *le Roland* ; le capitaine d'artillerie Docœur, désignés par le contre-amiral Cavelier de Cuverville (1), commandant en chef les forces de terre et de mer, faisant fonctions de gouverneur dans le golfe de Bénin, agissant au nom du gouvernement français ;

» Avons arrêté, d'un commun accord, l'arrangement suivant, qui laisse intacts tous les traités ou conventions antérieurement conclus entre la France et le Dahomey :

» Article premier. — Le roi de Dahomey s'engage à respecter le protectorat français du royaume de Porto-Novo et à s'abstenir de toute incursion sur les territoires faisant partie de ce protectorat.

» Il reconnaît à la France le droit d'occuper indéfiniment Kotonou.

» Art. 2. — La France exercera son action auprès du roi de Porto-Novo pour qu'aucune cause légitime de plainte ne soit donnée à l'avenir au roi de Dahomey.

» A titre de compensation, pour l'occupation de Kotonou, il sera versé annuellement par la France une somme qui ne pourra, en aucun cas, dépasser 20,000 francs (or ou argent).

» Le blocus sera levé et le présent arrangement entrera en vigueur à compter du jour de l'échange des signatures. Toutefois, cet arrangement ne deviendra définitif qu'après avoir été soumis à la ratification du gouvernement français.

» Fait à Wydah, le 3 octobre 1890.

» (Suivent les signatures). »

Tous les traités et conventions antérieurement conclus entre les deux puissances étaient intacts.

Il ne nous appartient pas d'apprécier ici la valeur de cet arrangement, conforme aux vues constantes du gouvernement durant toute l'expédition, mais qui ne fut, paraît-il, signé qu'à contre-cœur par l'amiral de Cuverville lui-même. Beaucoup de bons esprits pensaient, et parmi eux les chefs de nos forces de terre et de mer dans le golfe de Bénin, que nous avions beau jeu alors d'aller de l'avant, de bénéficier de nos avantages si chèrement conquis, d'engager, avec les effectifs suffisants, une action vigoureuse,

d'occuper Wydah, clé du commerce maritime de tout le royaume ; de réduire au besoin Behanzin en marchant sur Abomey.

Les événements ont malheureusement prouvé depuis, ainsi qu'on le verra dans le chapitre suivant, que ceux qui pensaient ainsi, qui prévoyaient qu'avec un monarque faisant si bon marché des traités, tout serait bientôt à recommencer, que ceux qui pensaient ainsi, disons-nous, étaient absolument dans le vrai.

Il convient de reconnaître, toutefois, qu'antérieurement aux hostilités, nous n'étions possesseurs de Kotonou que nominalement et en vertu de traités que le roi se refusait à exécuter. En fait, les autorités dahoméennes percevaient les droits de douane et faisaient acte d'autorité à ce point que nos négociants étaient l'objet de vexations continuelles. La situation était pleine de périls, augmentés par le protectorat de Porto-Novo, dont le roi de Dahomey ne comprenait ni le sens ni la portée, ne voyant dans le roi Toffa, son cousin (on dit aussi son frère), qu'un ennemi personnel dont il voulait se venger.

Depuis les dernières affaires, nous sommes absolument les maîtres à Kotonou et nous y percevons les droits de douane à notre profit. En stipulant, que nous resterions « définitivement » à Kotonou, nous avons donc obtenu une concession des plus importantes ; les vingt mille francs ont été accordés par la France, non pour l'acquisition de Kotonou, comme on l'a prétendu à tort, mais bien à titre d'indemnité pour la cession des douanes, dont le revenu s'élève à un chiffre beaucoup plus considérable.

La reconnaissance du protectorat de Porto-Novo, dont Kotonou est le port d'embarquement, n'est pas moins importante.

En un mot, tous les droits de la France au Dahomey ont été absolument sauvegardés ; sa bonne renommée de nation loyale et généreuse y a été rétablie.

Nos pertes, dans cette expédition, sur un millier d'hommes engagés, plus 250 auxiliaires du roi Toffa, ont été de 42 officiers ou soldats tués au feu ou morts de leurs blessures. Elle a eu au moins le mérite de jeter un nouvel éclat sur les armes françaises ; elle a prouvé une fois de plus que sur les plages inhospitalières, comme partout où flotte le drapeau tricolore, nos soldats ont toujours pour devise « Amour de la patrie, confiance dans les chefs, abnégation de soi-même pour le devoir ».

Nous aurions dû, nous insistons sur ce point,

<hr>

(1) L'amiral de Cuverville, revenant des Antilles, avait reçu l'ordre de se rendre à Kotonou et d'y poursuivre la conclusion d'un arrangement de « l'incident du Dahomey ».

afin que la leçon nous serve, nous aurions dû agir énergiquement plus tôt.

Les avertissements, certes, n'ont pas manqué. En février 1891, le président de la Chambre de commerce de Marseille adressait à l'amiral Vallon, président de la commission parlementaire chargée d'examiner le traité avec le Dahomey, une lettre des plus importantes. Il est vraiment instructif de fouiller dans les anciens documents, quand des questions telles que celles du Dahomey, depuis longtemps pendantes, se résolvent d'une façon irritante.

« Y a-t-il donc avantage pour la France, disait le président de la Chambre de commerce, à proclamer que le Dahomey est une puissance avec laquelle on traite? Le fort de Widah appartient depuis deux cents ans à la France et la France y renonce. De plus, une nouvelle très grave nous arrive par câblogramme : le roi du Dahomey vient d'établir des droits de douane calqués sur les tarifs de Lagos, très élevés et payables en espèces, tandis qu'auparavant ces droits étaient payés en monnaie locale du Dahomey ; *il va avoir ainsi plusieurs centaines de mille francs en numéraire chaque année, et il emploiera cette somme en achats d'armes perfectionnées.* »

On sait si ces prédictions se sont réalisées.

CHAPITRE HUITIÈME

LA GUERRE DE 1892. — PREMIÈRES OPÉRATIONS

SOMMAIRE : Orgueil de Behanzin. — Sa politique. — Attaque soudaine des Dahoméens près de Porto-Novo (avril). — *La Topaze.* — Officielle déclaration de guerre. — L'armée ennemie. — Ses pillages. — Bombardements. — M. Cavaignac, ministre de la marine est remplacé par M. Burdeau. — Pleins pouvoirs au colonel Dodds. — La bataille de Dogba. — Mort de Faurax. — Lettres de soldats. — Portrait du chef de l'expédition. — Nos soldats tués. — Les bûchers des morts dahoméens. — Leurs fusils. — Leur tir. — Récits de combattants. — Fatigues et périls sans nombre. — La marche en avant. — Escarmouches et embûches.

La première leçon infligée par nos soldats au roi Behanzin lui fut très sensible.

Ce sauvage, que l'amiral Vallon tint sur ses genoux quant il alla à Abomey, sous le règne de son grand-père Glé-Glé, offre un mélange extraordinaire de civilisation et de barbarie, mais la note dominante de son caractère est un orgueil effréné.

Souvent il se faisait traduire notre journal officiel envoyé de la côte, pour se tenir au courant de ce qui se passait en France.

Son amour-propre était flatté lorsqu'il apprenait que, dans une séance de notre Parlement, on avait discuté sur son auguste personne et sur son royaume. Il se livrait alors à une danse effrénée et faisait encadrer le numéro de l'*Officiel.*

M. Bayol qui l'a vu de près, a complété sa physionomie par nous esquissée déjà.

Moins adroit politique que son père, qui resta de longues années sur le trône, le roi Behanzin s'est laissé tromper par deux conseillers vaniteux et incapables malgré leur rouerie : l'un, Acodé, ancien domestique de M. Randad, consul de l'Empire d'Allemagne à Wydah, l'autre, Hendry Dosciovo Kagadou, frère d'une amazone, amie de la favorite, élevé par un pasteur wesleyen, qui lui a inculqué l'amour exclusif de la Grande-Bretagne. Acodé et Kagadou ont fait croire au prince Condô Cha-da-ko, devenu le roi Behanzin, que la France n'existait pas en tant que puissance militaire.

Nos désastres de 1870 ont été exploités par Acodé au bénéfice de l'influence allemande, et Dosciovo Kagadou endoctriné par les ministres anglicans, avait promis à son roi l'appui de l'Angleterre dans le cas d'un conflit avec les Français.

L'homme qui a lutté, désespéré mais courageux, pour repousser la colonne du colonel Doods, aurait mieux fait d'écouter la voix du bon sens et les conseils des vieux chefs, dévoués à son père, qui l'engageaient à s'entendre avec nous. Les féticheurs ont triomphé des anciens du royaume et leurs idées ont fini par convaincre le roi, qui, se croyant invulnérable, à l'abri des forêts épaisses qui entourent comme un rempart le Dahomey proprement dit, n'a pas craint de déchirer le traité inutile, signé par M. l'amiral de Cuverville sur l'ordre du Gouvernement, et de lancer son peuple dans une aventure qui ne pouvait que lui être fatale.

Assis à côté de son tam-tam de guerre, qui est l'emblème de la force, tambour colossal garni de crânes humains, têtes de ses ennemis tombés sous les coups de ses guerriers, coiffé d'un chapeau à larges bords, le buste nu, le cou entouré d'un triple collier de perles, les reins ceints d'un pagne magnifique, emblème de la richesse : Tel est le portrait placé dans ce livre quelques pages plus haut, portrait d'un roi très calme, les yeux doux et fiers, tenant à la main la hache sacrée.

Jusqu'à la fin il a écouté ses guerriers, à la

tête demi-rasée, qui, couverts de sueur pour témoigner de leur zèle, lui apportaient des nouvelles de la colonne française laquelle, victorieuse à Gbédé, à Poguessa, à Sabovi, s'est avancée à travers la forêt conduisant de Kaloupa aux portes de la ville sainte de Kana.

Jusqu'à la fin, il a cru, monarque omnipotent, à ses féticheurs qui lui promettaient la victoire.

Au Dahomey il existait, comme dans beaucoup de pays civilisés, deux partis en présence : les rétrogrades et les libéraux.

Les rétrogrades voulaient l'expulsion des étrangers, la continuation des anciennes coutumes et des sacrifices humains. Ils constituaient ce qu'on peut appeler l'aristocratie militaire et religieuse des féticheurs.

Behanzin appartenait à ce parti, tandis que son grand-père Glé-Glé favorisait manifestement les libéraux, amis des blancs, partisans de la civilisation, de l'instruction et de l'extension commerciale ; ce furent les idées de Behanzin qui triomphèrent et le perdirent, mais nous avons été imprévoyants d'abord, en lui accordant trop d'importance.

Son arrogance s'en est accrue.

Il eût été préférable de ne pas considérer ce roitelet nègre comme le chef d'une nation européenne, et la grande faute a été de conclure avec lui un traité que la Chambre, il est vrai, eut le bon esprit et la prudence de ne pas ratifier.

On a eu l'immense tort de lui octroyer, moyennant des avantages contestables sur les douanes, une sorte de rente de vingt mille francs. Cet argent eut pour lui et pour son peuple le caractère d'un tribut, d'une victoire. Les nègres ont considéré cela comme un aveu d'infériorité, comme une reconnaissance de leur suprématie.

Quand Behanzin vit que nous n'étions pas disposés à profiter de nos succès, que nous traitions d'égal à égal avec lui, que nous lui reconnaissions un tribut, il en conclut qu'il était encore un grand potentat, reprit courage, fit partager sa confiance à ses chefs et entreprit de plus belle son commerce d'esclaves, si fructueux.

Une des causes principales de la dernière guerre au Dahomey a été, en effet, la traite des noirs.

Behanzin qui, d'abord, ne pourvoyait que les Portugais, fut amené en 1891 à conclure des contrats de louage de travailleurs avec l'état libre du Congo et avec le baron de Gravenreuth, représentant la colonie allemande de Cameron.

Pour fournir à ces deux Etats, selon ses promesses, la quantité d'esclaves nécessaire, il razzia le territoire des Ouatchis, dépendant de notre protectorat de Grand-Popo.

Puis, devant la résistance de ces tribus, ennemies séculaires du Dahomey, il viola délibérément le traité de paix avec la France en se jetant sur le pays de Porto-Novo, dans la région du Ouémé.

Il savait trouver là sa marchandise humaine, une population mal gardée, mal armée, incapable de lui résister, à sa merci ! Il y fit bonne râfle d'hommes.

Que si, après la campagne de 1890, après la défaite de Behanzin sous les murs de Kotonou et sa retraite précipitée, on s'était sans coup férir, installé à Wydah, dont le fort appartenait, depuis deux cents ans, à la France, à Wydah, seul point de la côte par lequel le Dahomey peut commercer, s'enrichir par les impôts et les douanes, recevoir des armes et des munitions ; si on eut laissé ce pourvoyeur à Abomey, au milieu de ses chefs qui lui faisaient grise mine, toutes les dernières difficultés, peut-être, eussent été évitées.

C'était alors l'opinion de nos officiers en campagne.

Leur avis ne prévalut point, pas plus que ceux des négociants de Marseille, dont M. Roux reproduisit les avertissements.

Dès lors, l'ère des hostilités ne devait pas être fermée pour longtemps. Le traité prêtant à l'équivoque, Behanzin se persuada que nous continuerions à tolérer sa suprématie sur les noirs. Il pensa que nous fermerions les yeux à condition de conserver la liberté de faire le commerce le long des côtes.

C'est ainsi qu'il s'enhardit d'une façon imprévue, par nous, et au mois d'avril de l'année 1892, on le vit attaquer, comme nous venons de le dire, par surprise, Abarka, Deno, Biko et autres villages situés à peu de distance de Porto-Novo, capitale du roi Toffa, notre allié.

Notre chaloupe canonnière *Topaze*, faisant le service de la lagune de Porto-Novo, fut assaillie par une bande de Dahoméens qui tirèrent sur notre équipage. Il importait de mettre immédiatement un terme à ces inquiétantes incursions de la part du souverain noir, qui se croyait sans doute en mesure de nous chasser de nos possessions. La mission du colonel Dodds fut donc décidée.

A la date du 19 avril, le lieutenant-gouverneur de Porto-Novo, M. Ballot, reçut du roi du Dahomey une lettre dont voici le sens :

« Le roi est informé que le gouvernement français a déclaré la guerre au Dahomey et que les Chambres ont voté plusieurs millions pour commencer les opérations. Il se dit complètement prêt et nous prévient que si nous touchons à ses villes, il détruira Porto-Novo et tous nos autres ports. »

M. Ballot était en même temps informé que de nombreuses troupes de Dahoméens venaient de passer l'Ouémé au gué d'Agony et occupaient la rive gauche à la hauteur de Dogba. En outre, des forces nombreuses étaient concentrées entre Godomey et Abomey-Kalavi.

L'armée dahoméenne était divisée en quatre groupes campés le long du lac Denham, entre Godomey, Avansoly et le village indigène de Kotonou.

Les troupes dahoméennes étaient évaluées à 12,000 hommes, dont 4,000 armés de carabines ou de mousquetons Winchester; elles possédaient six canons-revolvers.

Une importante expédition de renforts sur la côte du Bénin fut la réponse à la première nouvelle des intentions hostiles du roi de Dahomey.

Le blocus des côtes fut aussitôt décidé, et cette mesure immédiatement notifiée à l'Angleterre et à l'Allemagne. Les autres puissances en furent également avisées. Mesure tardive.

Le colonel Dodds fit son entrée à Porto-Novo le 31 mai.

Peu après, Behanzin ayant fait savoir que si on lui rendait deux des siens, tombés entre nos mains, il remettrait immédiatement en liberté les agents de Wydah saisis par lui comme otages, le colonel Dodds, envoya le 12 juin le *Brandon* à Wydah avec les otages dahoméens. L'échange eut lieu le 14, et le même jour le *Brandon* partait pour Kotonou.

Le roi envoya aussi des récadères au colonel pour lui faire part de ses intentions bienveillantes. Mais on ne fut pas dupe de ses déclarations, et les envoyés furent purement et simplement congédiés.

Vers la fin de juin, les communications entre Kotonou et Porto-Novo devinrent dangereuses; déjà même les indigènes avaient fait contre la première de ces villes une démonstration menaçante, et le commandant Riou était allé prendre le commandement de la place défendue par cent tirailleurs.

Une pirogue chargée de la surveillance du chenal de Kotonou avait été attaquée par les Dahoméens.

Le 2 juillet, nouvelle alerte : cinq cents guerriers Dahoméens avaient pillé le village de Gomé situé à huit kilomètres de Porto-Novo et emmené quinze prisonniers indigènes en captivité. On s'attendait à de nouvelles attaques sur les autres villages de la banlieue de Porto-Novo.

Malheureusement, les renforts nécessaires pour venger ces affronts tardaient à arriver, et nos troupes étaient investies à Kotonou et Porto-Novo par un ennemi très supérieur en nombre.

Néanmoins, le colonel Dodds ne voulut pas laisser l'effervescence se développer, et malgré le peu de hauteur des eaux qui mettait un sérieux obstacle à la navigation de la rivière, il remonta le 3 juillet l'Ouémé avec l'*Emeraude* et la *Topaze*, et bombarda les villages Doguela, Zougué et Métro.

Les hotchkiss détruisirent entièrement ces importants villages, situés à environ un kilomètre du fleuve.

Trois canonnières armées de tirailleurs remontèrent la lagune pour protéger les communications entre Porto-Novo et Kotonou.

Un autre détachement fut envoyé au nord de Porto-Novo pour protéger cette ville.

Mais ces mesures n'étaient pas suffisantes.

M. Cavaignac, alors Ministre de la Marine, fut interpellé le 11 juillet à la Chambre. On lui demanda de fournir des explications sur l'emploi des crédits votés, sur le chiffre des renforts envoyés au Dahomey et l'on voulut surtout savoir si le commandement des opérations, aussi bien maritimes que militaires, avait été confié à un seul chef.

Cette dernière question était d'autant plus importante que les prétentions des officiers de marine avaient failli amener un désastre.

Le commandant Fournier avait refusé, en effet, de laisser débarquer ses matelots pour prêter un appui indispensable au gouverneur Bayol et au commandant Terrillon, sous prétexte que les ordres du ministère lui ordonnaient cette conduite.

Il importait de faire cesser cet antagonisme entre les troupes de terre et les troupes de mer. Le Ministre de la Marine ne comprit pas cette nécessité; il dut donner sa démission et fut remplacé par M. Burdeau.

La séance qui coûta son portefeuille à M. Cavaignac n'avait laissé aucun doute sur la volonté de la Chambre. L'opinion unanime s'était prononcée pour une action énergique et décisive contre le roitelet du Dahomey ; elle avait con-

Le colonel Dodds, promu général le 11 novembre 1892.

Le commandant Faurax.

damné toute démonstration inutile et toutes les causes pouvant apporter une indécision ou un retard dans le châtiment mérité par Behanzin.

Il n'était pas possible au gouvernement d'interpréter autrement le vote qui l'obligeait à concentrer toute la conduite et toute la responsabilité des opérations militaires entre les mains du colonel Dodds.

Le nouveau Ministre de la Marine avait donné une première satisfaction aux sentiments de la Chambre en rappelant M. le capitaine de vaisseau Reynier et en attribuant au colonel la plénitude du commandement des forces de terre et de mer.

Ce n'était pas assez. Il convenait de mettre fin au système des tergiversations, de hâter l'envoi des renforts nécessaires, d'organiser sérieusement l'expédition, de manière qu'à partir du 10 septembre, dernier terme fixé pour le rassemblement des troupes, les coups décisifs pussent être portés contre le roi Behanzin.

On s'y employa courageusement au Ministère de la Marine, et l'expédition fut organisée dans les moindres détails.

Le colonel Dodds, à peine débarqué à Kotonou,

commença immédiatement les opérations et résuma ainsi, dans un ordre du jour daté de Porto-Novo, le 16 août, les premiers événements militaires :

« Le roi de Dahomey, par son langage, son attitude et ses actes hostiles, a lassé la patience du gouvernement français.

» Sur son refus de remettre en liberté les habitants du village de Gomé capturés par ses guerriers, le 30 juin dernier, une première leçon vient de lui être donnée.

» Le 9 août, à six heures du matin, la place de Kotonou, les avisos *Héron* et *Ardent*, les canonnières *Opale*, *Topaze* et *Émeraude* ont ouvert le feu simultanément sur les villages de Kotonou indigène et Zobbo ; les villages de Godomey et d'Abomey-Calavi ont ensuite été successivement bombardés.

» En même temps, le *Talisman* couvrait de ses projectiles la ville de Wydah.

» A sept heures du matin, un détachement, placé sous les ordres du commandant Stefani et composé d'un peloton de la 1re compagnie de tirailleurs sénégalais, de la 9e compagnie de tirailleurs sénégalais et de la 1re compagnie de

tirailleurs haoussas, partait de Kotonou et se portait dans la direction de Zobbo.

» A trois kilomètres au sud-est de ce dernier village, nos troupes ont rencontré l'ennemi, qu'elles ont chassé de ses positions après un engagement très vigoureux.

» Les Dahoméens ont tenté de nombreuses contre-attaques, que nos soldats ont repoussées vigoureusement en infligeant à l'ennemi des pertes très sérieuses. Notre détachement a eu deux tués : le sergent européen Gorius, du peloton de la 1re compagnie de tirailleurs sénégalais, le sergent Fili-Aure, de la 1re compagnie de tirailleurs haoussas, et 13 blessés, dont 7 tirailleurs et 6 porteurs.

» Le colonel adresse ses félicitations à tout le détachement pour sa belle conduite et pour la vigueur dont il a fait preuve dans cette circonstance ; il félicite également le commandant des navires réunis dans le golfe du Bénin, ainsi que les commandants des canonnières de la flottille, pour les bonnes dispositions qu'ils ont prises et qui ont puissamment contribué au succès des opérations de la journée du 9 août. »

Au moment où, ayant effectué ses démonstrations sur la côte, il commençait ses opérations militaires dans le Décamey, le colonel Dodds reçut du Ministre de la Marine un télégramme de félicitations et de confiance.

Ces opérations, qui ont abouti à l'évacuation du pays situé au nord de Porto-Novo, ont été faites par une colonne de 1.200 combattants environ, soit neuf cents tirailleurs sénégalais et haoussas et cent cinquante soldats d'infanterie de marine.

Le ravitaillement de cette colonne s'est opéré par Porto-Novo tant que les opérations ont été dirigées contre Takon, Sakété, et Katagon. Mais, dès que nos troupes se sont rapprochées de l'Ouémé, c'est la rivière qui a servi de base de ravitaillement. A cet effet, il a été constitué, tant sur les canonnières *Opale* et *Corail* que sur les pirogues remorquées par les chaloupes à vapeur, un convoi administratif et un parc d'artillerie et du génie flottants.

Le 17 août, une colonne expéditionnaire, forte de 1.200 hommes et de 2,000 porteurs fournis par le roi Toffa, partait pour occuper le pays Décamey et prendre position sur l'Ouémé.

Le colonel Dodds et M. Ballot, gouverneur, l'accompagnaient.

L'objectif était Sakélé, à l'est de l'Ouémé. Cette marche marquait le commencement de l'expédi-

tion proprement dite, les opérations s'étant bornées jusqu'alors à des reconnaissances.

La colonne bombarda Takou et poussa jusqu'à Sakété. Quatre soldats indigènes avaient été tués ; le commandant Riou et le chef d'escadron Lasserre avaient reçu des blessures légères.

Le 24, Kotogon tombait en notre pouvoir, ouvrant à nos troupes la route de l'Ouémé.

La crue du fleuve permit ensuite de remonter jusqu'à Kodé, où le colonel Dodds reçut la soumission d'Azaouissé et des villages du Décamey.

A la date du 6 septembre, l'ennemi avait complètement évacué le royaume de Porto-Novo et était concentré à Allada, où se tenait Behanzin avec son armée.

Le lendemain, nous occupions Fauvié, puis la colonne s'installait à Dogba, sur les bords de l'Ouémé, où le 19, le corps de l'armée dahoméenne qui couvrait Abomey, armée forte de cinq à dix mille hommes, nous attaquait à cinq heures du matin.

Comme toujours, au début de toutes nos guerres coloniales, nous avons été surpris. — Des ennemis innombrables se sont rués à l'improviste sur le campement qui s'éveillait, et le combat s'est engagé à *six mètres des tentes*.

Dogba a été la deuxième édition du combat du 4 mars 1890, à Kotonou. On s'est battu corps à corps ; et, devant les colonnes dahoméennes, sans cesse renouvelées par des troupes fraîches, le général Doods, dans l'intérêt des soldats qui lui étaient confiés, aurait dit-on envisagé un instant l'éventualité de la retraite.

Un intrépide officier d'infanterie de marine, le capitaine Roulland, le cigare aux lèvres, entraîna ses tirailleurs sénégalais, et l'armée française, sous la pluie des balles qui tombaient sur elle sans relâche, culbuta les Dahoméens qui cessèrent enfin le combat !

Du milieu des épais feuillages qui couronnent es palmiers gigantesques des bords du Whémé, des chasseurs dahoméens ajustaient le général Dodds et ses officiers, et, par un hasard providentiel, le chef de l'expédition ne fut pas tué.

Le chef de la colonne dut, comme un simple soldat, faire le coup de feu et, calme, au milieu de cette lutte dont une issue malheureuse aurait gravement engagé sa responsabilité, il vit tomber auprès de lui, le vaillant commandant de la légion étrangère, le chef de bataillon Faurax et eut le sang-froid de faire présenter les armes à ce brave qui expirait pour la Patrie.

Puis, avec sa connaissance profonde des tirailleurs sénégalais, qui l'aiment avec un dévouement aveugle, agacé par les balles, que des hommes dissimulés dans les branches des arbres, dirigeaient sur lui : « Vingt-cinq francs à tous ceux qui feront un prisonnier », s'écria-t-il ; et il est probable qu'il dut employer la langue ouolof, sachant qu'on peut promettre une récompense de cet ordre à un soldat noir, qui est heureux de rapporter à Saint-Louis un petit pécule pour s'acheter des boubous de luxe et payer une pagne de Segou à sa femme qui le suit toujours dans ses étapes périlleuses.

« Pour rien, colonel », répondirent les soldats, et, pour ceux qui connaissent le caractère ouolof, il est certain que le général éprouva une joie profonde, en entendant la réponse de ces gens au cœur simple, dont la vue du pavillon tricolore flottant au milieu de la bataille, élevait le caractère, et leur faisait entrevoir l'idée, le Patriotisme pour lequel on donne sa vie sans marchander.

La surprise de Dogba a failli provoquer une déroute, dit un correspondant de journal, les soldats se battaient de trop près.

On estime à dix mille le nombre des guerriers qui se sont livrés à l'attaque. Le général Dodds ne s'y attendait pas, des émissaires nègres ayant déclaré que l'ennemi se trouvait du côté de Poguessa.

Pour les punir de leurs fausses indications, le général Dodds les a fait passer par les armes.

Le combat de Dogba a été le plus terrible de la campagne.

L'affaire a été menée très brillamment par le chef, qui a donné l'exemple d'un sang-froid et d'une bravoure remarquables.

Les troupes françaises ont été admirables, surtout les légionnaires.

Nous avons eu cinq tués, dont le lieutenant Badaire, de l'infanterie de marine, et onze blessés, dont cinq grièvement.

Le colonel Dodds a continué aussitôt sa marche et franchi l'Ouémé aussitôt qu'il a été rejoint par sa cavalerie.

Plus de mille cadavres dahoméens ont été trouvés jonchant la plaine. Un grand nombre de fusils Winchester, Snyder, Mauser, Remington, Dreysse et même des chassepots ont été ramassés sur le champ de bataille.

Les deuxième et troisième groupes, formés en carrés, ont seuls pris part à l'affaire, le premier groupe étant à quinze kilomètres en avant.

On voit ainsi que la colonne expéditionnaire continuait sa marche vers le nord. C'est au mo-ment où elle quittait Dobga pour se concentrer à Oboa, à quelques kilomètres au nord de Dobga, qu'elle a été attaquée par les Dahoméens.

Les assaillants, commandés par le frère du roi, Géo-Béo, avaient franchi l'Ouémé au gué de Tohoué, c'est-à-dire à 25 kilomètres au nord de Dobga. Ils venaient d'Abomey et comprenaient les contingents que les démonstrations du colonel avaient chassés du Décamey. Ils ont essayé, par une manœuvre assez habile, de rejeter nos troupes dans l'Ouémé en les forçant à leur faire face ayant le fleuve à dos. Ils comptaient réussir, d'autant plus qu'ils savaient, qu'en raison des difficultés que présente le pays, le corps expéditionnaire est obligé de marcher en trois colonnes. La première, formée de Sénégalais, était en avant-garde. Les deux autres comprenaient plus particulièrement les contingents européens et les bagages.

Malgré l'impétuosité de l'attaque et le courage des soldats de Géo-Béo, nos troupes ont pu infliger à leurs adversaires une défaite sanglante. Cela tient à la solidité du noyau d'Européens, composé d'hommes dont l'éloge n'est plus à faire.

Le commandant Faurax, sous les ordres de qui était placé le bataillon de la légion étrangère, était originaire de Lyon.

C'était un vaillant officier qui, engagé volontaire en 1870, avait conquis ses grades sur les champs de bataille, notamment au Tonkin, où il avait fait un très long séjour.

A son retour d'Extrême-Orient, il avait obtenu de passer au 98e de ligne, en garnison à Lyon, afin de se rapprocher de sa famille. Mais, dès qu'il apprit qu'une campagne s'organisait contre le Dahomey, il demanda à y prendre part. Sa demande fut agréée ; il passa alors au 1er régiment de la légion étrangère, à Sidi-Bel-Abbès, et contribua à l'organisation du bataillon formé avec les éléments les meilleurs des régiments de la légion. Il partit avec ses troupes sur le *Mytho*, au commencement du mois d'août, et il n'avait rejoint l'avant-garde du corps expéditionnaire que lors de la concentration des troupes à Kesounou.

Plusieurs lettres émanant d'officiers et de soldats du corps expéditionnaire, publiées par divers journaux, contiennent, sur le combat de Dogba d'intéressants détails. Nous leur emprunterons quelques passages les plus typiques :

« Notre entrée sur le territoire dahoméen, écrit un des combattants, a décidément déplu à Behanzin : il y a des mouchards sous toutes les latitudes, et les gens de Dogba se sont empressés de le prévenir de notre arrivée. Alors, grand conseil au camp des amazones, on jure sur les entrailles d'une poule égorgée sous le troisième quartier de la lune de nous exterminer tous, et Gobbo, le frère du roi, quitte Allada à marches forcées avec plusieurs milliers d'hommes choisis et bien armés pour venir nous surprendre.

» Il a conduit, ma foi, très crânement sa petite opération ; car le 19 au matin, au moment où le réveil venait de sonner, une demi-heure environ avant le lever du soleil, il est arrivé sur notre camp tout à fait à l'improviste.

» Un petit poste d'infanterie de marine a vu tout à coup surgir d'un bois des silhouettes suspectes : Halte-là ! Qui vive !... Pas de réponse, si ce n'est une poursuite de Grenoble, auquel nos cinq ou six marsouins n'ont échappé que par miracle.

» L'alarme était donnée et, après un moment de stupeur bien naturel, tout le monde a vite repris son sang-froid... et il était temps.

» L'ennemi n'était guère à plus de trente mètres des tentes de l'état-major, le poste du colonel lui-même faisait feu avec rage ; et, à quelques pas à peine, sous l'éclair des coups de fusil, on voyait s'agiter une masse confuse d'où partaient, avec des intonations féroces, les cris de : Dahomey ! Dahomey !

» C'était vraiment impressionnant, cette attaque de sauvages dans l'ombre de la nuit ; et avec des troupiers bien moins trempés que l'infanterie de marine, et que nos braves légionnaires, on ne sait pas trop ce qui serait advenu. La moindre défaillance pouvait nous perdre ; fort heureusement, tout le monde a fait son devoir avec sang-froid. Moins de deux minutes après le début de l'attaque, deux compagnies de légion accouraient sur la ligne, et alors le fusil Lebel a fait en grand son œuvre de destruction, transformant en une véritable bouillie humaine la masse hurlante qui se profilait devant nous : en quelques minutes tout était nettoyé jusqu'à la lisière du bois.

» L'ennemi est néanmoins revenu à la charge pendant trois heures, mais ce n'était plus le premier assaut ; le jour pointait déjà, l'infanterie de marine et la légion se portaient en avant ; à neuf heures les débris du corps dahoméen s'enfuyaient en désordre pour ne s'arrêter qu'à Kana-Gomé.

» Nous restions maîtres du champ de bataille, qui offrait un spectacle atroce ; les balles Lebel font des blessures de balles explosives ; on ne peut se faire une idée de leur action désorganisatrice sur le corps humain. Pour tout le monde, ces effets du Lebel sont une révélation ; les arbres les plus gros n'ont même pas pu servir d'abri à nos ennemis, car ils étaient traversés de part en part.

» On va maintenant brûler les morts sur un grand bûcher, il y en a trop pour les enterrer ; les nôtres seuls recevront une sépulture, qui leur est bien due, sur un petit monticule, dans un coin du camp, au bord de l'Ouémé et, demain, nous continuerons la marche vers Abomey. »

» Nous admirons, dit un jeune soldat, le sang-froid du colonel Dodds qui, chaque fois qu'une balle passe à son oreille, dit : « Voilà mon homme », car il est resté une demi-heure servant de cible unique à un Dahoméen, qui, grimpé sur un palmier et caché par les branches, dirigeait tous ses coups sur lui et qui n'a fini que lorsqu'un boulet, dirigé sur le tronc de son palmier, l'a fait sauter au double de sa hauteur et retomber en se broyant les reins. »

. . . .

« Nous avons de la viande à discrétion, pour ainsi dire, un demi-litre de vin par jour, du café ou du thé après chaque repas, une boule de pain frais tous les jours et six centilitres de tafia. Comme vous voyez, si l'on n'attrape pas les fièvres, on n'est pas trop malheureux. »

. . . .

« Le malheureux commandant Faurax, qui commandait notre bataillon, dit à son tour un officier, a reçu une balle dans le ventre ; il était à côté de moi et me causait, lorsque tout à coup il est tombé en arrière, en poussant une exclamation. Je l'ai fait ramener par quatre hommes ; on l'a envoyé immédiatement à Porto-Novo.

» Il y a eu en tout 18 blessés et 4 tués, dont 2 officiers ; du côté des Dahoméens, nous avons trouvé et brûlé 150 cadavres, et nous estimons à 500 le nombre des tués ou blessés.

» La pluie commence à tomber par ondées assez fortes. Il y a eu deux alertes, cette nuit, vers une heure du matin ; on a tiré quelques coups de fusil. Ce matin, vers quatre heures, tout le monde était debout, prêt à recevoir les Dahoméens qui, paraît-il, lorsqu'ils n'ont pas réussi une attaque, recommencent le lendemain ; mais ils ont reçu une telle dégelée hier qu'ils n'ont pas reparu. Nous avons brûlé 274 morts de chez eux et nous avons pris 214 fusils. »

« L'attaque, ajoute un autre narrateur, a eu lieu

à cinq heures et demie du matin ; pas le moindre bruit n'avait signalé la présence des soldats de Behanzin.

A peine le réveil venait de sonner que nos troupes virent surgir à quelques pas d'elles les premiers agresseurs.

Du haut des palmiers où ils se hissent à l'aide de longues cordes, les Dahoméens tiraient sur le camp et particulièrement sur les tentes des officiers, ce qui explique la forte proportion d'officiers mis hors de combat. Les effets de ce feu plongeant sont les plus sûrs et les plus meurtriers du tir des Dahoméens, car c'est le seul tir qu'ils fassent au visé. Le reste du temps, ils font le coup de feu en appuyant la crosse du fusil sur la cuisse. Dans cette position, la plupart des balles passent au-dessus de la tête de nos soldats.

Nous avons pu nous rendre compte des résultats de ce feu plongeant en voyant un soldat de la légion étrangère dont le casque en liège a été traversé du haut en bas par une balle qui, en rebondissant en frappant le sol, l'a atteint assez profondément à la cuisse.

Quant aux effets de nos fusils dont on a tant parlé, ils sont terribles. Les balles parcourent les chairs en vrille et font en sortant des ravages considérables.

On a trouvé dans la brousse d'énormes arbres traversés de part en part et d'autres, littéralement sapés ; et, derrière, des piles de cadavres de Dahoméens qui tombaient comme des capucins de cartes.

Ainsi qu'on l'a télégraphié, les cadavres de l'ennemi sont brûlés. A Dogma, on a élevé un bûcher, composé de près de 300 cadavres, qui furent enduits de pétrole et détruits par le feu.

Un seul des nôtres est tombé entre les mains des Dahoméens, c'était un maréchal des logis des spahis qui s'était dès le début de la campagne, distingué par son audace et qui est mort victime de sa témérité.

Pendant le combat de Dogba, s'étant aventuré au milieu d'un groupe de Dahoméens, il fut pris, et les amazones lui firent subir d'horribles mutilations.

Par représailles, on a fusillé des prisonniers dahoméens. Parmi ces derniers se trouvaient deux amazones qui, après un court interrogatoire, ont subi le sort commun.

Ce sont surtout les amazones qui font preuve d'un courage et d'une audace incroyables.

Les attaques ont toujours lieu à quelques mètres de nos troupes ; les Dahoméens parviennent à se glisser dans la brousse où ils se tracent un chemin à l'aide de leurs coupe-cous.

Il est à peu près certain que l'ennemi est commandé par un grand nombre d'Européens. On assure que parmi eux se trouvent des déserteurs anglais de Sierra-Leone, des Portugais de Wydah et des Allemands de Togoland.

Une des amazones prisonnières aurait déclaré que les cinq principaux chefs de l'armée de Behanzin étaient des Allemands.

L'entrain des troupes du colonel Dodds est merveilleux. Le colonel est adoré de ses soldats, qui admirent sa bravoure et reconnaissent sa sollicitude.

Les soldats qui reviennent sont très satisfaits de l'alimentation de la colonne où ils ont été traités comme à la caserne avec du vin, du tafia, et, ce qu'ils appréciaient le plus, du pain tous les jours.

Le rôle de la cavalerie de la colonne est à peu près nul, par suite de l'épaisseur de la brousse et du terrain marécageux. L'humidité du sol oblige nos soldats à coucher sur des hamacs suspendus à des piquets fichés en terre.

Malgré ces précautions, la fièvre fait de grands ravages et les malades sont nombreux.

On raconte que, à plusieurs reprises, le colonel Dodds a fait feu comme un simple soldat.

Un nouvel ordre du jour du colonel Dodds, mentionna en ces termes le combat de Dogba :

« Le 19 septembre 1892, à cinq heures du matin, les troupes bivouaquées à Dogba et comprenant les deuxième et troisième groupes, l'infanterie de marine, l'artillerie du premier groupe, la section du génie, ont été attaquées par un parti nombreux de Dahoméens armés de fusils à tir rapide et fort de plus de 4,000 hommes.

» L'ennemi est arrivé au contact de nos lignes, qu'il n'a pu entamer, malgré plusieurs retours offensifs conduits avec la plus grande bravoure.

» Après quatre heures de combat, il a abandonné définitivement la lutte, poursuivi par nos feux de salve et laissant le terrain jonché de ses morts. De notre côté, nous avons eu 4 tués, dont M. le sous-lieutenant Badaire, de l'infanterie de marine, et 11 blessés, dont un à mort M. le commandant Faurax.

« Le colonel commandant le corps expéditionnaire du Dahomey a constaté, avec une légitime fierté, que toutes les troupes présentes à Dogba sous ses ordres ont résisté à cette attaque inopinée avec un calme et un sang-froid remarquables ; il leur adresse, au nom de la France, toutes ses félicitations.

« Les Dahoméens viennent d'éprouver une défaite inoubliable et qui pèsera certainement d'un grand poids sur l'issue de la campagne.

Au quartier général de Dogba, le 19 septembre 1892.

« *Le colonel commandant supérieur*
des établissements français du Bénin,

Dodds. »

Quelques détails encore sur cette première bataille si importante ; ils ont été fournis par un des combattants légèrement blessé et rentré aussitôt en France ; ce n'est qu'avec ces témoignages qu'il est possible d'écrire l'histoire :

— « Je suis arrivé le 17 septembre à Dogba, où j'ai été aussitôt incorporé dans la colonne.

» Deux jours après, c'est-à-dire le 19, nous étions attaqués par 5,000 Dahoméens. Bien que le colonel Dodds n'eût, lui, que 3,000 hommes à sa disposition, il n'a pas eu de mal à repousser l'ennemi. Il est vrai que cela lui a coûté cher. Nous avons eu parmi les morts : le commandant Faurax, de la légion étrangère ; le lieutenant Badaire et le sergent Mauduit, de l'infanterie de marine.

» Je n'étais pas à dix pas du commandant quand une balle a frappé ce sergent.

» Il a tourné trois fois sur lui-même. Il a dit : *Touche.* Un capitaine s'est élancé vers lui : « Oh ! laissez-moi tranquille, a-t-il fait, je suis f..... » Et il est tombé mort.

» Dès que l'ennemi a été repoussé, le colone Dodds a donné l'ordre de creuser sur le champ de bataille trois fosses. Pendant ce temps, on entourait de longues feuilles de bananiers et de palmiers les trois corps qui avaient ainsi l'air d'immenses cigares. Cela fait, on les a mis en terre. Aucune croix ne distingue les tombes. Bien au contraire, elles ont été assez dissimulées pour que les Dahoméens ne puissent profaner les corps. Nous avons foulé le sol qui a été ensuite recouvert de gazon. On ne saurait certainement plus, aujourd'hui, montrer la place où ont été creusées les fosses.

» Depuis, d'ailleurs, le colonel a fait construire, à l'endroit présumé, un fort qu'il a appelé le fort Faurax et dont les deux bastions ont été baptisés le bastion Badaire et le bastion Mauduit.

» Dans l'engagement de Dogba, 500 Dahoméens sont restés sur le terrain. Nous avons ramassé 400 fusils dont la moitié étaient des chassepots

pris par les Allemands en 1870. Le colonel a fait préparer un bûcher de branches sèches sur lequel on a apporté, en les traînant par les pieds, les 500 corps. On les a aspergés de pétrole et on y a mis le feu. Le colonel procède toujours de la sorte, et parce qu'il serait trop long d'enterrer 500 corps, et parce qu'il ne veut pas, en les laissant se décomposer sur le champ de bataille, créer des foyers pestilentiels.

» Vous savez ce que nous appelons les porteurs. Ce sont les sujets du roi Toffa. Il est très dévoué à la France, mais il n'a point de soldats. Alors il nous aide — et même puissamment — en nous fournissant des hommes qui font toutes les besognes matérielles. Si vous les aviez vus traîner les Dahoméens par les pieds ! Il faut vous dire que la peau des nègres, dès qu'ils sont morts, se décolore. Elle se pèle, s'écaille, tombe de telle sorte que, type à part, on les prendrait pour des blancs.

» Ah ! je dois reconnaître que le Dahoméen se bat bien. On ne saurait même être plus courageux que lui. Seulement, comme mes camarades vous l'ont dit sur le *Tibet*, il tire mal, toujours trop haut. »

On a vu en quels termes éloquents le commandant en chef a rendu justice aux qualités des troupes placées sous ses ordres.

C'est qu'en effet, ces troupes sont excellentes, les corps européens surtout.

Les Alsaciens-Lorrains de la légion étrangère sont les plus vaillants soldats du monde ; l'infanterie de marine, presque exclusivement composée de volontaires, ne leur cède en rien comme qualité de résistance ; les volontaires des corps spéciaux artillerie et génie, sont des hommes d'élite. Quant aux troupes indigènes, elles valent ce qu'elles valent. On les a beaucoup trop vantées pour qu'on puisse discuter à l'heure qu'il est leurs qualités. Seulement, il est évident qu'elles valent moins que les troupes françaises : elles n'ont point les mêmes intérêts que ces dernières ; elles sont d'un sang analogue et même identique à celui de l'ennemi qu'elles combattent ; on est forcé de les faire commander par des officiers français, circonstance qui leur enlève de la cohésion, tout en assurant l'unité du service.

Le moment est venu, croyons-nous, de faire connaître aux lecteurs le colonel Doods, que nous avons vu, au chapitre précédent, suivre attentivement, de son poste du Sénégal, les diverses opérations conduites, en 1890, par le colonel Terrillon et procéder aux envois de troupes.

Nous ne pouvons mieux faire, pour cela, que de reproduire l'intéressant portrait qu'en a tracé M. le colonel Ortus, qui fut à Saint-Cyr l'ancien du colonel Dodds, son camarade au 4ᵉ regiment d'infanterie de marine, son compagnon d'armes dans la guerre de 1870-1871, son collègue enfin comme chef de bataillon à Lorient en 1880 et aux tirailleurs sénégalais en 1881.

Mon ami et camarade Dodds, dit-il, est d'une taille supérieure à la moyenne ; il est d'un complexion sèche, mais nerveuse. Son teint brun-foncé décèle son origine coloniale. Jamais, à voir sa moustache à peine grisonnante, et ses cheveux touffus, on ne lui donnerait les cinquante années que son acte de naissance accuse. Mais à consulter ses états de service, on aurait peine à croire qu'en l'espace de trente années de carrière, un officier a pu accumuler tant de campagnes et tant de succès.

Dodds est né en 1842, à Saint-Louis-du-Sénégal, fils d'une des familles les plus anciennes et les plus estimées de la colonie. À vingt ans, il entra à Saint-Cyr. Au bout de cinq ans de campagnes aux tirailleurs sénégalais, il avait gagné ses trois galons, et, un an après, dans la campagne de l'Est en 1870, sa brillante conduite lui valait la croix de la Légion d'honneur. Après la guerre, attaché à l'état-major du général Dupré, gouverneur de la Cochinchine, il en revint en 1876 avec le grade de chef de bataillon ; en 1880, il fut choisi pour diriger à Cherbourg l'école des sous-officiers de l'infanterie de marine.

Appelé de nouveau en 1881 au service colonial, il fut atteint, au Sénégal, par la terrible épidémie de fièvre jaune qui fit périr dans son bataillon 14 officiers sur 17, et 112 sous-officiers, caporaux et clairons européens. Sa robuste constitution et les soins de sa famille le sauvèrent.

Alors le commandant Dodds accomplit une prouesse digne de rester dans nos annales militaires, et qui eût suffi, sans la guerre du Dahomey, à illustrer son nom.

Le damel du Cayor croyait tous les soldats blancs morts de la fièvre jaune. Il jugea que le temps était venu de jeter à la mer les négociants de Saint-Louis, Il attaqua la colonie sénégalaise.

Les troupes sénégalaises étaient bien réduites par l'épidémie. Cependant, Dodds, à la tête d'une poignée de soldats blancs et de ses tirailleurs indigènes, repoussa l'attaque ; mais, non content de battre le damel, comme avaient fait ses prédécesseurs, il résolut de le poursuivre, de dissiper ses bandes, tâche peu aisée.

Sa connaissance profonde des dialectes sénégalais lui permit de contrôler ses interprètes et de recevoir directement d'un prisonnier les renseignements les plus précieux sur les mouvements de l'ennemi.

Le damel, harcelé, n'avait plus avec lui qu'une poignée de fidèles lorsqu'il franchit la frontière de la Sénégambie anglaise.

La croix d'officier et le grade de lieutenant-colonel récompensèrent cet exploit de premier ordre.

C'est à peine si Dodds prit en France deux ans de repos. Au commencement de 1886, il fut envoyé au Tonkin, où on le chargea des opérations contre la position retranchée de Ba-Dinh, imprenable de vive force. Le colonel procéda à un siège régulier, à un bombardement de plusieurs jours avec des pièces de 95 mill. La place tomba en son pouvoir.

En septembre 1887, il recevait les cinq galons d'or, gagnés au champ d'honneur, et le commandement du 4ᵉ régiment à Toulon. Allait-il enfin se reposer ?

Il n'était pas en France depuis onze mois, qu'il fut appelé par son tour de départ colonial au commandement supérieur des troupes sénégalaises. Il guerroya pendant deux ans, et alors, ce qui ne s'était jamais vu, il demanda à rester à son poste et à doubler son temps de colonie !

En effet, il était occupé à la poursuite d'un des plus terribles ennemis de la France, dans le Fouta, le terrible Abdou-Boubakar, qui, souvent battu, jamais soumis, luttait contre nous depuis vingt ans. Abdou-Boubakar fut réduit à l'impuissance.

Après ces quatre ans de bataille, le colonel Dodds fut investi, par la confiance du Ministre de la Marine, du commandement en chef de l'expédition dahoméenne.

Il était incontestablement le plus digne de cette haute et difficile mission. Sa profonde connaissance des procédés et de la tactique de l'ennemi qu'il avait à combattre, la confiance absolue qu'il inspire aux tirailleurs sénégalais, tout justifiait le choix « hors tour » du Ministre.

La reconnaissance nationale le désigne aux étoiles de général de brigade. A l'ancienneté, le colonel Dodds est classé au deuxième rang. Le premier est occupé par le colonel Pernot, qui fut lui-même l'objet d'un tour hors choix lors de l'affaire de Hué.

Le colonel Dodds, depuis hier le général Dodds, compte autant de campagnes, toujours victorieuses, que d'années de services.

Sur l'Ouémé : *L'Émeraude* (canonnière). — *La Topaze* (canonnière à [bord de laquel]le se trouvent le colonel Dodds et le capitaine Marmet).

Ajoutons que le colonel Dodds a réglé la vie des troupes qui lui étaient confiées avec les plus grands soins ; il s'est arrangé pour que rien ne manquât à la colonne expéditionnaire et pour que toutes les mesures hygiéniques fussent rigoureusement observées.

En se levant, après avoir fait sa toilette, le soldat boit d'abord un quart de quinquina ; puis on fait le café. Jamais les troupiers ne se mettent en marche sans avoir fait ce réconfortant déjeuner.

Les autres repas ont lieu à dix heures un quart du matin et à cinq heures du soir.

Le soldat en marche est vêtu de flanelle blanche et coiffé du salako à grande visière ; il ne porte que ses armes et ses cartouches. Le colonel Dodds ne veut pas fatiguer ses hommes par un poids inutile, et il ne leur fait porter que les choses indispensables.

Chaque matin, les munitions de chaque soldat sont examinées ; l'approvisionnement est de 150 cartouches par chaque homme, 100 cartouches aux cartouchières du ceinturon, moitié à gauche moitié à droite, et 50 dans la cartouchière que chacun porte sur le dos. Les hommes ne portent pas de havre-sacs, dont le soin est confié à des porteurs nègres qui sont au nombre de plus de 3,000 et qui marchent à l'arrière-garde avec les cantines et les ambulances. Ces porteurs sont placés sous la surveillance d'un détachement de spahis sénégalais.

On sait que le colonel Dodds disposait de 3,400 hommes, composés pour la plus grande moitié de soldats indigènes.

Aussi, dans les premiers combats, le commandant a été forcé de prodiguer ses troupes françaises : on l'a vu par la liste des officiers tués ou blessés. De plus, le nombre de ces officiers démontre que les efforts ont été considérables et laborieux et ont affaibli le petit corps d'armée.

Après Dogba, les troupes se concentrèrent à Zénou, sur l'Ouémé.

La difficulté d'avancer rapidement n'est pas mince à travers cette nature luxuriante.

M. Jean Bayol, qui connaît bien le pays, écrivait dernièrement :

Les bords de l'Ouémé, où la colonne a débarqué, bien que relativement élevés à la hauteur du gué de Tohoué, restent marécageux.

Les hautes herbes, les joncs, les palmiers, la commeline équinoxiale, le souchet à fleurs distantes (*Cyperus distans*), dont les nègres retirent les fibres pour en faire des cordes, le rotang à fleurs secondaires, arbuste de la famille des palmiers, occupent un espace assez étendu avant d'arriver à la forêt proprement dite.

Et, quel coup d'œil admirable présentent ces forêts équatoriales, composées d'arbres de première grandeur ! Ici, des cailcédrats gigantesques dont le bois fournit un acajou incomparable. Là, des benteniers au tronc hérissé d'épines, mais qui, facile à creuser, donne des canots aux indigènes ; des rôniers couverts, à leurs sommets, d'un chapiteau verdoyant, des palmiers à huile portant à cette époque leurs régimes dorés, et, courant d'un arbre à l'autre, des lianes folles, des fougères immenses, des orchidées magnifiques et des champignons bizarres poussant sur les arbres couverts de mousse et venant compléter la richesse de cette végétation tropicale.

C'est ce que l'on appelle la brousse, en Afrique, c'est-à-dire un fouillis inextricable où les grands arbres, les fougères et les herbes les plus humbles se battent dans une lutte éternelle pour se faire une place au soleil d'où rayonne la vie !

Un sentier à peine tracé, large d'un mètre à peine, court à travers les arbres, et les sapeurs d'avant-garde, aidés des tirailleurs armés de sabres d'abattis, ouvrent un passage à la colonne française en marche vers Abomey.

Tantôt un bentenier, barrant la route, scié préalablement à la base, est abattu au moyen d'une amarre placée en haut du tronc, et que des hommes vigoureux tirent de toutes leurs forces ; tantôt des auxiliaires coupent les branches d'arbres qui pourraient embarrasser le passage, ou bien les détournent et les disposent de telle sorte qu'elles ne puissent incommoder ou blesser nos soldats.

On comprend les difficultés d'une marche pareille et combien les hommes doivent être heureux lorsqu'ils arrivent à l'étape, où, dans un terrain aussi découvert que possible, le camp puisse être rapidement installé.

La colonne s'arrête alors et, suivant la tactique romaine, dispose son camp en se faisant une ceinture de remparts. Ceux-ci ne se composent pas de palissades et de terre remuée et relevée en parapets. Ils sont obtenus à l'aide des ballots du convoi, qui forment, par leur entassement, un obstacle suffisant pour servir de couverts à nos tirailleurs. Les angles du carré sont, on le comprend facilement, les points faibles. Il serait difficile de faire converger en avant de ces angles une partie suffisante des projectiles envoyés par l'infanterie.

Alors, pour renforcer ces quatre points d'attaque, le colonel a fait disposer à chacun d'eux une section d'artillerie, c'est-à-dire deux pièces de canon. Celles-ci pourront, au moment opportun, couvrir de mitraille tout le secteur placé devant elles, et ainsi, soit par l'infanterie, soit par l'artillerie, le périmètre en avant de nos parapets se trouve parfaitement défendu. Au centre de cette enceinte, si primitivement fortifiée, se dresse la tente du colonel Dodds. Celle du chef d'état-major est auprès. Les troupes sont disposées au bivouac en colonnes de compagnies et chaque fraction a formé les faisceaux. Les compagnies de garde sont en arrière de chacune des faces du carré et des patrouilles, les unes d'infanterie, les autres de cavalerie, explorent le terrain à l'extérieur du campement. Les corvées d'eau sortent sous la protection de détachements armés. Les cuisines s'installent et les distributions de vivres et de fourrages se font sur l'ordre du commandant. Les médecins donnent leurs soins aux hommes fatigués par la dernière étape, pansant les plaies que chacun connaît s'il a fait de longues routes soit à pied, soit à cheval.

La fin de la journée est consacrée à ces mille menus détails dont chacun a pourtant une importance extrême, et, bientôt, sous la protection de ses sentinelles et la nuit venant, toute la colonne sera plongée dans un profond sommeil.

Seul le colonel et son état-major, réunissant tous les renseignements de la journée, préparent les ordres pour le lendemain.

Le colonel Dodds, qui n'en est pas à faire ses preuves en matière d'expérience des expéditions coloniales, n'a pas manqué, comme les gens du métier pouvaient s'y attendre, à se conformer aux renseignements de l'histoire militaire et aux principes puisés dans sa carrière personnelle. Aussi sommes-nous amenés à nous représenter le convoi comme le noyau de la formation de marche. Sans lui on ne pourrait rien faire ; c'est à lui qu'on demande les munitions pour les canons, les fusils et les revolvers, la nourriture des hommes et des animaux, les objets de pansement pour les blessés, les vêtements, les chaussures, les harnais de rechange, enfin c'est le magasin général, sans lequel il faudrait renoncer à

tout espoir de progresser à travers un pays sans ressources. A lui alors toute la protection dont on peut le couvrir. Les sacrifices qu'on lui fait sont un bon placement et les chefs qui l'ont parfois négligé ont mis leurs troupes et eux-mêmes dans des situations critiques que nous ne voulons pas rappeler ici.

C'est donc au milieu des combattants que se trouvent les trois mille porteurs de la colonne expéditionnaire. Il ne faut pas oublier que certains de ces porteurs ont quatre pattes, ce sont les mulets, les *ministres*, comme disent nos troupiers.

En tête de la colonne, à la recherche de l'ennemi, se trouve un détachement de cavaliers : ce sont des spahis sénégalais. Ces éclaireurs sont sous les yeux de l'avant-garde. Ils seront les premiers à signaler les indices intéressants, mais seuls ils seraient insuffisants. Il faut aussi faciliter dans cette région de marais, de roseaux, de hautes herbes, la marche des troupes plus pesantes qui les suivent.

Ce second rôle est dévolu aux soldats du génie. Les sapeurs sont donc là aussi, en tête, travaillant à rendre le terrain accessible et remplissant avec leur dévouement habituel leur tâche ingrate et pénible.

Les éclaireurs sont suivis par le colonel Dodds et le lieutenant-colonel Grégoire, commandant des troupes, qui s'est merveilleusement battu au combat de Poguessa.

Le colonel et son lieutenant sont là, courageusement dans leurs traces, pour être avertis les premiers et donner rapidement les ordres qu'exigent les circonstances.

Derrière le colonel se trouve l'avant-garde, prête à se déployer et à ouvrir le feu à tout instant. Plus loin, la colonne proprement dite, une portion de l'infanterie avec les deux tiers de l'artillerie, deux batteries de 80 $^{m/m}$.

Ensuite vient le convoi, et derrière lui se trouve encore de l'infanterie avec le reste des canons, une troisième batterie de 80 $^{m/m}$. Sur chaque flanc, des fantassins appartenant, comme les premiers, à l'infanterie de marine, à la légion étrangère et aux tirailleurs sénégalais. La cavalerie est répartie entre tous ces groupes et quelques-uns de ses détachements explorent, grâce à cette disposition générale, toute une zone aux abords de la colonne expéditionnaire.

Les approches étant ainsi surveillées, les troupes se trouvent à l'abri de toute surprise et peuvent engager le combat vers un point quelconque des quatre points cardinaux en présentant tout d'abord une portion importante de l'effectif total.

Aussi, depuis le début des opérations, n'avons-nous eu à subir aucune surprise.

La marche en avant du colonel Dodds n'a subi d'autres arrêts que ceux des combats et des repos bien gagnés. Le colonel avança méthodiquement, avec sang-froid.

Dans de telles conditions, en présence de pareilles difficultés, on conçoit que les nouvelles des opérations tardèrent parfois à arriver aussi vite que le souhaitait notre patriotique impatience.

Continuant sa marche en avant, le 1er octobre, le colonel Dodds envoyait les canonnières *Opale* et *Corail* en reconnaissance près de Tohoué. En revenant de cette reconnaissance, les canonnières furent assaillies par une grêle de boulets et une fusillade terrible. Les canonnières, qui avaient à bord chacune une section de la légion étrangère, ripostèrent vivement : les légionnaires ouvrirent un feu nourri qu'appuyaient les salves des canons à tir rapide. L'*Opale* et le *Corail* ont été littéralement criblés de balles.

Les Dahoméens embusqués sur les deux rives ne cessaient de les accabler de projectiles de toutes sortes. Les marins et les légionnaires continuèrent de riposter avec sang-froid et précision. Plusieurs furent blessés; mais ils refusèrent néanmoins de descendre dans l'entrepont et continuèrent à tirer. Enfin, après une heure de combat, les Dahoméens abandonnèrent les berges, perdant un grand nombre d'hommes. Au bruit de la canonnade, la colonne accourut, mais né trouva sur les positions abandonnées que des traces de sang.

Le 2, la colonne franchit l'Ouémé et arriva à Gbédé, sur la rive droite, à quatre kilomètres au sud-est de Poguessa.

Une reconnaissance de spahis reconnut les défenses formidables des Dahoméens. Le colonel Dodds, après avoir pris toutes les précautions nécessaires pour éviter une surprise, laissa reposer ses troupes.

Le 4, la colonne se met en marche. Les troupes, habituées à être attaquées vers cinq heures du matin, commencent à désespérer de rencontrer l'ennemi. Enfin, à huit heures, les Dahoméens sont signalés; ils ouvrent le feu avec dix pièces de canon. Notre artillerie riposte, et nos obus, bien dirigés, tuent une bonne partie des servants dahoméens, qui, après des efforts inouïs, parviennent cependant à mettre leurs pièces à l'abri.

Pendant cette manœuvre, Behanzin, qui commande en personne, fait charger nos carrés par les amazones et par ses meilleures troupes. Plus de 10,000 guerriers tombent sur les Français qui ne bronchent pas : on dirait un véritable mur d'acier. Les guerriers et les amazones chargent furieusement et se font tuer à 10 mètres. Ni nos canons, ni la mitraille, ni les feux de salve des Lebel et des Gras ne les arrêtent. Il faut le courage et le sang-froid de nos soldats pour soutenir un pareil choc. Les officiers ont beaucoup de peine à les retenir : tous veulent charger à la baïonnette cette avalanche de Dahoméens. Ces derniers font trois charges terribles sur nos hommes. A la dernière, nos soldats avancent quand même, et, après trois heures de lutte acharnée, Behanzin donne le signal de la retraite, qui s'effectue dans un désordre indescriptible.

L'armée dahoméenne abandonne plus de 2,000 combattants sur le champ de bataille.

Le 5, la colonne continue sa marche en avant et arrive le soir à un affluent du Zin, entre Poguessa et Devonta. Pour franchir la rivière, le génie fit hâtivement un pont assez large pour permettre à la colonne de passer sur l'autre rive.

Pendant l'opération, les Dahoméens accoururent, cherchant à empêcher la construction du pont, que le génie put cependant achever, grâce au puissant concours de l'artillerie et au feu nourri de l'infanterie.

Le 6, le colonel Dodds donne l'ordre au premier groupe de franchir le pont. C'est au chef de l'état-major, le commandant Gonard, qu'est dévolu l'honneur d'exécuter ce mouvement. Sous une pluie de balles, les Français passent intrépidemment et chargent furieusement ; les Dahoméens reculent et se réfugient dans un fort construit près du pont.

Nos soldats, sans hésiter, s'élancent à l'assaut et, toujours à la baïonnette, enlèvent la position.

Ici encore, les Dahoméens sont fortement éprouvés. Pendant l'attaque, un légionnaire pris par les Dahoméens allait être ficelé et emmené à Behanzin, lorsque ses camarades le dégagèrent. Le malheureux, se voyant délivré, était comme fou. Après ce nouveau fait d'armes, la colonne à campé sur la grande route de guerre d'Abomey à Poguessa. On ne peut trouver d'adversaires plus braves, d'autant plus courageux qu'ils mêlent à leur bravoure un désespoir et un fanatisme dont on ne peut se faire une idée.

Aussitôt après notre première victoire de Dogba, qui nous a coûté plusieurs blessés, le colonel a fait marcher en avant. Nous avons remonté le fleuve d'Ouémé sur sa rive gauche.

Pendant que nous avancions, s'avançaient à côté de nous, sur le fleuve, nos deux canonnières, l'*Opale* et le *Corail*, que suivaient trois chalands et beaucoup de pirogues. Je ne peux pas vous décrire l'étonnement que m'ont fait éprouver ces pirogues que le colonel s'est procurées dans le pays, soit en les achetant, soit en s'en emparant. Elles se composent uniquement d'un creux d'arbre. Mais, jugez par ce fait de la végétation du pays : un seul tronc d'arbre suffit à transporter soixante personnes à la fois.

Depuis que je suis à Paris, ajoute le témoin que nous citons, je n'entends parler que de la bravoure du colonel Dodds. On ne dit pas assez. C'est du génie qu'il a ; entre deux combats, il veille à tout, même aux plus petits détails.

Sans cesse, les canonnières sont en mouvement. Elles nous précèdent en éclaireurs. Elles nous servent de boucliers quand l'ennemi apparaît sur la rive droite et pour ainsi dire de forts d'appui tirant au-dessus de nos têtes, quand les Dahoméens essaient de nous prendre de flanc sur la rive où nous sommes. A certains moments, elles nous encadrent pendant que les chalands transportent les blessés à Porto-Novo et reviennent chargés de provisions.

— Vous n'avez jamais manqué de rien ?

— Tant que nous avons été sur la rive gauche de l'Ouémé, non Le colonel veillait lui-même à ce que nous eussions par jour deux rations de vin. Aussitôt après la petite victoire de Dogba, nous nous sommes remis en marche.

Le 25 septembre, si je ne me trompe, nous étions à Avangitomi, qu'on appelle aussi Zonou. Là, nous ne nous sommes point battus, mais nous avons fait prisonnier un Dahoméen qui était en observation. Le colonel l'a interrogé, mais le pauvre diable n'a voulu donner aucun renseignement, aucune indication d'aucune sorte. Pour ne pas nous en embarrasser, nous l'avons passé par les armes. Il faut, d'ailleurs, dire que les Dahoméens poussent le mépris de la mort à un point inouï. Les menaces n'ont pas prise sur eux. Nous ne pouvons leur arracher d'autres mots que ceux-ci : « Tuez-nous ! » Ils meurent très bien.

A une date que je ne saurais préciser, parce qu'un soldat en campagne perd la notion du temps, nous sommes arrivés à Gbédé où cela a été chaud.

Plusieurs fois par jour, nous avons eu des engagements. Nous avons traversé l'Ouémé sur des chalands pendant que les canonnières nous protégeaient à droite et à gauche.

C'est à partir de cette traversée que la besogne du colonel Dodds a redoublé. Il fallait faire arriver par terre sur la rive droite les provisions qui d'abord nous arrivaient directement par le fleuve.

Plus d'une fois les convois ont été en retard. Plus d'une fois nous avons dû nous serrer le ventre, mais le colonel était au milieu de nous, subissant nos privations, nous encourageant par les paroles et par l'exemple. On se serrait le ventre et on supportait la soif. Cela était dur, par exemple, mais qu'importe ! Quand on est devant l'ennemi, ce n'est pas pour s'amuser. On se distrayait en abattant des Dahoméens; mais ils semblent renaître. Vous ne vous doutez pas de leur nombre. On ramasse, on brûle des centaines, des milliers de cadavres, et on a toujours devant soi le même nombre de soldats.

A Tohué, le 28 septembre — vous voyez comme les engagements sont proches ! — nous avons eu une alerte terrible. Les Dahoméens, comme des trombes, se sont élancés vers les canonnières sur les deux rives à la fois. Ils courent si vite que c'est à peine si on les voit venir, enveloppés de poussière et de fumée, car ils tirent en courant. A droite et à gauche, ils se sont arrêtés à quinze mètres du fleuve où ils se sont tenus jusqu'à ce que notre feu fût devenu insoutenable.

Nous avons eu 1 légionnaire tué et 19 blessés, dont le sergent-fourrier du *Corail*. Notre tuyau de vapeur a été littéralement percé. On l'a réparé à la hâte.

Nous avons campé sur la rive gauche.

Le 2 octobre, des spahis sont partis en reconnaissance et ont été attaqués. Un d'eux a disparu avec ses armes et son cheval...

Deux jours après, nous tombons à une demi-lieue de là sur le camp de guerre des armées régulières de Behanzin. C'est peut-être le plus beau fait d'armes de la colonne.

Les Dahoméens ont résisté comme autant de héros. Il nous ont tué 19 officiers et sous-officiers, dont le capitaine Bellamy, un sous-lieutenant de la 4ᵉ compagnie de la 1ʳᵉ légion, l'adjudant Schœber. Parmi nos vingt blessés, le lieutenant Ferrandini a eu la mâchoire brisée par une balle et la langue coupée ; le lieutenant Bosano les deux cuisses traversées.

J'avais déjà eu deux accès de fièvre ; l'ardeur

générale seule me donnait la force de marcher. J'allais comme une machine que d'autres faisaient mouvoir. Alors, d'ailleurs, ainsi que beaucoup de mes camarades, je n'étais préoccupé que de mes pieds.

Nous avons beau avoir des guêtres, il y a làbas de petits animaux qu'on appelle des *chiques* et qui ressemblent à des vers de Guinée. Ils montent le long de la chaussure et redescendent à l'intérieur. Cela fait un mal ! Les Sénégalais savent seuls extirper ces petites bêtes. Au milieu du combat, il faut souvent donner son pied à un noir qui vous enlève même la chair, de façon à ce qu'il n'y reste pas d'œufs. Cela retarde beaucoup de nos hommes. Et c'est déjà assez long comme cela. Songez qu'une fois, sous la conduite d'un commandant que je vous prie de ne pas nommer et qui s'est égaré, il nous a fallu vingt-six heures pour avancer de deux lieues. Mais tout cela ne fait rien puisque, en dépit des difficultés, on gagne du terrain.

Seulement, devant Akpa, nous n'avons pas eu de chance.

— Vous dites ?

— Je dis que nous avons été repoussés.

— Mais on ne nous a parlé que de la victoire d'Akpa.

— Oui, nous avons fini par être vainqueurs. Seulement, nous avons commencé par être forcés de prendre une position défensive et de nous y retrancher...

— Et la campagne sera longue.

— Certes. Lorsqu'on croira les choses finies, elles recommenceront. Il ne faut pas les prendre pour des imbéciles, ces noirs. Ils sont très intelligents au contraire, et je ne m'explique pas pourquoi on les considère en France comme des êtres inférieurs. Leurs sous-officiers surtout — car ils en ont — paraissent être très remarquables.

Heureusement ceux de nos Sénégalais ne le sont pas moins.

Quant aux Dahoméens, ils sont d'une prudence, d'une présence d'esprit absolument inattendues. Si nous nous emparons d'un village dahoméen, nous n'y trouvons plus ni soldats, ni femmes, ni enfants. Tout est détruit. Les moulins sont cassés. Les bananiers, les kolatiers sont coupés. Les pirogues sont en morceaux. Les filets — très jolis — sont déchirés. Bref, tout ce qu'ils ne peuvent emporter est mis en pièces. Où vont-ils ? Dans les terres, où je les retrouverai peut-être quand je retournerai là-bas, car je n'ai qu'un congé de trois mois et il y aura certainement encore quelque chose à faire au-delà d'Abomey...

CHAPITRE NEUVIÈME

LA PRISE D'ABOMEY

Sommaire : Les étrangers alliés à Behanzin. — Combats d'octobre 1892. — Soins donnés aux blessés. — Composition du corps d'armée. — Rôle du génie. — Difficultés de la marche en avant. — Prise de Kana la ville sainte (4 novembre). — Le colonel Dodds promu général. — Onze combats en deux mois. — Les morts au champ d'honneur. — Lettre d'un héros. — Une mère. — Souscription pour les combattants. — Évolution de la colonne. — Précautions sanitaires. — Tentatives pacifiques de Behanzin. — Sa fuite. — Le drapeau français à Abomey (17 novembre 1892). — Agissements allemands et anglais. — Encore le roi Toffa. — Les récompenses de nos troupes. — La médaille du Dahomey. — Le général Dodds, grand officier de la Légion d'honneur. — Derniers détails.

Avant de continuer, jour par jour, le récit de cette expédition si heureusement et si rapidement conduite, constatons qu'un certain nombre d'Européens, transfuges de tous les pays se sont faits volontairement les utiles auxiliaires de Behanzin, lui ont prêté l'appui de leur savoir militaire, ont instruit ses troupes, collaboré à son plan de défense, enseigné le maniement des fusils et des canons modernes.

Les Allemands, par le Togo, disait une correspondance adressée à un commerçant de Marseille, font parvenir des armes et des munitions à Behanzin. Un convoi de 150 caisses de cartouches et d'armes est arrivé le 27 septembre à Togoto.

Nos troupes n'opérant pas de ce côté, les munitions ont dû arriver à Abomey par Toumé. Il ne se passe pas de semaine sans que de semblables convois partent de Zédé et Togo, territoire allemand, pour Abomey, en suivant toujours la même route.

En octobre, on apprit à la côte que des blancs se trouvaient comme chefs à l'armée dahoméenne ; le commandant Stephani en a eu la confirmation de la bouche d'un Cabécère fait prisonnier avec dix des siens au combat d'Affamé.

Les blancs auraient été au nombre de deux cents environ et ce sont eux qui ont construit toutes les fortifications, celles de Kana surtout.

Le gouverneur, M. Ballot, connaît aujourd'hui les noms des principaux de ces chefs.

Ce sont : MM. Olbreech, Rypens, Rossaert, Belges ; Krauss, Bœhringer, Otheanz, Vendell, Gross, Froolich, Allemands.

Le Cabécère qui a dévoilé ces noms a été mis en liberté, mais interné à Kotonou.

Depuis quelque temps déjà, l'opinion publique en France s'était fort émue de cette présence dûment constatée d'Européens dans les rangs de nos ennemis.

A ce sujet, on a justement fait remarquer qu'il ne fallait pas, au point de vue de la dignité nationale, qu'on allât fourrer les Allemands dans la guerre du Dahomey.

Oui, il est vrai qu'il y a eu des sous-officiers allemands dans les rangs de l'armée dahoméenne — mais ces sous-officiers étaient des déserteurs ayant quitté le service des sociétés de colonisation allemandes de l'Afrique. Il ne faut vraiment pas rendre le gouvernement allemand responsable des faits et gestes de ces drôles qui seront fusillés à la première occasion. Il a été beaucoup plus politique de ne pas soulever cette question ridicule pour pouvoir discuter plus tard la question du blocus de la côte dans laquelle les autorités allemandes ont d'incontestables torts.

Et enfin n'eût-ce pas été insulter les braves officiers défendant là-bas l'honneur du drapeau engagé que de supposer que les difficultés qu'ils ont rencontrées sur leur route étaient causées par la seule présence de quelques sergents allemands? Il faut estimer à une plus haute valeur les capacités de nos officiers, le courage de nos soldats.

A la date du 12 octobre, les dernières nouvelles de Porto-Novo, grâce à des courriers arrivés par les routes de l'intérieur, annonçaient de nouveaux succès du colonel Dodds.

Après quatre jours de repos, le colonel, levant son camp installé à Poguessa, s'était dirigé sur Sabovi, où les Dahoméens avaient établi une ligne de défense.

Les retranchements ennemis avaient été évacués à notre approche, et cette retraite de l'armée de Behanzin avait eu lieu avec une rapidité, une hâte telle, que de nombreux approvisionnements en vivres et en munitions furent trouvés par nos troupes.

La colonne, après avoir passé la nuit à *Kouloupa*, a marché sur *Ouébomédi* sans rencontrer aucun ennemi sur sa route. Mais, le 12, les spahis d'avant-garde signalèrent la présence de l'armée royale, retranchée dans le voisinage des marécages d'Akpa, à 10 kilomètres environ de la ville de *Cana*, objectif de la colonne et dernière étape avant d'arriver à *Abomey*, la capitale.

Après un combat qui dura toute la journée, les retranchements dahoméens étaient emportés par nos troupes, et les ennemis terrifiés s'enfuyaient vers le sud-ouest, laissant les morts et les blessés sur le champ de bataille. Les prisonniers ont été amenés devant le colonel Doods qui a dû les interroger, assisté du chef des affaires politiques et de son état-major. Les tirailleurs sénégalais, terribles pendant la bataille, doux après la victoire, ont dû sourire, en contemplant, appuyés sur leurs fusils Gras, armés de la baïonnette, les Dahoméens et les Amazones que le hasard de la guerre leur a livrés.

Mais les victoires ont toujours des côtés douloureux. De nombreux blessés étaient tombés pour la patrie sur cette terre insalubre. Ils auraient eu beaucoup à souffrir, si le colonel Dodds n'avait pas admirablement installé son service de transport et de ravitaillement.

Les routes parcourues par la colonne ont été soigneusement gardées par nos soldats, assurant ainsi les communications avec la rivière Whémé, d'où en quelques heures les cannonières l'*Emeraude* et l'*Opale* pouvaient transporter les hommes atteints par les projectiles ennemis à l'ambulance de Porto-Novo.

A peine débarqués, en face de l'hôtel du gouvernement, les blessés, placés sur des cacolets ou dans des civières, sont transportés à l'hôpital militaire. Les indigènes, sujets du roi Toffa, regardent passer dans les rues argileuses, aux maisons basses, précédées d'une véranda, les soldats français blessés en combattant pour leur assurer la sécurité dans Porto-Novo, et la liberté de leurs transactions commerciales. Leurs vivats enthousiastes saluent les braves que l'on emporte à l'ambulance, où rien n'a été négligé pour assurer leur guérison. Un médecin principal des colonies dirige le service sanitaire.

Durant ces opérations, le lieutenant-gouverneur Ballot, qui a rendu de signalés services au colonel Dodds, le roi Toffa, les missionnaires et les négociants, rivalisèrent de zèle pour procurer aux blessés tous les adoucissements possibles à leur état.

Chacune des étapes de notre vaillant petit corps d'armée a été une victoire, et la France tout entière a suivi avec anxiété la campagne dont nous résumons les faits principaux.

Il importe donc, avant d'en terminer la narration, de dire quels sont ceux qui ont si bien combattu.

On oublie trop volontiers dans l'histoire des guerres ces citations : Qui a été à la peine, doit être « à l'honneur ».

Voici d'après les documents officiels, et à l'exception de cinq ou six noms que le ministère lui-même n'a pu fournir, l'ordre de bataille de notre corps expéditionnaire dans le golfe de Bénin, en 1892 :

État-major.

Commandant supérieur des établissements français du Bénin : colonel Dodds, de l'infanterie de marine.

Chef d'état-major : commandant Gonnard, chef de bataillon breveté de l'infanterie de marine. Officier d'ordonnance: capitaine Lombard, de l'infanterie.

Etat-major : Lieutenants-colonels Grégoire et Lambinet, de l'infanterie de marine.

MM. Trinité-Schillemans et Roget, capitaines d'infanterie.

Vuillemot, lieutenant d'infanterie de marine, topographe.

Infanterie.

Infanterie de marine. — 3 compagnies, 10 officiers et 451 hommes. — *Bataillon de légion étrangère.* — 4 compagnies, 22 officiers et 800 hommes. — *Bataillon des tirailleurs haoussas.* — 3 compagnies, 13 officiers et 574 hommes. — *Tirailleurs sénégalais.* — 7 compagnies, 22 offi-

Campement dans la brousse, la nuit.

Combat de Kotonou.

ciers, 881 hommes. — *Volontaires du Sénégal.* — 3 compagnies, 8 officiers, 430 hommes. — *Laptots*, 80 hommes.

INFANTERIE DE MARINE. — 1re compagnie : capitaine Rouland ; lieutenants Genest, Vailly ;

2e et 3e compagnies. — (Composition inconnue au ministère.)

LÉGION ÉTRANGÈRE. — Commandant, M. Rouvillain-Saguez, chef de bataillon ;

1re compagnie. — Capitaine Morandy, lieutenants d'Urbal, Kieffer, Vivier ;

2e compagnie. — Capitaine Jouvelet ; lieutenants Varennes, Jacquot ; sous-lieutenant Morin ;

3e compagnie. — Capitaine Drude ; lieutenants Farges de Tilly de la Barre, Courtois, Cornetto ;

4^e compagnie. — Capitaine Poivre ; lieutenant Farail ; sous-lieutenant Amelot.

BATAILLON DE TIRAILLEURS HAOUSSAS. — Commandant, M. Riou, chef de bataillon ; lieutenant officier-payeur Toulouse ; officier-payeur-adjoint Vivet.

1re compagnie. — Capitaine Sauvage ; lieutenant Ayrolles ; sous-lieutenant Mérienne-Lucas.

2e compagnie. — Capitaine Kurtz ; lieutenants Rousseau, Caillau.

3e compagnie. — Capitaine Kuntz ; lieutenant Compérat ; sous-lieutenant Setier. A la suite : capitaine Fonsagrives.

BATAILLON DE TIRAILLEURS SÉNÉGALAIS. — Commandant, M. Stéfani, chef de bataillon.

3e compagnie. — Capitaine Rilba ; lieutenants Gélas, Fautrat.

5e compagnie. — Capitaine Gallenon ; sous-lieutenants Mouveaux, Fabiani.

9e compagnie. — Capitaine Parent de Curzon ; lieutenants Grandmontagne, Passaga.

10e compagnie. — Capitaine Benoît ; lieutenant Pernot ; sous-lieutenant Bouyer.

11e compagnie. — Capitaine Lemoine ; lieutenant Bartre ; sous-lieutenant Chantepie.

12e compagnie. — Capitaine Ferrat ; lieutenants Mouriès, Gay.

N^e compagnie. — Capitaine N... ; lieutenants N..., N...

VOLONTAIRES DU SÉNÉGAL. — Commandant, M. Andéoud, chef de bataillon.

1re compagnie. — Capitaine Robard ; lieutenant Marceau ; sous-lieutenant N...

2e compagnie. — Capitaine Rocoblave ; lieutenants Ferradini, Sénélar.

3e compagnie. — Capitaine Ligier ; lieutenants Nèple, Soulas.

LAPTOTS. — Un détachement.

Artillerie.

Une batterie et un détachement du régiment d'artillerie de marine, direction d'artillerie, détachement d'ouvriers d'artillerie de marine, conducteurs sénégalais.

Commandant de l'artillerie : M. Lasserre, chef d'escadron. 8e BATTERIE BIS. Capitaine commandant Delestre ; capitaine en second Montané-Capdeboscq ; lieutenant en premier Jacquin ; lieutenants en second Maron, Miclet. DÉTACHEMENT : lieutenants Menou et Valabrègue. Effectif : 7 officiers, 233 hommes.

DIRECTION D'ARTILLERIE : Directeur, chef d'escadron Lasserre ; capitaines Hazotte, Le Bigot, Bernard, Sornein, Nicole, Manet, Vallerey, de l'état-major particulier. Effectif : 7 officiers, 21 hommes.

DÉTACHEMENT D'OUVRIERS D'ARTILLERIE : commandant, capitaine Thomas ; lieutenant Steiner. Effectif : 2 officiers, 54 hommes.

Conducteurs sénégalais : commandant, lieutenant Merlin. Effectif : 1 officier, 89 hommes.

Génie.

DÉTACHEMENT DU 2e RÉGIMENT DU GÉNIE : commandant, M. le capitaine Roques ; lieutenant Mouneyres. Effectif : 2 officiers, 60 hommes.

Cavalerie.

Commandant, M. le chef d'escadron de Villiers ; commandant provisoire, capitaine de Fitz-James. — ESCADRON DE SPAHIS SÉNÉGALAIS : capitaine de Fitz-James ; lieutenants Basset, de Tavernost, Legrand. — ESCADRON DE SPAHIS VOLONTAIRES : capitaine Crémieu-Foa ; lieutenant Perrier ; vétérinaire Schelameur. Effectif : 8 officiers, 225 hommes.

Le rôle du génie a été très important.

Le colonel Allard, commandant le 4e régiment du génie à Grenoble, a reçu la lettre suivante du sergent Chuzel, parti au Dahomey avec un détachement de son régiment :

« Mon colonel,

» J'ai l'honneur de vous rendre compte que, depuis notre départ de Porto-Novo, le détachement du génie travaille tout le temps à faire des chemins pour faire avancer les troupes.

» On fait de temps à autre quelques ponts de 20 à 30 mètres de longueur. On a fait des ponts de pilotis légers. Les pilotis et les chapeaux sont faits avec des troncs de palmiers ; pour faire les poutrelles, on refend à la hache d'autres palmiers ; enfin, pour le tablier, on met en travers des côtes de feuilles de palmiers, et par dessus, de l'herbe ou des roseaux recouverts par une légère couche de terre.

» L'artillerie et la cavalerie y passent très bien.

» Nous sommes actuellement à environ 30 kilomètres d'Abomey et nous occupons le poste de Zounou. Depuis notre départ, nous avons bivouaqué aux endroits suivants : Dang-bô, Kézénou, Kétin, Danù, Fanvié, Kessossa, Affamé, Dog-Ba et Zounou.

» Le sapeur Marc, de la compagnie 13/2 du 4e génie, a reçu, en sortant de sa tente, une légère blessure à la tempe droite, provenant d'une balle perdue, des premières tirées. Le capitaine Roques l'a nommé premier sapeur.

» Le camp de Dog-Ba porte actuellement le nom de fort Faurax.

» Nous n'avons, au génie, que quatre malades de fièvre et de dysenterie ; ils sont à l'ambulance principale ; moi, j'ai eu les fièvres, les premiers jours de colonne, pendant cinq jours, mais actuellement je suis en très bonne santé.

» Recevez, mon colonel, les respects de votre dévoué subordonné.

» LÉON CHUZEL. »

Le sergent Chuzel, au moment où il est parti pour le Dahomey, revenait du Tonkin, où il avait reçu la médaille militaire.

Rappelons que le 4e régiment du génie était le régiment du sergent Bobillot.

Honneur oblige.

Cette énumération terminée, suivons notre colonne.

Du 14 au 22 octobre, nos soldats, harcelés par un ennemi dix fois supérieur en nombre, armé de canons et de fusils nouveau modèle, commandé par des Européens et des métis brésiliens, ont eu à repousser à l'arme blanche, des attaques furieuses et ont livré, victorieusement, neuf combats acharnés.

Nos troupes, manquant d'eau sous un soleil ardent, ont été admirables de courage, d'abnégation, de discipline et d'entrain. D'autre part, nos porteurs, décimés par l'artillerie dahoméenne, mourant de fatigue et de privations, se révoltaient et refusaient tout service. En cette horrible occurrence, le mot de retraite n'a pas même été prononcé. Le colonel Dodds, admirable d'énergie et d'entrain, a donné à ses soldats l'exemple des plus magnifiques vertus militaires.

C'est grâce à sa ténacité et aussi à son initiative intelligente et à l'activité si connue du gouverneur Ballot que le plus grand succès a récompensé tant de sacrifices.

En effet, en moins de six jours, 2,000 porteurs supplémentaires et 600 soldats de renfort, rappelés à la hâte des Popos, de Kotonou et de Porto-Novo, arrivent à Akpa, conduits par le brave commandant Audéoud.

Le colonel Dodds, dans ses dépêches laconiques et précises, ne paraissait nullement inquiet malgré les pertes qu'il venait de subir ; il prendra une revanche éclatante dans les plaines de Cana et d'Abomey et vengera les braves qui sont tombés pour l'honneur du drapeau.

M. Burdeau, ministre de la marine, en autorisant les commandants des navires de guerre stationnés au Benin à donner leur concours effectif, c'est-à-dire à débarquer les marins fusiliers, et à se charger de la défense de Kotonou et des Popos, a permis la mobilisation des garnisons, laissées par le corps expéditionnaire pour occuper ces points.

En quelques jours, ces renforts disponibles eurent rejoint les effectifs du colonel Dodds, et les batailles décisives s'engagèrent.

Les 20 et 27 octobre, le colonel Dodds eut à subir au village d'Akpa, de la part de l'armée Dahoméenne tout entière, des attaques violentes qui furent vigoureusement repoussées, nous l'avons dit.

A la suite de ces combats, Behanzin demandant à parlementer, le colonel fixa comme condition préliminaire l'évacuation de Koto. Behanzin refusa, et le 26, la colonne, rejointe par les détachements venant de la côte, reprit sa marche et enleva successivement deux lignes de retranchements entre Akpa et Kotopa, puis, le 27, Kotopa et les lignes de Koto, les plus fortes qu'elle eût encore rencontrées.

L'ennemi, évalué à 10,000 hommes, avait fui devant nos 2,000 braves, nous abandonnant ses armes, munitions et approvisionnements.

Dans ces différentes affaires, nous avons eu, au total, 10 tués et 73 blessés.

Le colonel campait, le 31, à l'ouest de Koto, sur la route de Cana, prêt à se porter en avant de nouveau, aussitôt ses troupes ravitaillées et reposées.

Il constata que la résistance devenait plus molle chez les Dahoméens, qui avaient éprouvé de si grandes pertes depuis le commencement de la campagne, et en particulier pendant ces derniers combats, où ils ont été fauchés à bout portant par des paquots de mitraille lancés par notre artillerie. Celle-ci a, de plus, démonté quelques-unes des pièces Krupp (1) et des mitrailleuses que possédait Behanzin.

Ce n'était pas encore la prise de Kana et d'Abomey, que des dépêches d'agences trop optimistes donnaient comme certaine quelques jours auparavant.

Il faut se rendre compte que, chaque fois qu'il a fait un pas important en avant, le colonel Dodds a été obligé de s'arrêter pour évacuer ses blessés et ses malades par la rivière Ouémé et attendre son ravitaillement. Sa marche sous bois, dans des conditions climatériques très difficiles, ne lui permit pas de se faire suivre d'un très long convoi qui pouvait être enlevé par l'ennemi. Pour ne rien compromettre, il ne pouvait marcher que par bonds successifs, en faisant fréquemment reposer ses troupes.

L'ennemi, en dépit des échecs qui ont marqué la marche en avant de la colonne expéditionnaire, à Dogba, Unoumen, Gbedé, Poguessa, Oubomedi et Akpa, tenta d'enlever, les 20 et 21 octobre, le camp retranché où le colonel Dodds attendait les renforts et les approvisionnements demandés à la côte. Comme il était à présumer, ces attaques ont complètement échoué, et les Dahoméens ont été tellement éprouvés après cette lutte que Behanzin a demandé à traiter. Etait-ce un leurre, ou bien le roi de Dahomey croyait-il pouvoir négocier avec nous dans les mêmes conditions qu'il y a deux ans ? Toujours est-il qu'il n'accepta pas la réponse que le colonel Dodds fit à ses ouvertures et que les lignes du Kato, que le commandant exigeait comme garantie de la sincérité des pourparlers, furent enlevées dans les combats du 26 et du 27.

La colonne est maintenant arrivée à proximité de Kana où, avant d'entrer, elle aura de nouveaux combats à engager, car les Dahoméens, sans avoir conservé leur ardeur des premiers jours, ne semblaient pas disposés à nous laisser pénétrer dans leurs capitales sans les avoir vivement défendues.

Avant d'entrer dans la région débroussaillée et cultivée qui entoure la capitale, notre colonne avait encore un nouvel effort à faire pour atteindre le pays découvert où elle pouvait évoluer

à son aise et en finir, une fois pour toutes, avec les contingents quelque peu démoralisés de l'armée dahoméenne.

La marche en avant n'eut lieu qu'après le retour de la colonne de ravitaillement. Cette colonne, composée de porteurs escortés par 150 à 200 soldats, partit de Kotopa, emmenant les malades et les blessés sur les ambulances de Porto-Novo. Elle suivit la route tracée par la colonne de Kotopa à Gbédé, sur l'Ouémé, et, là, elle transborda les hommes sur les canonnières descendant à Porto-Novo et ramena le matériel de guerre et les vivres.

On ne s'attendait pas à d'importantes opérations militaires avant le 7 ou le 8 novembre, lorsque l'on apprit que nos troupes, ayant quitté le 2 novembre leur bivouac de la rivière Kato, avaient attaqué, ce jour-là, la forteresse Muako, située auprès de Kana, et l'avaient enlevée, malgré une résistance désespérée.

Le 3, à cinq heures du matin, l'ensemble des forces dahoméennes avait assailli la colonne, qui les avait mises en fuite après quatre heures de combat.

Nos pertes avaient été de 7 tués, dont 1 officier, et de 60 blessés, dont 4 officiers.

On voit combien grandes ont été les difficultés contre lesquelles se heurta le colonel Dodds. Les Dahoméens, battus le 2, étaient revenus nous attaquer le 3, donnant ainsi un nouvel exemple de la ténacité qui les distingue des autres noirs de l'Afrique, lesquels, une fois battus, ne retrouvent plus le courage de reprendre l'offensive.

La prise du fort Muako ne pouvait manquer d'avoir la plus heureuse influence sur l'issue finale des opérations.

Et c'est ainsi qu'à chaque dépêche qui nous arriva d'Afrique, l'admiration que l'on éprouve pour les vaillants soldats luttant contre le climat meurtrier, contre un ennemi de beaucoup supérieur en nombre, ne fit qu'augmenter.

La campagne du Dahomey est une des plus belles pages de l'histoire de nos campagnes coloniales.

Mais, hélas ! cette gloire-là nous aura coûté cher.

Enfin, la grande nouvelle si longtemps attendue, celle de la prise de Kana, fut officiellement annoncée en ces termes, le 9 novembre :

Le lieutenant-gouverneur des établissements du Bénin, prévient le ministre de la marine, à la date du 8 novembre 1892, que, d'après ses renseignements, la colonne s'est emparée de Kana après une très vigoureuse résistance.

---

(1) Les canons Krupp et les mitrailleuses venaient d'être, pour la première fois, mis en usage par les Dahoméens.

Nous avons eu 11 tués et 42 blessés.

A la réception de cette dépêche, le ministre de la marine adressa le télégramme suivant au général Dodds :

« *Marine à général Dodds*,

« Le Président de la République, sur ma proposition, vient de vous nommer général de brigade. Je suis heureux de vous annoncer cette distinction méritée par vos brillants services.

« *Signé :* Burdeau. »

On peut dire que cette promotion, prévue et si brillamment conquise, a été contresignée par la France entière, fière d'applaudir aux succès décisifs de celui que nous n'appellerons plus maintenant que le général Dodds.

La prise de Kana était un gage certain de la victoire définitive.

Elle a eu dans l'Afrique entière un retentissement salutaire. Elle y a affirmé notre prestige, consolidé nos conquêtes, garanti dans un avenir prochain la part de souveraineté qui nous y est dévolue. Elle a montré aussi à l'Europe ce que valent notre armée et notre organisation militaire.

Le succès ne pouvait plus nous échapper, car la force de l'armée dahoméenne était dans la brousse, c'est-à-dire dans l'embuscade.

Behanzin, parait-il, déclara alors dans un palabre avec ses chefs, qu'il avait encore plusieurs milliers d'hommes à opposer aux Français et que, tant qu'il lui resterait un soldat, il se battrait ; mais que si la fortune lui était contraire, il se tuerait, ne voulant pas survivre à son royaume.

Certes, personne en France n'eût pris le deuil.

La cité sainte n'a pas été enlevée sans une vive résistance. Les tirailleurs sénégalais et les spahis se sont surtout distingués dans les combats à la suite desquels nous nous en sommes emparés.

L'impression a été profonde dans tout le pays. Les tribus, nos alliées, regardent maintenant le général Dodds comme un chef à la fois militaire et religieux. Son autorité et son prestige sur elles s'en trouvent fort augmentés.

Dans cette courte expédition, véritable épopée, onze combats furent livrés successivement, dont deux ont duré plusieurs jours.

Voici la récapitulation de ces combats avec les pertes subies :

9 août, combat de Zobbo. — 2 tués, 7 blessés.

13 septembre, combat d'Allada. — 20 blessés, dont le commandant Riou, de l'infanterie de marine.

19 septembre, combat de Dogba. — 4 tués, dont un officier, le sous-lieutenant Badaire, de

Le lieutenant Badaire.

l'infanterie de marine ; 11 blessés, dont le commandant Faurax, de la légion étrangère, mort le lendemain.

29 septembre, combat d'Avangilomé. — 1 tué, 13 blessés.

4 octobre, combat de Gbédé. — 9 tués, dont le capitaine Bellamy, de l'infanterie de marine,

Le capitaine Bellamy.

et le lieutenant Amelot, de la légion étrangère ; 32 blessés, dont le commandant Lasserre, de l'artillerie de marine, officier d'ordonnance du colonel Dodds, le lieutenant Bosano, de l'infanterie de marine, mort quelques jours après.

6 octobre, combat de Poguessa. — 7 tués, dont

le lieutenant Doué, de l'infanterie de marine, 22 blessés, dont le lieutenant Favail, de l'infanterie de marine.

12 octobre, combat d'Ouebomedi. — 4 tués, 20 blessés.

Le lieutenant Amelot.

13, 14 et 15 octobre, combats de Koto. — 16 tués, dont le commandant Marmet, de l'infanterie de marine ; 85 blessés, dont le commandant Stephani, de l'infanterie de marine, le commandant Villiers, des spahis, les capitaines Battreau et Foussagrives, de l'infanterie de ma-

Le commandant Lasserre.

rine ; les lieutenants Passaga, d'Arbal, Grandmontagne, Cornetto, Kiefer, Gelas, de l'infanterie de marine, ce dernier mort quelques jours après.

26 octobre, combat de Koto. — 7 tués, dont les lieutenants Toulouse, de l'infanterie de marine, et Michel, de l'artillerie de marine ;

29 blessés, dont le commandant Villiers, des spahis, et le capitaine Crémieu-Foa, des spahis.

27 octobre, combat de Kotopa. — 3 tués et 44 blessés.

2, 3 et 4 novembre, combats de Kana. — 16 tués, dont le lieutenant Mercier, de l'infanterie de marine ; 83 blessés, dont le capitaine Roget, de la légion, le médecin-major Rouch, les lieutenants Gay, Mérienne-Lucas, Cani, Maron, de l'infanterie de marine, Menou, de l'artillerie de marine, mort peu après.

Récapitulation :

73 tués, dont 12 officiers ; 360 blessés, dont 21 officiers.

Aux officiers morts, il convient d'ajouter les capitaines Crémieu-Foa, des spahis, et Bérard, de l'infanterie de marine, et le lieutenant Valabrègue, de l'artillerie de marine, tués par le terrible climat du pays.

Quels officiers disparus en un mois ! Quel deuil pour la France ! Renommons les morts au champ d'honneur :

Le chef de bataillon Marmet, le capitaine Bellamy, les lieutenants Badaire, Boyano, Doué, Toulouse, Gelas et Mercier, de l'infanterie de marine ; les lieutenants Michel et Menou, de l'artillerie de marine ; le commandant Faurax dont nous avons cité le nom déjà et le lieutenant Amelot, de la légion étrangère, le lieutenant Valabrègue, de l'artillerie de marine, le capitaine Bérard, presque tous sortis de Saint-Cyr ou de l'Ecole Polytechnique.

A ces noms, il faut ajouter celui du capitaine Crémieu-Foa des spahis volontaires sénégalais.

Sa mort a été particulièrement regrettable.

André Crémieu-Foa, était entré à Saint-Cyr en 1876. En 1878, il débuta comme officier au 5e dragons. Lieutenant du 17e régiment de la même arme, il reçut la double épaulette au 8e dragons, en garnison à Meaux.

Pour le soustraire aux suites d'abominables do sanglantes polémiques, le Ministre de la Guerre l'envoya d'abord en Tunisie pour organiser le transport au Dahomey des spahis auxiliaires auxquels il était attaché et qu'il accompagna sur le théâtre de la guerre.

Dès les premiers jours de son arrivée, ses camarades remarquèrent sa profonde tristesse, si bien qu'à la première reconnaissance dont il fut chargé, comme il tardait à revenir, une vive inquiétude s'empara d'eux. A son retour, il fut accueilli par de chauds témoignages de sympathie.

Les derniers jours du malheureux officier ont été empoisonnés par la pensée des événements qui se sont déroulés en France après son départ, et où son frère s'est trouvé mêlé. Qui lui en a porté la nouvelle ? Mystère !

Voici, en effet, ce qu'il écrivait le 3 octobre à un ami, au crayon, sur un genou, du camp « en face de Gbédé, rive droite, à 20 kilomètres d'Abomey » :

« ... Qui sait si je reviendrai. Hier, un sous-officier tué, dont nous n'avons pu reprendre le corps ; avant-hier, quatre légionnaires ; enfin, chaque nuit des obus sur le camp. Que je serais heureux de cette vie-là si le courrier de France que je reçois à l'instant ne me disait sur mon brave et honnête frère des choses immondes.

» Je suis désolé.

» Demain, on se bat et ce sera une grosse affaire. Je ne ménagerai pas ma vie, je te le jure bien, et, si je tombe, avec ceux qui sont ma famille, je te regretterai toi, de tout mon cœur...

» Le monde est une vilaine chose. On est heureux ici d'en être loin. Il n'y a que des braves et quels braves !... »

Et le lendemain, 4 octobre, il poursuit :

« C'est fait. Grande victoire, mais à quel prix ! Quatre officiers tués, et tous mes amis dont un chef de bataillon et un capitaine, plus trois blessés, sans espérance. Mais aussi quelle boucherie de Dahoméens ! Rien parmi nous : deux hommes et un cheval blessés. Je dors debout, et je vais m'étendre sur cette terre, pas loin de quelques cadavres d'amazones bravement mortes en faisant le coup de feu. »

5 octobre. Sur la même feuille :

« Aujourd'hui, c'est mieux. J'ai ma petite affaire. Envoyé en reconnaissance avec 30 cavaliers. En un point reçu 300 coups de fusil. Un cheval tué, un noyé. Compte rendu au colonel. Félicitations. Il me fallait ça pour me sortir du marasme... »

Blessé dans le combat du 26 octobre, Crémieu-Foa ne voulait ni repos, ni trêve jusqu'à ce qu'il fût entré dans Abomey.

Il s'était brillamment battu, toujours à l'avant-garde ; c'est à Porto-Novo qu'il mourut des suites de sa blessure.

Le général Dodds, qui avait la plus haute estime pour ce jeune officier, dont l'intrépidité flattait sa bravoure, l'avait maintes fois félicité.

C'était un des cavaliers les plus remarquables de l'armée française, et son audace allait parfois, même en temps de paix, jusqu'à la témérité.

Il avait d'ailleurs été élevé dans la tradition de l'héroïsme. En sa première adolescence, il avait entendu le récit des hauts faits et de la mort admirable de son cousin, Léon Franchetti, un autre sémite tué à l'ennemi. L'image du héros de Champigny restait gravée dans son cœur.

La France unit dans une commune reconnaissance ces deux victimes du devoir militaire, appartenant à la même famille et dont la mort affirme qu'il n'y a pas de distinction de race au service de la patrie.

Au moment où sa mère apprit la fatale nouvelle de la bouche d'un officier d'ordonnance du Ministre de la Marine, elle pleura, puis dit avec une simplicité héroïque :

— Mon pauvre enfant !... Il était soldat... Je l'avais donné à la France ! J'en ai encore un à son service.

Six sous-officiers ont également péri durant cette terrible campagne, parmi lesquels le sergent Mauduit, de l'infanterie de marine.

Nous regrettons de ne point connaître les noms de leurs compagnons, de ne pouvoir citer non plus les braves qui, dans le rang, tombèrent plus obscurément, mais non moins glorieusement.

Parmi les officiers blessés se trouvaient le lieutenant Ferradini, qui eut la mâchoire brisée par une balle, et le lieutenant Bosa, qui eut les deux cuisses traversées.

En même temps qu'elles nous apprenaient les succès constants de nos excellentes troupes et l'expédition en France d'un premier convoi de blessés, les dépêches nous faisaient part aussi de l'état sanitaire des combattants, qui laissait fort à désirer, comme il était facile de le prévoir en un tel pays. On ne fouille pas, en effet, la brousse sans que les effectifs diminuent sensiblement. A la guerre, on le sait, la proportion des malades est toujours supérieure, même dans les climats moyens, à celle des blessés, car si on ne se bat pas tous les jours, les souffrances sont de tous les instants.

Dysenterie, fièvre paludéenne, insolation, ne laissent pas de sévir.

C'est dans le but de contribuer au soulagement de ces souffrances que le journal le *Figaro* prit l'initiative — blâmée par les uns comme faisant double emploi avec la Société de secours aux blessés des armées de terre et de mer, approuvée par les autres, inspirée en tout cas par un sentiment louable — d'une souscription destinée à envoyer à nos braves troupiers des vins réconfortants, des eaux minérales, du tabac, etc. Les

Dogba.

souscriptions affluèrent aussitôt. « Les eaux minérales, a déclaré un des malades rapatriés, dispenseront les hommes d'attraper les fièvres en puisant dans les marais, et le vin leur donnera du cœur au ventre. »

Et ce ne fut pas un mince avantage, car ce qui irritait le plus nos soldats, c'était de se battre contre des gens ivres, eux qui mouraient littéralement de soif. Les Dahoméens, en effet, ont l'habitude d'ingurgiter de l'absinthe avant de se tapir dans les trous d'où ils tirent.

La marche de la colonne fut entravée autant par l'ennemi que par les difficultés de la route. Partout elle a trouvé la brousse ou d'étroits sentiers qu'il fallait élargir pour faciliter le passage des canons et des voitures Lefebvre.

A chaque instant aussi, des marigots, des lagunes ont arrêté nos troupes. Le pays est plein de cours d'eau, de dérivations, soit de l'Ouémé, soit d'affluents de ce fleuve.

Le cours de l'Ouémé est monotone aux environs de son embouchure dans la lagune de Porto-Novo. Mais dès que l'on a quitté le voisinage de la lagune, le fleuve poursuit un cours sinueux dans un pays superbe, riche, avec de nombreux villages perdus dans la verdure.

Jusqu'à Késounou, les habitants n'avaient pas quitté leurs villages ; aussi se sont-ils présentés de suite pour faire leur soumission, acclamant nos canonnières au passage en se tapant sur la bouche et en faisant des contorsions.

A partir de là, le pays était abandonné : les animaux, les fétiches et les objets importants avaient été emmenés ; mais la région se repeuplera certainement, Behanzin étant soumis.

Le sol est d'une fertilité inouïe et permet de faire, dans certaines saisons, les mêmes cultures qu'en France ; l'air y est sain ; la colonne a eu relativement très peu de malades, quoique les hommes aient couché continuellement sous la tente et sous des abris improvisés.

Les Dahoméens ont montré dans tous les combats qu'ils sont de rudes guerriers : ils accouraient, brandissant leur casse-tête, se faire tuer à quelques pas de nos rangs ; la plupart armés de bons fusils Winchester, Remington, Chassepot. Les bons tireurs montant dans les arbres, visant les officiers ; d'autres se cachant dans des trous creusés à quelques mètres des routes et tirant leur coup de fusil à bout portant. Les amazones, vraies furies, et plus braves encore que les hommes, les poussent, les encouragent, excitées comme eux par l'eau-de-vie qu'ils boivent tous en abondance.

Les Dahoméens ont certainement reçu une grande quantité d'armes et de munitions des Allemands. On a expédié à Porto-Novo beaucoup de nos chassepots de 1870. Voici même à ce sujet ce qui est arrivé à un officier de légion et qui semble incroyable :

Au combat de Poguessa, où une compagnie de légion était engagée, un Dahoméen ajuste le capitaine : celui-ci l'abat d'un coup de revolver et fait ramasser le fusil ; après l'avoir examiné, il reconnaît, avec son ancien numéro matricule et les marques qu'il avait faites, l'arme même qu'il avait rendue à Metz en 1870.

Le 8 novembre au matin, arrivait à Marseille, le steamer *Thibet*, retour du Congo, du Dahomey et du Sénégal. Une foule nombreuse l'attendait sur les quais.

Le *Thibet* avait quitté Kotonou, le 18 octobre, avec trois cent vingt et un passagers, dont cent trente-trois Sénégalais blessés ou malades du corps expéditionnaire. Il est donc arrivé à Marseille avec cent quatre-vingt sept passagers, dont cent soixante et un sous-officiers, quartiers-maîtres, marins et soldats de l'infanterie de marine, de l'artillerie de marine et des escadrons de spahis.

C'est le docteur Bourit, médecin de la marine, qui accompagnait le convoi de blessés.

Les soldats blessés ou malades avaient assez bonne mine, sauf quelques-uns. La généralité avait plus souffert du climat que des projectiles. Du reste, aucun blessé n'était dans un état grave : aucun amputé, aucune béquille, aucun bras en écharpe ; seulement quelques éraflures au côté, aux bras ou aux pieds.

Plusieurs de ces soldats avaient suivi la campagne jusqu'à Tohoué, au passage de l'Ouémé.

Tous ont déclaré que le ravitaillement du corps expéditionnaire était supérieurement organisé et que la marche de la colonne a été sans cesse comme une marche triomphale, les fifres de la légion jouant, chaque soir, une retraite en musique, avec les airs du *Père la Victoire* et de *Sambre-et-Meuse*.

En effet, sans entrer dans le détail des travaux accomplis, nous pouvons dire que jamais guerre lointaine n'a été organisée en France avec un soin plus minutieux. En quelques jours, le ministère de la marine a dû, pour ainsi dire, improviser tous les services compliqués nécessaires au recrutement, au transport et à l hygiène d'un corps expéditionnaire relativement considérable.

Aucune des précautions prises par les Anglais

pour leurs campagnes africaines ou asiatiques, par les Italiens pour leurs expéditions en Ethiopie, n'a été négligée pour le succès de la guerre au Dahomey.

L'organisation du service sanitaire a été notamment l'objet des soins les plus attentifs du ministre. Car la santé et la vie de nos hommes, c'est la première condition de la force militaire, et, si l'on peut ainsi parler, de l'économie de la guerre.

Les navires qui servent soit au transport, soit au blocus, furent aménagés en ambulances et en hôpitaux flottants. Ainsi les malades et les blessés n'ont pas été exposés au séjour sur terre, si dangereux sous les latitudes torrides. Ce n'était pas encore assez; il ne fallait pas les laisser stationner en vue de la côte du Bénin ; il convenait de faciliter ou leur prompt transport en des climats plus doux ou leur rapatriement immédiat.

C'est pourquoi M. le Ministre de la Marine donna des ordres à toutes les compagnies privées de transports maritimes pour que les navires passant par ces parages fussent obligés de prendre à leur bord les malades et les blessés du Dahomey.

Quant au programme de l'expédition, le gouvernement a été d'avis que le colonel Dodds en était absolument le maître. Le ministre s'est bien gardé de prétendre diriger les opérations de son cabinet de la rue Royale. Ayant accordé sa confiance au commandant en chef désigné par son prédécesseur, il lui a laissé la liberté entière de ses actes, jusqu'au jour où il aurait, par impossible, démérité cette confiance.

C'est ainsi qu'on ne lui a imposé aucune injonction impérative ou prohibitive. Le colonel jugera si, par la réussite de la campagne, il doit pousser plus loin. Rien ne lui a été commandé.

L'intention générale du gouvernement, le but de l'expédition est seulement la réduction à l'impuissance absolue du roi Behanzin.

Il est certain que désormais on ne peut plus se fier aux traités conclus avec ce tyranneau perfide. L'expérience a appris ce que valaient ses engagements et sa parole. On veut en finir absolument et définitivement avec lui.

Notre situation, telle qu'elle est engagée en Afrique, sur beaucoup d'autres points, exige que de grands coups soient frappés là-bas, que la puissance française soit affirmée d'une façon retentissante, que le respect de notre drapeau soit imposé à tous par la force.

Le commandant en chef a été juge de l'importance des moyens nécessaires à l'accomplissement de sa mission. On lui a donné tout ce qu'il a demandé.

A Paris, on a fait son devoir; le général a accompli le sien C'est la première fois qu'en France semblable expérience a été tentée. On se souviendra de sa réussite.

D'aucune manière, il n'était permis au Gouvernement d'user du moindre délai. Quand même la Chambre n'eût pas expressément manifesté ses intentions énergiques, il n'était pas possible de prolonger la période d'inaction.

Tout d'abord, les retards encouragèrent Behanzin dans sa diplomatie cauteleuse, lui permettant de se procurer les armes, les munitions et peut-être les secours extérieurs et clandestins qui rendirent plus difficile l'œuvre de nos soldats, et enfin de se fortifier plus solidement. En outre, le pays attendait une répression prompte des bravades, des violations de traité commises par le roi de Dahomey. Enfin, la trêve, perpétuée par la lenteur de l'expédition des renforts, eût été fatale à nos troupes déjà engagées là-bas.

L'ardeur meurtrière de l'été risquait de les décimer dans l'oisiveté. Si on attendait la saison des pluies, si on ajournait à l'année suivante le commencement de la campagne, il y avait certainement nécessité d'envoyer alors de nouveaux renforts pour combler les vides faits par le climat.

Economie de temps, d'argent, d'hommes, tout commandait au ministre de la marine d'envoyer les troupes, en temps utile, pour que les opérations, vigoureusement conduites, fussent achevées avant l'hiver.

Les premiers témoins revenus par le *Thibet*, témoins actifs de nos premiers faits d'armes, ne tarirent pas d'éloges sur le colonel Dodds, qui, selon eux, n'a eu qu'un tort, celui de se mettre trop constamment au premier rang pendant le feu : dans le combat, disent-ils, il joue sa vie à toute minute.

Heureux les chefs qui méritent de tels éloges !

Plusieurs d'entre eux confirmèrent les détails qu'on vient de lire.

Les Dahoméens se servent mieux des fusils qu'on ne le croit généralement en France. Quelques-uns sont d'excellents tireurs, et ce sont ceux-là qui se postaient dans les arbres pour viser nos officiers.

Ce qui prouve l'adresse de leurs tireurs, c'est que la canonnière *Opale* porta les traces de plus de deux cent cinquante balles, que le *Corail* reçut un obus à bord et que deux projectiles tombèrent à moins de vingt mètres.

Les Dahoméens se sont toujours très bien battus. Ils sont très courageux, prompts à attaquer, résistant avec bravoure et se reformant deux ou trois fois avant de lâcher pied.

Ordinairement, les combats ont lieu le matin, dès l'aube, et durent trois heures. Souvent nos troupes se sont trouvées à quelques mètres de l'ennemi, la fumée dissimulant la proximité réciproque.

Les Dahoméens ont beaucoup de chassepots avec la marque 1870. Les armes recueillies sont des fusils Martini et Winchester. Avec les chassepots, les amazones ont des mannlichers petit modèle. Aucune arme blanche. Tous les fusils sont bien tenus, et la plupart bronzés. Les Dahoméens ont aussi des fusils de remparts, qu'ils portent à quatre ou qu'ils placent sur des affûts. Quant à leur artillerie, dans la crainte de la perdre, ils tirent deux ou trois coups au commencement de l'action et reculent.

Nos soldats croient que Behanzin avait plus de 12,000 hommes armés. Du reste, dans les villages que traversaient nos troupes, il n'y avait plus que des femmes. Quand ils vont au combat, les Dahoméens sont guidés par des féticheurs qui ont une queue de vache dans une main et une sonnette de l'autre. Ils s'excitent et se grisent avec de mauvaise eau-de-vie.

Il paraît que Behanzin avait donné l'ordre de ne faire de mal à aucun blanc, si l'on en prenait, dans l'arrière-pensée de faire des otages. Mais il avait commandé de tuer tous les noirs. Cela a été dit par une dizaine d'amazones faites prisonnières. Un seul de nos hommes est tombé dans leurs mains ; encore était-il mort. C'était un Sénégalais. Les Dahoméens lui ont fait subir d'horribles mutilations, nous l'avons dit. Un autre, maréchal des logis des spahis sénégalais, avait été pris, mais il a pu être délivré par un de ses camarades. Les tirailleurs sénégalais réguliers se battirent admirablement. Mais on dut un peu moins compter sur les volontaires, qui n'avaient pas suffisamment l'habitude de notre discipline.

Le 28 septembre, au combat livré sur les bords de l'Ouémé, nos soldats ont tué plus de douze cents ennemis. On a constaté les effets foudroyants des Lebels : dix ou douze cadavres, les uns sur les autres, comme tués par la même balle. Aussi, après le combat de Dogba, le champ de bataille était horrible à voir. Les amazones faites prisonnières ont déclaré que leur artillerie était

commandée et manœuvrée par des blancs provenant de déserteurs du Togoland, du fort portugais de Wydah et de Sierra-Leone.

Revenons à l'expédition dont le terme approche.

M. le général Dodds, confirmant la dépêche de M. Ballot, lieutenant-gouverneur du Benin, annonça que, le 5 novembre, la colonne avait bivouaqué sous les murs de Kana.

Le village de Dioxoué, le vieux palais des rois dahoméens, où chaque année les grands prêtres de la Religion Fétiche faisaient leurs sacrifices barbares, disparurent, écroulés sous nos obus, et l'ombre de Tacoudounou qui, en 1625, assassina lâchement au même endroit, le malheureux *Da*, chef de Kana, qui lui avait donné l'hospitalité, a dû tressaillir en entendant les sonneries françaises accompagnant la fuite de son descendant, le roi Behanzin Hossu Bowelé.

Mais sous son commandement, ses défenseurs se battirent avec le courage du désespoir, et le général Dodds écrivit :

« L'entrain de nos troupes a été splendide, et leur conduite au-dessus de tout éloge.

« Je n'ai jamais eu l'honneur de commander à de plus admirables soldats. On peut tout leur demander ! »

Cet ordre du jour est digne d'être comparé aux faits militaires les plus sublimes. Le commenter ce serait en amoindrir la portée.

Il serait difficile d'exagérer les difficultés de cette campagne de 1892.

Sans parler des obstacles et des dangers de toutes sortes résultant du climat, de la mauvaise saison déjà commencée, d'un sol marécageux et broussailleux où il fallait, au milieu de pièges incessants, tracer sa route, une colonne de 2,000 hommes à peine devait chasser devant elle une armée d'une quinzaine de mille hommes, munie d'armes perfectionnées, très suffisamment disciplinée, fanatisée de plus et ne reculant, dès lors, devant aucune témérité. Eh bien ! malgré tout cela, la petite armée n'a pas une seule fois reculé : non seulement son énergie physique n'a pas un instant faibli, mais, ce qui semblait encore plus malaisé, elle a conservé — toutes les dépêches, toutes les lettres en témoignent — sa vaillance, mieux encore, sa sérénité morale ! Chaque soir, après une journée où la fatigue, les fièvres et les balles de l'ennemi avaient fait quelques nouvelles victimes, on avait la satisfaction de constater que l'on avait démoli un rotranchement, franchi des obstacles naturels, avancé enfin ! Somme toute, l'héroïsme d'aujourd'hui est-il donc beaucoup au-dessous de celui d'autrefois, quand les soldats de l'armée d'Italie, sans souliers et souvent sans pain, ne voulaient pas songer à leurs misères et emportaient les villes en chantant ?

Mais ce que l'on doit peut-être admirer plus que tout le reste, c'est le sang-froid, la méthode, la prévoyance et le stoïcisme du chef de l'expédition. Il n'ignorait point combien l'opinion publique est chez nous impressionnable ; il savait avec quelle impatience, on attendait, dans la métropole, des bulletins de victoire. Mais, comme le disait Bossuet du prince de Condé, il avait résolu de ne rien livrer au hasard « de ce qu'on peut lui enlever par prudence et par conseil »; il n'a marché, n'a frappé qu'à coup sûr, où et quand il le fallait, montrant que l'administrateur était chez lui à la hauteur de l'homme de guerre et il n'envoya à la mère-patrie anxieuse que des renseignements scrupuleusement exacts, ce qui paraît presque fabuleux à une époque de puffisme universel. Le voilà aujourd'hui récompensé de son sang-froid en même temps que de sa vigueur, et le gouvernement s'est fait vraiment l'interprète de la conscience nationale en félicitant l'officier de ses « brillants services » et en lui accordant un avancement si largement mérité.

Cette campagne a révélé chez le général Dodds des qualités que certains, comme le colonel Archinard, reconnaissaient nettement, mais que d'autres ne faisaient que soupçonner.

La demande formulée par le général Dodds d'avoir un escadron à la disposition de sa colonne fut vivement critiquée en haut lieu ; mais appuyé par le ministre de la marine, le général triompha de tous les obstacles.

Nous devons nous applaudir de la décision prise par le chef du corps expéditionnaire.

C'est à Poguessa, pour leurs débuts, que les spahis, qui ont tant fait pour la conquête et la pacification du Sénégal, les spahis de Badenhuyer, sous les ordres d'un chef énergique, le commandant de Villiers, ont capturé quatre Européens, trois Allemands et un Belge, servant comme officiers dans les rangs de l'armée dahoméenne, et se faisant, eux les fils d'une nation civilisée, les auxiliaires d'un roi nègre, barbare et d'une cruauté telle, que l'Europe a frémi en lisant le récit des massacres qui ont lieu à Abomey à l'époque des grandes coutumes.

Ils se nommaient, car ils ont été justement fusillés par ordre du général Dodds, après un interrogatoire régulier : Schultz, Puech, Weckel et Anglès.

Nos pertes à Cana s'élevèrent pour les deux journées des 3 et 4 novembre, à seize tués et quatre-vingt-trois blessés.

Au nombre des morts se trouvait le lieutenant Mercier.

Les officiers blessés étaient : le capitaine d'infanterie Rogot, le docteur Rouch, les lieutenants Gay, des tirailleurs sénégalais ; Menan, Jacob Cani et les sous-lieutenants Maron, de l'artillerie, et Mérienne, des tirailleurs haoussas. Le lieutenant Gay a été frappé à la poitrine, blessure profonde. Le docteur Rouch a été atteint au genou.

Les blessures des officiers et soldats n'avaient pas un caractère grave, bien que les Dahoméens, dans la lutte désespérée qu'ils ont soutenue à Cana, se soient servis de balles explosibles.

Le général Dodds, en se retirant, a détruit Cana de fond en comble et ravagé en outre les villages et les territoires des tribus qui se sont déclarées contre nous, de manière à leur infliger un châtiment dont elles conserveront un souvenir durable.

Cana détruite, la ville sainte par nous décrite, il ne restait plus qu'à marcher sur la capitale du Dahomey.

Un convoi arrivé dans la nuit du 15 novembre, du Haut-Ouémé, apporta les nouvelles de la colonne expéditionnaire, qui, le surlendemain de la prise de Cana, après l'évacuation des blessés et l'arrivée d'un convoi de munitions et de vivres, reprit sa marche sur Abomey. Le 13, les escadrons de spahis ont reconnu les abords immédiats de la place et ont débusqué de très faibles partis de Dahoméens placés dans des embuscades, à quelques centaines de mètres des murailles. Ils ont même enlevé quelques prisonniers qui ont été interrogés par le général Dodds.

Ces noirs ont affirmé au commandant du corps expéditionnaire que Behanzin ne possédait plus avec lui, dans Abomey, que 1,200 hommes, dont une grande partie était formée par les prêtres chassés de Cana.

Ces derniers avaient fanatisé ce qui restait de l'armée du Dahomey, à un tel point que ces derniers soldats avaient juré de se faire tuer jusqu'au dernier plutôt que de fuir dans l'Ouest pour se réfugier dans le pays de Togo.

Behanzin devint alors le prisonnier de ces

fanatiques, qui l'ont menacé de mort s'il essayait de se soustraire à ses devoirs de chef.

Comme confirmation des renseignements fournis par les noirs, le général reçut une longue lettre de Behanzin, apportée au camp par une femme, où ce dernier demandait à capituler. Il offrait, comme principales conditions, l'abandon à la France de tout le littoral avec ses lagunes, compris entre nos colonies de Kotonou et de Porto-Novo ; il proposa ensuite au général Dodds de lui payer une contribution de 15 millions de francs destinée à couvrir les dépenses de la campagne que nous avons entreprise contre lui.

Mais, d'après le dire de soldats malades ramenés par ce convoi, il paraissait très difficile à Behanzin d'exécuter les clauses de sa capitulation, car il est fort probable que les derniers défenseurs qui l'entouraient ne lui en laisseraient pas la faculté, d'après leurs formelles menaces de mort.

La prise de Cana produisit une impression immense dans le pays des Egbas, soumis depuis de longues années aux incursions sanglantes des Dahoméens, et il paraît que le grand marché noir d'Abéokouta célébra par de longues réjouissances, la destruction du grand ennemi héréditaire.

Ces renseignements étaient exacts, Behanzin s'enferma dans Abomey avec les derniers de ses défenseurs. Le général Dodds pouvait très certainement enlever immédiatement Abomey par une attaque de vive force. La supériorité de ses troupes et de son armement rendaient le succès indéniable. Mais sa colonne expéditionnaire comptait de nombreux malades : l'effectif des colonnes d'attaque pouvait être très réduit, ce qui, **évidemment**, pouvait faire accroître le nombre des soldats mis hors de combat. En outre, malgré l'opposition de quelques-uns de ses cabécères, Behanzin pouvait profiter de l'attaque pour s'enfuir dans la brousse et tenir encore la campagne.

Le général Dodds préféra attendre l'arrivée des renforts, dont le départ de Dakar lui était annoncé, pour continuer ses opérations actives.

D'autre part, le *Thibet*, reparti de Marseille, y prit une compagnie d'artillerie de marine, et une compagnie d'infanterie de marine fortes chacune de 150 hommes.

La compagnie d'artillerie de marine emportait avec elle une batterie de 80 de montagne avec un approvisionnement de 500 coups par pièce ; elle était accompagnée de 45 mulets.

La compagnie d'infanterie de marine fut formée dans le 4e régiment. Elle ne comptait que des volontaires et, lorsque sa formation fut décidée, plus de 600 hommes s'étaient présentés pour en faire partie. Elle était commandée par le capitaine Gaudot, qui avait déjà servi au Bénin.

D'autre part, la direction d'artillerie de marine fit embarquer sur le *Thibet* mille fusils Kropatcheck, modèle 1873, destinés aux compagnies de débarquement. Les fusils Kropatcheck, bien qu'un peu lourds, sont très utiles pour les pays à embuscades.

Donc, après avoir fait prendre à ses vaillantes troupes qui, pendant un mois avaient pataugé dans des marécages pestilentiels, un court repos bien mérité, le général marcha sur Abomey dont les remparts de boue et de pieux aigus ne pouvaient opposer aucune résistance sérieuse, malgré les efforts de Behanzin qui avait appelé à son secours les noirs formant auparavant un cordon de surveillance du côté de Grand-Popo et occupant divers villages de la côte.

Cependant à Porto-Novo, nos succès avaient provoqué une grande joie. De toutes parts des bandes joyeuses s'organisèrent et une réunion eut lieu à la résidence où le gouverneur, M. Ballot, prononça une allocution patriotique.

Dans les rues illuminées, on criait : Vive l'armée ! Vive Dodds !

Un grand nombre d'esclaves dahoméens vinrent se réfugier sur notre territoire.

C'est, on s'en souvient, le 6 novembre que la colonne expéditionnaire avait occupé Cana, après la prise du village de Dioxoué et l'enlèvement du palais du roi, situé entre Cana et Abomey. Le général Dodds sera resté ainsi onze jours sous les murs de la capitale, attendant les renforts qui lui étaient envoyés de la côte et donnant aux troupes, en campagne depuis près de trois mois, un repos bien mérité.

Si la colonne expéditionnaire est partie de Késounou, son point de concentration, le 8 septembre, une partie de ses contingents — la compagnie d'infanterie de marine et les troupes sénégalaises envoyées au Bénin dans le courant du mois de juillet — avait déjà fait la démonstration dans le pays décamey, démonstration qui a commencé le 17 août.

Il s'est donc passé exactement trois mois entre le jour où le colonel Dodds a quitté Porto-Novo pour engager la lutte contre les Dahoméens et le jour de l'occupation militaire de la capitale. Ce rapprochement montre à quelles difficultés nos

troupes se sont heurtées Chaque pas en avant
aura, pour ainsi dire, été la conséquence d'un
combat : combats de Tacou, le 20 août, et de
Katagon le 23, dans le pays décamey ; combats
de Dogba, le 19 septembre, et de Unoumen, le 20
septembre, qui nous ont amenés dans la vallée de
l'Ouémé, à la hauteur de Tohoué ; combats de
Gbédé, le 4 octobre, de Poguessa, le 6, qui ont
fait tomber les premières lignes de défense élevées par les Dahoméens sur la route de Tohoué
à Abomey.

L'effort **avait été très sérieux** : les troupes,
fatiguées, **durent se reposer pendant trois jours**.
Le 10, on **reprenait la marche en avant** ; le 12,
on culbutait, à Ouhomedi, une troupe de Dahoméens, et, le 15 octobre, après quatre jours de
combats, la colonne revint établir son camp dans
le village d'Akpa, à proximité des défenses élevées par Behanzin sur les lignes de Kotopa. On
n'était plus qu'à une quinzaine de kilomètres
d'Abomey.

On aura mis un mois à franchir cette distance,
que l'on croyait voir parcourue en quelques jours.
C'est que la petite saison des pluies a été, cette
année-là, beaucoup plus forte qu'à l'ordinaire ;
le terrain était détrempé et la marche en avant
se trouvait rendue d'autant plus difficile que
Behanzin trouvait, dans le fanatisme de ses
troupes, des éléments de résistance de plus en
plus sérieux.

Le colonel Dodds se cantonna alors dans Akpa
et attendit les renforts qu'il tira des garnisons de
la côte. Il était solidement établi et il put repousser sans difficulté l'attaque que les Dahoméens dirigèrent contre ses troupes le 20 et le
21 octobre. Le 24, il recevait les contingents que
lui amenait le commandant Audéoud et reprit
l'offensive le surlendemain. Les lignes de Kotopa
furent enlevées le 26 et le 27, après de très sérieux engagements, et, le 31, la colonne, qui
avait débusqué les Dahoméens des fortifications
élevées en avant de Cana, se trouvait à petite
distance de la « ville sainte ». Bien que nos
troupes fussent très fatiguées par ces combats
incessants, le commandant en chef prit ses dispositions pour occuper Cana.

Les 2, 3 et 4 novembre, les réduits fortifiés
construits autour de Cana étaient occupés de
vive force ; le 2, on enlevait le fort de Muako, à
l'est de la ville ; le 4, c'était le village de
Diouxoué qui tombait entre nos mains, et, le 6,
la colonne entrait dans la ville, que les Dahoméens venaient d'évacuer.

C'est alors que Behanzin concentra dans Abomey les débris de son armée et se prépara à faire
une dernière tentative.

Le bruit se répandit aussitôt qu'il demandait à
traiter, se reconnaissant vaincu, et faisant des
propositions précédées d'envois de cadeaux consistant principalement en bœufs.

On raconta à Porto-Novo que l'envoyé de
Behanzin avait présenté également au général
Dodds deux mains d'argent en lui demandant
d'en prendre une et de la croiser avec la sienne
en signe d'amitié. De son côté, le général aurait
offert des biscuits et des conserves.

Les propositions de Behanzin auraient été les
suivantes : paiement d'une indemnité de 10 à 20
millions, occupation par les Français des villes
principales, création de douanes, abolition de
l'esclavage. Avant tout pourparler, le général
Dodds aurait exigé l'occupation d'Abomey, mais
Behanzin ayant refusé cette condition, les opérations continuèrent.

Le 15 novembre, tous les pourparlers furent
rompus. Le général Dodds demandait, pour consentir à la suspension des hostilités, la livraison
de 1,000 fusils à tir rapide et de l'artillerie des
Dahoméens. Il informa le roi de la destruction de
Cana par les flammes et le somma de se rendre
sans condition.

Behanzin offrit seulement 100 fusils et la moitié des canons ; il proposa une indemnité de
guerre de 15 millions. Mais il répondit négative-
ment à une demande de versement immédiat.

Devant cette attitude du roi, le général Dodds
prit ses dispositions pour enlever Abomey.

Trois jours plus tard, il annonça en ces termes
son entrée dans la ville.

« Abomey, 18 novembre. — Les négociations
qui avaient été engagées sur la demande de
Behanzin ont été rompues le 15 novembre, les
garanties préliminaires réclamées par nous et
qui consistaient dans la remise d'armes, d'otages et d'un premier versement sur une contribution de guerre, n'ayant pas été consenties
totalement.

» Le 16, nos troupes se sont avancées sur
Abomey, en tournant les défenses accumulées
autour du palais de Goho, et menaçant le flanc
droit et le derrière de l'ennemi. Ce mouvement
a provoqué la retraite de Behanzin, qui en se
retirant a brûlé plusieurs de ses palais, ainsi que
les maisons des princes et des chefs, afin de les
forcer à le suivre.

» Le 17, la colonne est entrée dans Abomey

Le commandant Gonard.

Le commandant Audéoud.

et a pris possession du Grand-Palais, sur lequel flottent les couleurs nationales.

» Behanzin, fuyant devant une reconnaissance, s'est retiré à trois jours de marche au nord d'Abomey, avec les débris de son armée.

» Je vais procéder aux mesures d'occupation du territoire du Dahomey. »

La colonne expéditionnaire est donc entrée sans résistance dans la ville d'Abomey, qu'elle a trouvée presque abandonnée, mais dans laquelle, à des indices certains, on a pu remarquer que la fuite avait été précipitée.

Le général Dodds et le gouverneur Ballot se sont installés dans le palais de Behanzin, où l'on a retrouvé l'un des trônes du roi et une partie des armes de fabrication moderne ayant servi contre nous.

L'arrêt survenu dans les hostilités provint de la situation difficile de Behanzin et surtout de la démoralisation de ses partisans. Cette suspension des hostilités fut opportune: elle permit à nos vaillants soldats de goûter un repos bien mérité, car la campagne a été très dure. Les Dahoméens n'ont cédé le terrain que pied à pied; nos soldats ont eu à lutter contre la privation de vivres frais, les rigueurs climatériques et les fièvres.

En apprenant l'heureuse nouvelle à l'issue de la séance de la Chambre, M. Burdeau, ministre de la marine, envoya au général Dodds la dépêche suivante:

Marine à général Doods, à Porto-Novo.

« La Chambre des députés, par un vote unanime et sans attendre l'issue qu'elle espère de la campagne conduite par le général Dodds au Dahomey, associe ses félicitations à celles que le gouvernement lui a envoyées déjà ainsi qu'à ses vaillantes troupes. »

Le général, en compagnie de M. Ballot qui l'avait rejoint, s'installa donc, nous l'avons dit, dans le fameux palais de Behanzin que l'on crut un moment avoir pris, mais ce n'était qu'un de ses noirs, lui ressemblant.

Avant de s'enfuir il avait fait, on le sait, brûler les maisons de ses princes et de ses derniers chefs, afin de les contraindre à le suivre.

Où s'est-il retiré ?

Très peu d'hommes l'ont accompagné, il s'est enfui dans la direction du nord où se trouvent des régions jusqu'à ce jour inexplorées; on pensa aussitôt qu'il chercherait à passer sur le territoire d'une colonie européenne, probablement allemande.

Abandonné d'un grand nombre de ses soldats, il erra d'abord dans les villages du Bas-Nasi, à 100 kilomètres environ au nord-ouest d'Abomey, puis chercha à se rapprocher des possessions allemandes.

La *Gazette de Voss* démentit cependant les

Les Tirailleurs Haoussas.

affirmations des journaux de Marseille, d'après lesquelles on pouvait croire que Behanzin réclamerait le protectorat de l'Allemagne.

Behanzin, dit la *Gazette de Voss*, n'a demandé ni une fois ni trois fois le protectorat de l'Allemagne ; s'il l'avait fait, le devoir de tout fonctionnaire aurait été d'en avertir les autorités supérieures.

En ce cas, on se serait cru obligé ici de faire part de ces démarches de Behanzin à l'ambassadeur de France à Berlin, car à l'heure qu'il est, il règne dans la politique coloniale un courant d'idées recommandant l'abstention et cherchant à éviter l'acquisition de tout nouveau domaine colonial.

Quoi qu'il en soit, dans cette campagne, les Allemands ne sont pas restés inactifs.

A la date du 3 octobre, les maisons Wolber et Bromm représentées par le nommé Richter, actuellement à Wydah, ont expédié un convoi de cent trente porteurs qui sont parti de Porto-Seguro avec six cents caisses de cartouches et de munitions.

« Ces munitions, après une halte à Togodo, sont parvenues à Abomey par la voie de Toutmé. »

On a reçu au ministère de la marine un certain nombre d'armes prises sur les Dahoméens, lors des derniers combats. La plupart de ces armes sont des chassepots pris en 1870-71, en France, par les Allemands, et livrés par ceux-ci à Behanzin.

A ce sujet, nous l'avons dit, la *Gazette nationale* de Berlin a répondu que, d'après les journaux français, les canons Krupp des Dahoméens auraient été livrés en 1891. « Or, dit le journal allemand, la convention de Bruxelles qu'on invoque n'est entrée en vigueur que depuis le 1er avril 1892. En outre, cette convention ne saurait en aucune manière s'appliquer au port de Wydah, qui était classé comme appartenant au roi du Dahomey et où, par conséquent, aucun gouvernement européen ne pouvait exercer une surveillance de nature à empêcher les traitants anglais, français, allemands et portugais, qui y sont établis, de livrer des armes et des munitions au roi Behanzin. »

C'est un aveu de fournitures.

Aussitôt après la prise d'Abomey, après une expédition menée avec tant d'habileté, le gouvernement aura à agir.

Il est à peine besoin de dire, qu'en ce qui concerne la première période, la plus absolue liberté a été laissée au général Dodds, sur les mesures à prendre pour assurer sa possession, laisser reposer ses troupes et attendre les renforts qui lui sont expédiés.

C'est seulement quand le ministre de la marine eut reçu un rapport détaillé du général Dodds sur ce qu'il appartient de faire, que le conseil a pu utilement délibérer sur les mesures dont il conviendra de saisir le Parlement.

On inclinait à croire cependant au début, que le général Dodds offrirait au roi Toffa, notre allié et roi actuel de Porto-Novo, la succession de Behanzin.

Nous connaissons ce personnage, mais il nous a paru intéressant d'avoir quelques renseignements complémentaires, aussi nous sommes-nous adressé à l'un des hommes connaissant particulièrement le roi Toffa, nous voulons parler de l'explorateur Jean Rossi.

— J'ai, nous dit M. Rossi, beaucoup connu le roi Toffa, car j'ai eu plus d'une affaire à régler avec lui. C'est un petit-cousin de Behanzin et, malgré les on-dit, sa parenté est des plus éloignées avec notre ennemi. Quand, il y a une centaine d'années, les Dahoméens se sont emparés d'Alladah, de Wydah (qui est une corruption d'Ajuda) et de Savi, un membre de la famille royale, parent éloigné du roi d'alors, alla régner à Porto-Novo. C'était l'ancêtre du roi Toffa.

Le roi Toffa est un nègre de haute stature, fortement musclé à l'aspect très dur, il ne parle que la langue djejié. Il a plusieurs femmes et beaucoup d'enfants. Son caractère n'est pas des plus faciles, il s'emporte facilement et est très autoritaire, mais son pouvoir étant très limité, ses mauvaises qualités sont fatalement paralysées, notre protectorat sur lui étant presque une suzeraineté. Mais prenons garde de ne pas lui laisser « la bride sur le cou » ; je suis certain, en effet, qu'il serait plus altéré de sang que Behanzin lui-même. Voici, au sujet de Toffa, une anecdote dont je vous garantis l'authenticité :

Il y a vingt-cinq ans environ, une conspiration fut ourdie contre Toffa. À la tête des conspirateurs se trouvait un chef des plus valeureux qui, le complot ayant été dévoilé, se retira et vécut à l'écart. Toffa le craignait toujours, et cependant n'osait l'attaquer ouvertement. Il eut recours à une diplomatie que n'eussent pas désavouée les Borgia. Il lui fit force protestations d'amitié et l'invita à lui rendre visite. Le chef rebelle repoussa longtemps ses avances ; cependant après cinq ans de correspondances cordiales il se décida, cédant aux invitations réitérées du roi, à lui rendre visite. Il ne sortit jamais du palais et on n'a jamais su ce qu'il était devenu !..

Vous voyez qu'on ne doit avoir en lui qu'une confiance limitée et qu'il serait peut-être dangereux de lui laisser prendre au Dahomey plus d'importance que de raison.

D'autre part, il deviendrait rapidement l'homme des féticheurs, et notre influence, là-bas, serait de nouveau mise en échec par ce nouveau « maître de la terre et de la mer », comme disait Behanzin.

On a, d'ailleurs, toujours soupçonné fortement Toffa de se livrer aux grandes coutumes ou sacrifices humains dans l'intérieur de son palais et ce, bien entendu, à l'insu des Européens.

Il me faut ajouter, en ce qui concerne Toffa et à son avantage, qu'il aime beaucoup la France et les Français ; ses sentiments sont tout autres envers l'Angleterre. Voici ce qui m'est arrivé au moment d'une visite que j'ai eu l'occasion de lui rendre. Toffa me reçut, coiffé d'un képi fortement galonné et portant brodé en grosses lettres d'or : « King Toffa » (roi Toffa). Je lui fis dire par son interprète Epaminondas, que je ne savais pas qu'il aimait assez l'anglais, pour inscrire dans cette langue le titre royal à son front. Toffa ignorait ce détail. Furieux, il prit son képi, le jeta par terre et le piétina.

— Pourriez-vous, demandons-nous à M. Rossi, nous donner quelques détails sur Abomey ?

— Je regrette de ne pouvoir répondre à votre question ; je ne suis pas allé jusqu'à la capitale du Dahomey. Je sais seulement que son climat est sain ; que c'est une ville fortifiée par des redoutes de terre et qui pourra servir de forte position à nos soldats. Ils y seront à l'abri des dangers qu'ils rencontreront à Porto-Novo, l'endroit le plus malsain de la Côte des esclaves.

Répondant à notre question sur la disparition de Behanzin, M. Rossi nous dit :

— On nous annonce que Behanzin s'est sauvé, qu'il a ainsi mis entre lui et nos troupes le vaste marais de Cô ou de Lama. Il nous sera presque impossible de le rejoindre, car nos hommes succomberaient aux fièvres qui atteignent tous ceux qui entrent dans le marais de Cô.

Et, terminant ces quelques renseignements, M. Rossi ajouta combien tous ceux qui ont habité le Dahomey sont enthousiasmés de la façon dont le général Dodds a conduit nos troupes au triomphe : il est impossible, selon lui, d'avoir plus de soin de ses hommes et plus de souci de la gloire de son pays.

On sait que les Anglais ont toujours essayé de se rapprocher de Toffa ; mais ils n'ont pas fait que cela.

« Le 1er octobre 1892, lord Redy partait pour Badagry avec une escorte de 800 hommes et des porteurs chargés de présents pour le roi Toffa.

» Les Anglais voudraient avoir le protectorat sur toute la côte et exercer leur commerce librement. En échange, ils serviraient une rente de 5,000 livres sterling au gouvernement des Egbas.

» Le 30 septembre le « Brandon », aviso commandé par le lieutenant de vaisseau Rougelot, a surpris un navire de nationalité anglaise qui essayait de mouiller devant les Popos.

» C'était le « John-Holley » qui portait des munitions pour les Dahoméens. Le navire a été séquestré et la cargaison, qui comportait un grand nombre de fusils Winchester, a été confisquée. »

Heureusement, encore une fois, Toffa tient pour nous. C'est lui qui a été chargé d'envoyer dans tout le pays des messagers pour avertir les populations que les hostilités étaient terminées et engager les tribus à faire leur soumission.

Quant à l'avenir, nous avons demandé à un des hommes qui connaissent le mieux le Dahomey, M. Béraud, s'il croyait à la fin de l'expédition.

— La prise de Cana, nous a-t-il répondu, a porté un coup terrible aux soldats de Behanzin. Leur confiance en leur roi, qui est leur Dieu, est ébranlée. Behanzin est perdu.

Et alors il sera facile de se concilier les Dahoméens. On a tort de les représenter comme des êtres féroces. A part quelques milliers de pirates et les amazones, qu'il faudra supprimer sans hésitation, le reste des indigènes est foncièrement doux, aimant et respectant qui les protège et les fait vivre.

— Le pays est-il riche et en tirerions-nous de réels avantages ?

— Le Dahomey est une terre très féconde, Kotonou seul rapporte énormément ; l'intérieur est encore plus fertile. De plus, le général Dodds a dû trouver à Cana, quelques bribes du trésor royal.

Vous voyez que les colons auront des ressources... et sans aller à l'intérieur. Le Dahoméen n'attache aucune importance au temps qu'il perd; qu'il échange ses produits dans l'intérieur ou sur la côte, il n'en varie pas le prix. C'est vous dire qu'il est bien plus simple pour nous d'attendre sur la côte que d'envoyer des caravanes toujours coûteuses.

— Les Portugais ne sont-ils pas établis militairement à Wydah? Lorsque le général Dodds voudra s'emparer de ce port, n'aura-t on pas à redouter des incidents de ce côté?

— Les Portugais n'ont et ne peuvent avoir aucune prétention sur Wydah. Jadis, ils ont bien manifesté le désir d'en réclamer le protectorat, mais devant leur manque de ressources de toute nature, ils ont dû abandonner leurs prétentions. Ils ont simplement conservé un simulacre de fortin fait de boue, où quelques noirs sont réunis sous les ordres d'un commandant d'armes. Le fort français, seul, est entretenu.

Ces renseignements sur Wydah ont été confirmés par la légation de Portugal.

— Wydah, y dit-on, ne nous appartient pas. Nous n'y avons rien, le gouvernement ayant renoncé, le 2 janvier 1888, au protectorat sur le Dahomey. Nous possédons simplement, à quelques kilomètres au-dessous, un fortin confié à une petite garnison. L'attaque de Wydah compromettrait la sécurité de notre établissement militaire, auquel nous tenons naturellement, malgré son peu de valeur Nul doute que le général Dodds ne s'entende avec notre commandant d'armes. Notre gouvernement a pleine confiance dans la loyauté de votre chef d'armée.

La récompense des efforts de nos soldats ne se fit pas attendre :

La médaille militaire fut d'abord conférée pour faits de guerre au Dahomey, aux nommés Le Bidois, 1ᵉʳ maître de timonerie; Goazempis, 2ᵉ maître de canonnage; Contat et Thomeuf, maréchaux des logis d'artillerie de marine; Deparis, brigadier d'artillerie de marine; Deguine, canonnier d'artillerie de marine; Lebosse, adjudant au 3ᵉ régiment d'infanterie de marine; Dormoy, sergent de tirailleurs sénégalais; Mengue et Laget, sergents au 3ᵉ régiment d'infanterie de marine; Marquet, sergent de tirailleurs sénégalais; Taufin, soldat au 3ᵉ régiment d'infanterie de marine; Amarou, caporal de tirailleurs soudanais; Samba-Amady, brigadier de spahis sénégalais; Demba-Kané, brigadier de spahis soudanais.

D'autre part, la colonie française du Bénin exprima l'espoir que le gouvernement voudrait bien accorder à toutes les vaillantes troupes du corps expéditionnaire du Bénin la médaille commémorative, juste récompense de cette belle campagne.

Sur la demande du Gouvernement, le Parlement a voté la création de cette médaille, et le *Journal officiel* a publié, en novembre, la loi autorisant cette création et donné, sur le module et le ruban de la médaille, les renseignements qui suivent :

Cette médaille, conforme pour le module et la face à la médaille du Tonkin, portera au revers le mot Dahomey. Le ruban qui l'attachera sera moitié noir et moitié jonquille, par de petites raies verticales.

C'est sur la proposition du Ministre de la Guerre ou de la Marine, suivant les corps auxquels les proposés appartiendront, que le Président de la République décernera cette récompense. En cas de décès du soldat ou du marin, la médaille sera remise, sur leur demande, à titre de souvenir, aux parents ci dessous désignés et dans l'ordre suivant : le fils aîné de la veuve, le père, la mère ou, à défaut, le plus âgé des frères.

La médaille du Dahomey sera — indépendamment de la médaille de Sainte-Hélène — la dixième des médailles commémoratives d'expéditions militaires auxquelles a pris part l'armée française. Ce sont :

Médaille de Crimée. — Accordée par la reine d'Angleterre aux militaires de tous grades qui prirent part à la campagne de Crimée ; elle se suspend à un ruban bleu, liseré de jaune, qui comporte un nombre d'agrafes en argent égal à celui des batailles auxquelles a assisté le titulaire. Elle a été créée le 26 avril 1856, et le traité de Paris porte la date du 30 mars.

Médaille de la Baltique. — Donnée par la reine d'Angleterre aux militaires de l'armée française occupés, pendant la guerre de Crimée, au siège de Bomarsund. Elle date du 10 juin 1857, et se porte avec un ruban jaune liseré de bleu.

Médaille d'Italie. — Le décret qui l'a fondée est du 11 août 1859, alors que la paix de Villafranca est du 12 juillet. Le ruban est rayé rouge et blanc.

Médaille militaire de Savoie. — Instituée en 1833 par Charles-Albert, roi de Sardaigne ; elle a été accordée par Victor-Emmanuel à nombre d'officiers et soldats français qui ont pris part à la campagne de 1859 ; le port en a été réglé en France par décret du 23 mars 1860. Le ruban est bleu foncé.

Médaille de Chine. — Donnée aux militaires qui ont fait partie de l'expédition de Chine, elle a été créée le 23 janvier 1861; le traité de Pékin avait été signé le 26 octobre 1860. Le ruban est jaune avec caractères chinois brodés en bleu.

Médaille de Mexique. — Accordée par décret du 29 août 1863; se porte avec un ruban blanc, coupé par un sautoir vert qui charge une aigle empiétant un serpent.

Médaille de Mentana. — Créée à la fin de 1867 par Pie IX. Elle est soutenue par un ruban à cinq raies verticales, dont trois blanches et deux bleues.

Médaille du Tonkin. — Elle est du 6 septembre 1885. Ruban moitié vert et moitié jaune, petites bandes verticales.

Médaille de Madagascar. — La dernière en date : 31 juillet 1886. Ruban moitié vert et moitié bleu, petites raies horizontales.

M. Ballot, lieutenant-gouverneur des établissements du Bénin, dont maintes fois nous avons signalé le courage, l'énergie, la rare intelligence, reçut une élévation de grade personnelle.

Quant au général Dodds, comme il devait être promu général, à son rang, pour ses services antérieurs, il fut fait grand-officier de la Légion d'honneur, aux applaudissements de la France, et la générale, sa vaillante femme, reçut à Toulon l'hommage touchant d'un banquet offert par les dames de la ville, avec cent télégrammes de félicitations des compagnons d'armes de son mari.

Ajoutons quelques détails encore, qui n'ont été connus qu'à la fin de l'expédition.

Le paquebot *Brésil* rapatria, par Bordeaux, une vingtaine de soldats et deux sergents de la légion étrangère, blessés ou fiévreux, venant du Dahomey. Ces hommes avaient d'abord été transportés à Dakar par le *Mytho*. Ils étaient visiblement fatigués, sans avoir cependant trop mauvaise figure. Les plus malades ont été dirigés sur l'hôpital militaire, les autres logés à la caserne.

J'ai eu l'occasion d'entretenir un de ces légionnaires, qui a fait presque toute la campagne et est allé jusqu'à Cana. Il a assisté à la première attaque, qui ne fut pas heureuse, paraît-il, contre la ville sainte. Les positions occupées alors par nos troupes étaient, dit-il, des plus défavorables, et il fallut battre en retraite pour en choisir de meilleures. Ce fut, d'ailleurs, bientôt fait, et, à une seconde attaque, Cana tombait entre nos mains. Notre légionnaire explique aussi le nombre relativement considérable des officiers tués. Ceux-ci restent constamment debout, tandis que leurs hommes tirent à genoux dans la brousse. On a constaté qu'une balle était allée tuer un Dahoméen caché derrière un arbre de 60 centimètres de diamètre, qui avait été traversé.

Les amazones seules sont armées de fusils à tir rapide. Les hommes, en général, n'ont que des fusils se chargeant par la bouche.

Ce dont nos soldats ont souffert le plus, c'est le manque d'eau.

Sur le territoire du roi Toffa, ils étaient relativement heureux. Dans tous les villages, des indigènes leur en apportaient; mais, en pays dahoméen, ils ne trouvaient plus que quelques rares citernes et en étaient réduits à recueillir de leur mieux l'eau des pluies, heureusement assez fréquentes. Par suite d'orages, d'ailleurs, le climat n'est pas aussi chaud qu'on serait tenté de le croire, et le soleil est souvent couvert. Dans les forêts, il y a tellement de singes que, les premières nuits, les sentinelles, entendant le bruit qu'ils faisaient, crurent à une attaque et déchargèrent leurs armes.

Le colonel Dodds a promis quinze jours de prison et la garde sans armes aux avants-postes, à tous ceux qui tireraient ainsi inutilement, et, depuis, on n'a plus eu de ces fausses alertes.

Aussitôt les opérations terminées, le commerce reprit sur toute la côte.

Réjouissons-nous donc, comme nous en avons le droit et le devoir, mais en même temps sachons tirer de cette campagne lointaine, toute la leçon qu'elle comporte. N'est-il pas saisissant, alors que la moindre défaillance ou même une seule poussée d' « emballement » pouvait tout compromettre, de constater les résultats que l'on a obtenus en suivant à la rigueur un plan mûrement combiné? Croit-on que ce qui a si bien réussi sur une terre lointaine ne pourra pas produire des effets analogues ailleurs et que les qualités déployées par le colonel Dodds et ses soldats ne seraient point fort nécessaires pour triompher de certaines difficultés de notre politique intérieure?

Le 30 novembre 1892, le général Dodds expédia la dépêche suivante :

« J'ai quitté Abomey le 27 novembre avec la colonne et suis arrivé à Porto-Novo aujourd'hui.

» Les troupes que j'ai laissées à Abomey sous les ordres du lieutenant-colonel Grégoire sont fortement établies au palais Goho.

» J'ai reçu la réponse des habitants de Wydah au message que je leur avais envoyé pour les inviter à accepter la souveraineté de la France. Ils se déclarent très heureux de se ranger sous notre autorité et prêts à accueillir les troupes françaises.

» Aussitôt après l'occupation de Wydah, la colonne se dirigera sur Allada et poussera ensuite jusqu'à Abomey par la route de l'intérieur pour assurer l'occupation complète du pays.

» Je vous prie de transmettre au gouvernement l'expression de ma profonde reconnaissance et celle des troupes pour les récompenses qui viennent d'être votées par le Parlement, sur sa proposition. »

Le général Dodds, qui était entré à Abomey le 17 novembre, est donc resté dix jours dans la capitale dahoméenne. Le palais de Goho, situé à proximité de la ville, a été mis en état de défense et il sert de casernement aux troupes qui, sous le commandement du colonel Grégoire, formeront la garnison de sûreté d'Abomey.

Le général Dodds, après avoir procédé à l'installation des troupes de la garnison, est revenu à la côte par la voie de l'Ouémé, et non, comme on l'avait prévu tout d'abord, par la route d'Allada. Il est probable que le commandant de la colonne expéditionnaire n'aura pas voulu s'engager dans une route peu connue et où il n'aurait pas pu profiter du concours des canonnières.

Une fois l'occupation de la côte terminée par la prise de Wydah, une colonne, formée sans doute de contingents nouveaux, se rendra à Allada et, de là, à Abomey, pour ravitailler la garnison du colonel Grégoire et assurer les communications d'Abomey avec la côte.

Au commencement de décembre une partie de la colonne expéditionnaire rentra à Porto-Novo avec l'état-major.

Dans une allocution patriotique prononcée à son retour ici, le général Dodds a rendu hommage aux services éminents du lieutenant-gouverneur Ballot et l'a remercié au nom du corps expéditionnaire.

Il a remercié également le roi Toffa et la population de leur concours dévoué et a glorifié les exploits de ses soldats qui, malgré la maladie, les intempéries du climat, les privations excessives, ont triomphé dans seize combats acharnés, d'un ennemi audacieux, brave, discipliné, bien armé et dix fois supérieur en nombre.

« Je suis fier, a dit le général Dodds en terminant, d'avoir commandé aux premiers soldats du monde. »

On lui fit une réception enthousiaste.

CHAPITRE DIXIÈME

LA SOLUTION

SOMMAIRE : Que fera-t-on du Dahomey ? — L'opinion publique. — La possession de la côte. — La prise de Wydah. — Les critiques. — M. Le Myre de Villers. — L'opinion de M. Jean Bayol. — Entreprise de pacification. — Précautions nécessaires. — Les renforts. — Les propositions du général Dodds. — Morcellement du royaume du Dahomey en trois provinces. — Organisation des douanes. — Opinion du gouvernement. — Propositions diverses. — Soumission des habitants. — Nos bons amis les Anglais. — Les intérêts de la France.

Que fera-t-on du Dahomey ?

Telle est la question que chacun se pose.

Maintenant que nous voilà vainqueurs, quel parti allons nous tirer de notre victoire ?

Tout ce que nous savons jusqu'à présent, c'est que le commandant en chef de notre corps expéditionnaire se propose de brûler la capitale de Behanzin, de raser sa ville sainte et de ravager à l'entour les territoires des tribus qui nous ont montré le plus d'hostilité. Bon programme, certes, mais visiblement incomplet. Nous n'allons pas, sans doute, une fois Abomey et Cana détruits, rentrer tranquillement dans nos garnisons, sans plus de souci de ce qui se passera après notre départ, abandonnant la place aux lieutenants de Behanzin, aux négriers de Togo, aux marchands d'armes de Lagos, et, comptant sur un heureux hasard pour débrouiller au mieux de nos intérêts le chaos que nous laisserons derrière nous. Sûrement le gouvernement a envisagé la nécessité de créer au Dahomey un état de choses qui pacifie d'une façon définitive la portion de territoire que nous renonçons à occuper militairement, et qui assure une sécurité durable à nos établissements de la côte.

Donnons une forte leçon à ces nègres, a-t-on dit, et tenons-nous-en là, car il faut craindre de nous mettre les embarras d'une nouvelle conquête sur les bras. Cela vous a, au premier abord, un air de bon sens qui séduit. Il ne faut pourtant pas réfléchir longtemps pour voir que le plus sûr moyen de nous créer des difficultés dans l'avenir, c'est de ne rien régler dans le présent. Une leçon, c'est bientôt dit, mais les leçons s'oublient et quand nous aurons rasé les quelques douzaines de huttes dont se compose Abomey, il ne faudra pas beaucoup de temps pour les rebâtir. Tournons le dos et ne nous occupons plus de rien, il est immanquable que vienne un jour où tout sera à recommencer.

Or, ce que le gouvernement a compris, c'est précisément que la France ne veut pas que l'effort qu'elle vient de faire soit perdu. Elle a donné une fois le sang de ses enfants, elle ne veut pas le donner tous les jours. L'expédition a été glorieuse, l'esclavage a été aboli, c'est bien. Mais la pire des politiques serait celle qui laisserait subsister, sur la terre arrosée du sang de nos soldats, le germe d'un nouveau conflit.

Telle est en résumé l'opinion de la presse française au moment où nous publions cette étude, à la fin de l'année 1892.

Examinons la situation en exposant les faits, et en reproduisant les avis des écrivains compétents.

Abomey est pris, le royaume du Dahomey disloqué, Behanzin en fuite, les territoires de la côte à demi conquis. Voilà des résultats considérables, obtenus par la vaillance et l'endurance de nos troupes et par les prudentes conceptions du général Dodds.

Il ne semble pas que l'œuvre de pacification complète suscite de très sérieuses difficultés. Certes, Behanzin tient encore la campagne, et

Combat de la Cana.

les débris de son armée constituent des forces militaires d'une certaine importance. La résistance acharnée que le souverain dépossédé a opposée à la colonne du général Dodds prouve que nous avons devant nous un homme dont on ne peut méconnaître la valeur. Il a su conserver sur ses soldats un tel ascendant que, malgré les échecs successifs qui lui ont été infligés, malgré les pertes énormes qu'il a subies, le noyau des combattants qui reste avec lui ne semble pas, pour le moment, être une quantité négligeable. Tiendra-t-il longtemps? C'est ce que l'on ne saurait prévoir.

On peut dire, en tout cas, que Behanzin n'est pas un chef comparable, par exemple, à Samory, le conquérant soudanais. Celui-ci est un grand dominateur de peuples, toujours en quête de nouveaux combats, sans résidence fixe. C'est un roi nomade, qui transporte aisément ses hommes et ses biens d'un extrême à l'autre de son vaste empire. Battu et poursuivi sans cesse par nos colonnes, il recule sans cesser de combattre, compensant par les conquêtes nouvelles qu'il fait dans les bassins côtiers de l'Atlantique les pertes de territoire qu'il subit dans le bassin du Niger.

La campagne contre Samory est longue et difficile : elle dure depuis une dizaine d'années et ne peut être terminée que par un brillant coup de main. Behanzin, au contraire, est un roi sédentaire. Il a une cour, une cour à la mode dahoméenne sans doute, mais enfin un ensemble de richesses et de bien-être dont il se privera avec peine et dont ses familiers, au surplus, se priveront peut-être plus difficilement que lui. Si on le pouvait comparer à un souverain soudanais, ce n'est pas de Samory qu'il convient de le rapprocher, mais bien d'Ahmadou, avec cette différence que Behanzin est intelligent et courageux, tandis que l'ancien sultan de Ségou est faible et lâche.

Après la prise de Ségou, sa première capitale, Ahmadou s'est réfugié à Nioro, la pricipale ville de son royaume de Kaarta. Chassé de Nioro, il a gagné Bandiagara, la capitale du Macina. De là, il intrigue depuis deux ans contre nous ; mais ses intrigues n'ont pas eu grand succès, en raison des mesures de précaution prises d'urgence par les commandants supérieurs du Soudan.

Behanzin trouvera-t-il, comme l'autre roi en exil, un asile sûr et solide chez les populations voisines du Dahomey, chez ces peuples que ses ancêtres ont constamment ravagés dans leurs

chasses à l'esclave ? C'est là toute la question ; c'est ce problème qu'il faut examiner.

Or, si l'on regarde la carte politique du Dahomey et des régions circonvoisines d'Abomey, on voit qu'au sud-ouest se trouve le pays des Ouatchés, plus ou moins sous notre protectorat et qui est trop voisin de nos établissements de Grand-Popo pour que Behanzin y trouve aide et assistance. Au sud, c'est Allada, où sera établi un poste militaire destiné à assurer la liberté de communication entre Abomey et la côte. Au sud-est, le royaume de Porto Novo ; à l'est les populations des Nagos ; au nord-est, les Egbas opposeront une barrière aux incursions éventuelles des bandes de Behanzin. Restent les territoires situés à l'ouest et au nord-ouest.

A l'ouest, les vassaux de l'ancien royaume du Dahomey confinent à la colonie allemande du Togoland. Ce n'est pas là que Behanzin se réfugiera. Le gouvernement allemand a pris, depuis le commencement de la campagne, une attitude des plus correctes, qui est une garantie pour l'avenir. Non seulement il a désavoué et enrayé officiellement le commerce clandestin des armes qui s'effectuait par Petit-Popo et Porto-Seguro, mais encore il a spontanément décliné toute responsabilité, au sujet de la présence de sujets allemands, dans le petit groupe d'aventuriers européens qui se trouve avec Behanzin. Ce groupe comprend une dizaine d'individus. L'un d'eux, un Allemand précisément, a été tué à Poguessa, et les Dahoméens ont si vivement disputé le cadavre qu'il a été impossible à nos soldats de s'en emparer.

Dès lors, si Behanzin se réfugiait sur le territoire du Togoland, tout laisse supposer que le gouvernement allemand ne laisserait pas au gouvernement français le soin de poursuivre le fugitif, et qu'il prendrait lui-même les mesures nécessaires pour assurer la pacification de la région frontière des deux colonies.

C'est donc seulement dans les territoires situés au nord-ouest d'Abomey, dans la région habitée par les Mahis, que Behanzin pouvait se retirer et s'est effectivement retiré.

La colonne expéditionnaire, on l'a vu, ne l'y suivra pas. Une poursuite dans les régions montagneuses où l'Ouémé prend sa source ne peut s'effectuer avec des troupes européennes, surtout après la dure campagne qu'elles viennent d'effectuer. C'est aux populations indigènes, hostiles au fond aux Dahoméens, qu'il appartiendra, avec notre appui, de terminer la dislocation des derniers débris du royaume de Dahomey. Sur la conduite à tenir, il suffit de suivre les précédents créés en Annam, lors de la capture du jeune roi détrôné Ham-Ngi.

Quant à l'occupation de la côte, c'est à une simple démonstration militaire qu'elle donnera lieu. Behanzin avait concentré à Abomey toutes ses ressources, en hommes et en matériel, à tel point que, jamais sur les derrières de la colonne, un de nos convois n'a été inquiété, tant sur l'Ouémé, que sur la ligne de Tohoué à Cana. La prise de Wydah, qui, il y a trois mois, aurait été une opération très sérieuse, par suite des travaux de défense élevés par les Dahoméens, et détruits depuis par la flottille, sera d'autant plus facile, qu'elle s'effectuera à revers et sous la protection des canons de nos navires.

L'expédition du Dahomey n'est pas terminée, sans aucun doute ; mais il est vraisemblable qu'elle entre dans la période de liquidation.

Il est clair que les conséquences de la prise d'Abomey auraient été tout autres si Behanzin avait été tué dans la lutte. Mais on sait que le fils et successeur de Glé-Glé est arrivé au pouvoir comme le représentant d'un parti, celui des féticheurs, qui trouvait que les concessions faites depuis quelques années aux commerçants étrangers étaient trop considérables et qu'il fallait rétablir l'autorité royale avec la caractéristique sanguinaire des premiers temps de la dynastie. Le général Dodds peut trouver dans le parti adverse des chefs ayant une autorité suffisante pour représenter, aux yeux des indigènes, le pouvoir royal et qui s'accommoderaient d'un régime de protectorat analogue à celui que nous avons institué dans nombre de nos colonies.

Mais il est de toute évidence que le chef que nous introniserons à Abomey ne pourra, au début tout au moins, résister, sans notre concours, à un retour offensif de Behanzin. Le roi dahoméen, dépossédé de sa capitale, va conserver, encore pendant quelque temps, des ressources en hommes et en armes qui, si elles ne sont pas dangereuses pour des troupes européennes ou pour des auxiliaires indigènes comme les nôtres, sont très redoutables pour les contingents levés à la hâte par les nouvelles autorités dahoméennes. Il est donc à présumer qu'avant de prendre les mesures qui aboutiront à l'occupation du littoral, c'est-à-dire à la prise de Wydah, le général Dodds laissera momentanément à Abomey une garnison formée principalement de troupes indigènes, avec une forte réserve d'Européens, qui

sera à même d'empêcher Behanzin de rentrer dans sa capitale.

Car tout est là. Le roi de Dahomey ne peut tenir longtemps la campagne. Ce n'est pas un souverain populaire chez les nations voisines. Les rois d'Abomey ont, depuis deux siècles et demi, coupé assez de têtes aux populations de la région pour surexciter contre eux les colères et les haines. Les Egbas à l'est, les gens de Porto-Novo au sud-est, les Ouahéhés au sud-ouest et, très vraisemblablement, des peuplades analogues aux autres points cardinaux ne sont pas disposés à prêter à Behanzin un appui volontaire. Pour peu que le nouveau chef d'Abomey ait un peu de prestige et d'activité, on les verra peu à peu prêter leur concours au nouvel état de choses, puisqu'ils sont, en somme, tous intéressés à la disparition des despotes dahoméens.

Ce que la France veut, en somme, c'est éviter le recommencement des fautes commises il y a deux ans. Il ne faut pas être amené à refaire à bref délai la difficile et périlleuse opération militaire qui nous a livré Cana et Abomey. Pour arriver à ce résultat, le gouvernement obtiendra du Parlement les sacrifices nécessaires, s'il en était besoin de nouveaux. L'opinion publique veut qu'on en finisse avec l'affaire du Dahomey.

Au surplus, la prise de possession de la côte, la mainmise sur les territoires voisins d'Allada et d'Abomey-Kalavi seront la sauvegarde de nos intérêts.

Du jour où Behanzin n'aura plus avec l'extérieur les relations commerciales qui lui permettaient d'échanger des esclaves contre des armes perfectionnées, fusils ou canons, de ce jour l'ancien roi d'Abomey ne sera plus qu'un chef de bandes dont le prestige diminuera bien vite, et d'autant plus vite que nous nous montrerons décidés à agir, et à agir avec vigueur.

L'attitude que nous allons prendre maintenant aura sur les suites de l'opération l'influence la plus marquée ; elle doit être en rapport avec les sacrifices supportés par le pays et avec la valeur déployée par nos troupes.

Ainsi s'exprimait l'opinion publique en France au moment de la prise d'Abomey, lorsque parut une note de source autorisée et donnant les renseignements suivants :

« Le Dahomey sera occupé par la colonne expéditionnaire pendant quelque temps. Puis il sera divisé en échiquier. A la tête de chaque division, des chefs indigènes amis seront placés. Tous relèveront du roi actuel de Porto-Novo,

Toffa, qui prendra le titre de roi du Dahomey et de Porto Novo. »

Nous avons voulu, à ce sujet, avoir l'avis d'hommes au courant des choses coloniales. Nous nous sommes adressé à M. le Myre de Vilers, ancien gouverneur de Saïgon et de Madagascar. M le Myre de Vilers est un peu pessimiste peut-être ; mais les quelques observations qu'il a bien voulu nous faire sont précieuses à noter.

— Je ne sais pas au juste ce que l'on fera du Dahomey, nous a dit le Député de la Cochinchine française.

Je ne connais pas le pays et ne puis, par conséquent, en parler *ex professo*. Mais, il y a une chose certaine, d'expérience acquise, c'est que, au-dessous de 12 degrés, nord ou sud, l'Européen ne peut pas vivre. Il ne faut donc pas compter installer des Français à poste fixe, dans l'Afrique centrale. A Madagascar, ailleurs, il y a certains points offrant des conditions spéciales où l'Européen peut s'établir. S'il s'en trouve de semblables au Dahomey, c'est très bien. Sinon, tous les projets que l'on fera ne tiendront que sur le papier.

— Pensez-vous, que le système de partager le pays en échiquier, avec un chef de tribu à la tête de chaque division, ait des chances de succès ?

— Ce serait une affaire de main. Un homme résolu, avec une politique et une tactique suivie pourrait évidemment réussir. Mais, voilà. Un gouverneur ne pourra pas rester longtemps là-bas. Quand il commencera à recueillir les fruits de ses efforts, il lui faudra reprendre le chemin de la France, ou mourir inutilement à son poste.

— Alors ?...

— Eh bien, alors, je ne sais trop. Il me semble, à moi, que si la note publiée l'autre jour est de source officieuse, elle n'a pas le sens que beaucoup lui donnent.

On dit que nous aurons un protectorat, qu'il ne s'agit pas d'une pure annexion. A mon avis, cela veut dire qu'on ne veut pas rester au Dahomey. On a voulu tâter l'opinion, sur ce point, la préparer. Et on aura bien raison de ne pas rester là-bas.

Pourquoi y resterait-on ? Pour y ensevelir des hommes ? Je sais bien que, avec des précautions, en évitant les grandes fatigues, en veillant à la nourriture, en prévenant la démoralisation, on peut diminuer notablement le nombre des morts. On peut même ne pas en avoir du tout dans les statistiques. C'est une coquetterie que j'avais quand j'étais gouverneur de Saïgon. Je n'avais pas de morts, parce que dès qu'un homme était gravement atteint, je le faisais embarquer. Il mourrait en route ou à l'arrivée.

— Vous n'êtes pas encourageant.

— Ce n'est pas ma faute. Mais, que voulez-vous ? Il n'y a pas de raison pour légitimer les sacrifices que nous ferions pour nous établir dans ces régions meurtrières. On peut appliquer au Dahomey ce que je disais dans un récent *Rapport* : « Quand on aura exploité les richesses naturelles qui s'offrent d'elles-mêmes, quand on aura tiré parti des côtes et qu'il faudra organiser et développer une culture normale, on verra vite, par expérience, qu'il n'y a rien à faire, que les efforts les plus acharnés ne donneront rien. Je pense, dit en finissant, M. le Myre de Vilers, qu'on a bien fait d'entreprendre l'expédition actuelle. Il fallait donner aux Dahoméens une raclée en règle. Mais, tenons-nous-en là. »

Nous avons reproduit cette critique, l'impartialité étant notre règle de conduite ; à l'aide de ces renseignements contradictoires, de ces documents nettement classés, chacun de nos lecteurs pourra établir son jugement.

Un autre pessimiste, un combattant, a affirmé que la campagne du Dahomey serait aussi longue que celle du Tonkin.

— Vraiment, lui a-t-on riposté.

— Certes, a-t-il répondu. Lorsqu'on croira les choses finies, elles recommenceront. Il ne faut pas les prendre pour des imbéciles, ces noirs. Ils sont très intelligents, au contraire, et je ne m'explique pas pourquoi on les considère en France comme des êtres inférieurs. Leurs sous-officiers surtout — car ils en ont — paraissent être très remarquables.

Heureusement, ceux de nos Sénégalais ne le sont pas moins.

Quant aux Dahoméens, ils sont d'une prudence, d'une présence d'esprit absolument inattendues. Si nous nous emparons d'un village dahoméen, nous n'y trouvons plus ni soldats, ni femmes, ni enfants. Tout est détruit. Les moulins sont cassés.

Les bananiers, les kolatiers sont coupés. Les pirogues sont en morceaux. Les filets — très jolis — sont déchirés.

Bref, tout ce qu'ils ne peuvent emporter est mis en pièces ? Où vont-ils ! Dans les terres, où je les retrouverai peut-être quand je retournerai là-bas, car je n'ai qu'un congé de trois mois, et il y aura certainement encore quelque chose à faire au-delà d'Abomey... »

La question est donc loin d'être résolue.

Elle a été étudiée par un administrateur, que nous avons souvent cité au cours de cet ouvrage, qui a joué un grand rôle au Dahomey, par M. Bayol, lequel a publié dans la *Revue Bleue*, une très importante étude.

Nous la reproduisons ; quoique datant de la veille de la prise d'Abomey, elle relate de événements déjà connus ; nous la reproduisons *in extenso* parce qu'elle contient les avis les plus salutaires, et parce qu'il semble que le Gouvernement en a tenu compte dans ses résolutions.

« Le 10 janvier 1890, à mon retour de mission, je rendais compte, au Gouvernement, de mon voyage à Abomey, et je terminais mon rapport par les lignes suivantes :

Nous avons pu accomplir notre voyage sans conséquence fâcheuse pour le personnel de la mission, sans jamais perdre de vue le but que nous devions atteindre, et en mettant toute notre patience à y arriver par des moyens absolument pacifiques, ainsi que l'ordre nous en avait été donné.

L'orgueil du prince Kondô, devenu aujourd'hui le roi Behanzin, la présomption de ses conseillers ne m'ont pas permis de conclure un arrangement qui sauvegardait les intérêts des deux nations en cause. Le gouvernement de la République, quoi qu'il arrive, aura fait preuve de la plus grande bienveillance envers le royaume de Dahomey. Il importe cependant que le nouveau roi ne puisse pas ignorer trop longtemps que la République française n'est patiente que parce qu'elle est forte, et qu'elle sait imposer le respect qui lui est dû, lorsque cela devient nécessaire.

On connaît les événements qui se sont succédé à la côte des Esclaves depuis cette époque, le traité signé par M. l'amiral de Cuverville, la reconnaissance du fleuve Whémé faite en 1892 par M. le lieutenant-gouverneur Ballot.

Cette reconnaissance, le roi Behanzin la considéra comme contraire à l'esprit et à la lettre du traité Cuverville, dont une clause recommandait aux canonnières françaises de ne plus remonter le cours du Whémé ; et l'exploration de l'*Émeraude*, jugée utile pour savoir si les troupes Dahoméennes se préparaient à envahir le royaume de Porto-Novo, fut mal vue par les sujets du monarque dahoméen, qui jugèrent à propos de l'attaquer.

Cette violation du traité signé en août 1890, décida le ministère à envoyer le colonel Dodds au golfe du Bénin avec les pouvoirs de gouverneur et de commandant en chef.

Mais toutes ces phases du conflit franco-dahoméen ont été racontées surtout par des écrivains militaires qui, n'ayant pas assisté aux premiers incidents, n'étant peut-être jamais allés au Dahomey, ont reçu de ceux qui avaient intérêt à diriger l'opinion publique dans un sens déterminé des documents confidentiels qu'ils ont été obligés de publier incomplets, n'ayant pas les renseignements que je possède et qui auraient éclairé leur religion, car leur bonne foi n'est pas douteuse.

Il est certain que toutes nos difficultés, au Dahomey comme au Tonkin, proviennent d'une seule cause : le regret éprouvé par le département de la marine de ne pas voir, comme autrefois ses représentants directs, les amiraux et les capitaines de vaisseau, être les seuls intermédiaires entre le pouvoir central et les indigènes placés sous notre suzeraineté ou notre protectorat.

Jadis le commandant en chef de la division navale de l'Atlantique sud était chargé de diriger la politique de toutes les possessions françaises comprises entre le Sénégal et le Gabon dont l'amiral était gouverneur.

C'est à ce titre que M. l'amiral Laffon de Ladébat, le 21 décembre 1864, à la suite d'un manque d'égards de la part du roi Sodji de Porto-Novo, abandonna définitivement notre protectorat sur ce territoire, un an après que M. le contre-amiral baron Didelot (1er août 1863) avait réussi à signer une convention avec le lieutenant-gouverneur de Lagos, John H. Glover, nous accordant comme frontière avec les possessions britanniques la rivière Addo et la ville d'Appah.

M. l'amiral Laffon de Labédat, afin que notre renonciation à tous ces territoires fût bien complète, eut soin d'écrire au gouverneur Glover, à la date du 21 décembre 1863, une lettre où il lui fit part de sa *décision*, et les recueils diplomatiques de la Grande-Bretagne n'ont jamais cessé, depuis cette époque, d'insérer cette décision à côté des traités qui leur cèdent Lagos et les pays avoisinants.

En 1879, pour conserver librement notre transit entre Porto-Novo et Kotonou, sur les conseils de notre ambassadeur à Londres, nous avons cédé aux Anglais le royaume de Frah et de Kéténou, c'est-à-dire le territoire compris entre la plage et la rive sud de la lagune de Porto-Novo. C'est dans ces conditions déplorables qu'en 1883 l'Administration des colonies, sollicitée par la Chambre de commerce de Marseille, fut saisie de cette importante question.

MM. Disne - Matin Dorat, Roger, Pereton, Ballot, comme résidents, et moi comme gouverneur, n'avons cessé de lutter pour reconquérir les territoires contestés par l'Angleterre, qui se basait sur l'abandon fait par M. de Ladébat en 1864 et par le Gouvernement en 1879.

Les pourparlers qui eurent lien en 1886 aboutirent à une convention signée à Paris le 10 août 1890, qui complétait le traité que nous avions signé avec l'Allemagne en 1886 au sujet de nos possessions à la côte des Esclaves, et plaçait désormais le Dahomey sous notre influence politique.

Telle a été l'œuvre de l'Administration des colonies de 1883 à 1890. Les transactions commerciales de la France au Bénin ont été considérablement augmentées, et je crois pouvoir ajouter que si, au début du conflit franco-dahoméen, en février 1890, un accord complet avait pu exister à Paris entre la marine et les colonies, alors rattachées au ministère du commerce, c'est-à-dire si la marine avait bien voulu donner au début à l'Administration coloniale le concours effectif sur terre qu'elle donna seulement quand la direction des affaires passa dans ses mains, nous aurions occupé sans coup férir les points importants du littoral, Wydah entre autres, privés à cette époque, de sérieux défenseurs.

L'armée dahoméenne qui est venue se briser à Kotonou contre les tirailleurs du commandant Terrillon, abrités par des branchages et quelques troncs d'arbres, n'aurait jamais pu reprendre Wydah, où les habitations peuvent être transformées en véritables forteresses.

Le littoral compris entre Kotonou et Grand-Popo une fois en notre possession, les Dahoméens se trouvaient sans communication facile avec la mer, et ils auraient été réduits à nous demander la paix.

La responsabilité de l'exécution effective des opérations militaires n'incombera à l'Administration coloniale que le jour où des navires pourront sans ordres restrictifs être mis à sa disposition, et où une armée coloniale pourra exécuter librement les programmes dont le gouvernement de la République aura chargé le ministre des colonies.

L'honorable ministre de la marine a laissé au commandant actuel de nos établissements du Benin la plus entière latitude. Il en a fait la déclaration à maintes reprises, et la promotion du colonel Dodds au grade de général de brigade témoigne la confiance du gouvernement en ce chef méthodique, qui vient de donner des preuves réelles de ses capacités militaires. Il est juste, puisqu'il a consenti à entreprendre cette périlleuse campagne avec un nombre d'hommes inférieur à celui que d'autres officiers supérieurs exigeaient, puisque, d'après les dépêches officielles, il parait avoir réussi à infliger au roi Behanzin de sanglantes défaites, il est de toute justice qu'une haute récompense soit décernée à un homme qui vient de relever avec tánt d'éclat le prestige de la France en Afrique.

Les succès remportés par la colonne expéditionnaire du général Dodds, cette lutte soutenue contre des ennemis dix fois supérieurs en nombre, d'une bravoure et d'une témérité extrêmes, armés de fusils perfectionnés, ayant à leur disposition une artillerie puissante, et auxquels la nature de leur sol, le soleil torride et les pluies torrentielles venaient puissamment en aide, ont été suivis avec la plus vive anxiété par la nation tout entière.

Il a semblé aux hommes les moins susceptibles d'enthousiasme que cette marche pénible, à travers une région broussailleuse qui permettait à nos adversaires de nous arrêter presque à chaque pas, prenait les apparences d'une épopée.

De plus, si l'on songe que l'expédition du général Dodds est dirigée contre un peuple que sa religion a rendu le plus cruel et le plus sanguinaire de l'Afrique, on peut à bon droit considérer cette guerre comme une sorte de croisade faisant rentrer notre patrie dans ses traditions chevaleresques et humanitaires.

Mais si la fierté nationale a été heureuse d'entendre les louanges que les autres peuples, les Anglais en particulier, ont adressées au général Dodds et aux braves qu'il a l'honneur de commander, nous devons, au point de vue du développement légitime de notre influence en Afrique, nous déclarer satisfaits. Cette campagne, que toutes les nouvelles parvenues jusqu'à ce jour s'accordent à montrer comme ayant été conduite avec une prudence et une méthode dignes des plus sincères éloges, — si elle se termine heureusement, comme il est permis de l'espérer, par la chute d'Abomey et la déchéance ou la suppression du roi Behanzin, — aura les résultats les plus considérables au point de vue de notre prestige en Afrique, non seulement dans la région voisine du golfe de Benin, mais encore vers la région du Niger jusqu'au lac Tchad.

Le Dahomey entretient, en effet, des relations suivies avec les peuples situés au nord et au nord-est, le Mossi, le Sokoto et le Bornou. Les marchands arabes de ces régions descendent non seulement à Ibadan, Abéokuta, mais viennent également à Abomey.

Le roi du Dahomey possède parmi ses soldats un bataillon exclusivement composé de musulmans. Le bruit de notre victoire se répandra, dans tous les pays arrosés par le Niger, d'une manière extrêmement rapide, car les nouvelles vont vite en Afrique, et l'exagération propre aux indigènes en centuplera la valeur.

Il faudra veiller à ce que le succès de nos armes ne soit pas interprété par les peuples de l'intérieur comme un danger futur pour leur liberté. Ce sera là un des points délicats à traiter après la pacification définitive du Dahomey.

En revanche, sur la côte des Esclaves, et je ne crains pas de dire depuis le cap des Palmes jusqu'au Gabon, toutes les tribus indigènes auront désormais pour le nom français un respect qu'elles s'abstenaient de lui témoigner, réservant leurs prévenances pour les Anglais et les Allemands.

La prise d'Abomey frappera vivement l'imagination des noirs, pour lesquels les Dahoméens paraissaient impossibles à vaincre, même après la rapide campagne du général Wolseley contre les Achantis.

Les Anglais qui, en 1875, mirent le blocus devant Wydah, n'envisagèrent pas la possibilité de faire avec succès une démonstration à terre. Nos voisins du Togoland ne croyaient pas non plus à la possibilité de notre arrivée dans la capitale dahoméenne, et c'est peut-être la raison qui a amené les négociants allemands à favoriser ouvertement le roi Behanzin, afin, en cas de revers présumés de nos armes, d'obtenir le monopole du commerce dans cette région si riche. Il est, en effet, évident que l'expédition française ayant échoué, c'était pour nos maisons de commerce installées depuis 1841 à Wydah d'abord, à Godomey, Avrékété, Abomey Kalavy, dans la suite, l'obligation de se retirer et de cesser tout trafic.

Le commerce allemand n'ayant plus un seul concurrent, car les Anglais, à la suite du blocus de 1875, ont transporté leurs comptoirs à Lagos et aux bouches du Niger, bénéficiait entièrement de notre disparition du marché.

De là, si les renseignements publiés en France sont exacts, ces ventes d'armes, de canons et de munitions aux troupes dahoméennes et le concours effectif donné au roi Behanzin par les Européens agents des factories hambourgeoises de Wydah et de Petit-Popo.

Il me paraît plus qu'improbable que ce concours ait pu être autorisé par les gouvernements allemand ou anglais, mais il est prouvé que des steamers anglais ont apporté des armes aux factoreries allemandes, que leurs agents, soit par la vente de fusils perfectionnés, soit par un concours plus effectif donné au roi du Dahomey, ont rendu la résistance de ce chef plus longue et plus dangereuse pour les troupes françaises, et c'est incontestablement à cet appui que nous devons les arrêts forcés de la colonne expéditionnaire, obligée d'attendre les renforts laissés disponibles à Kotonou et à Porto-Novo.

Le ravitaillement constitue, d'un autre côté, une opération très délicate. M. Ballot, lieutenant-gouverneur du Bénin, déploie l'activité la plus louable, et, grâce à l'autorité qu'il exerce sur le roi Toffa, il a pu réunir les porteurs nécessaires au transport des vivres et des munitions.

Mais les demandes du général Dodds se renouvelant à des intervalles rapprochés, et, d'un autre côté, les auxiliaires indigènes préposés au convoi ayant été décimés par les balles dahoméennes, le recrutement d'un personnel nouveau a dû être laborieux : de là des retards auxquels la baisse des eaux du Whémé est venue s'ajouter, empêchant nos canonnières d'atteindre le gué de Tohoné, où la colonne a débarqué pour se diriger sur Cana.

Il a donc fallu recourir aux pirogues, qui sont peu aptes à remonter le courant d'une rivière, et le ravitaillement, qui s'opérait avec une précision parfaite au début, est devenu très compliqué à affectuer.

Néanmoins, cette opération a lieu en ce moment. Des renforts estimés à 480 hommes appartenant à l'infanterie de marine et aux tirailleurs sénégalais, débarqués le 10 novembre à Kotonou par le *Mytho*, sont en route pour rejoindre la colonne expéditionnaire qui occupe Cana.

Le général Dodds, fidèle à la tactique qui lui a si bien réussi jusqu'à ce jour, ne paraît vouloir attaquer la capitale dahoméenne qu'après avoir comblé les vides produits dans les rangs de sa petite armée et être en mesure, non seulement de prendre Abomey, mais d'arrêter le roi dans sa fuite.

Or la baisse continue des eaux du Whémé nécessite que cette dernière opération s'accomplisse le plus rapidement possible.

Tirailleur Haoussa.

Le cours de cette rivière est peu connu en France. Le Whémé ou Oagbo (l'Oopara de certains géographes) a été exploré, par mes ordres, en 1887 par M. Nonce Siciliano.

Une carte fut établie à son retour, et un officier très distingué de l'infanterie de marine, M. Tralboux, fut chargé de la vérifier et de la compléter.

M. Ballot remonta, en 1888, le fleuve jusqu'au gué de Tohoué à bord de la canonnière l'*Emeraude* et, dès lors, on pu tracer le cours de la partie navigable de ce cours d'eau qui se jette dans la lagune de Porto-Novo et dans le lac Denham par deux branches que forme son embouchure, au milieu de laquelle se trouve l'îlot d'Aguégué.

Le courant du Whémé est très rapide au moment des hautes eaux (septembre et octobre). Sa largeur, presque uniforme, est de 250 mètres. Ses rives, qui ont d'abord 1 mètre de hauteur dans les régions plates qui avoisinent le littoral, atteignent 7 mètres de haut dans la région boisée. Ces berges élevées indiquent la crue prodigieuse de ce fleuve à la saison des hautes eaux qui vient de finir.

En effet, dès le mois de novembre, les pluies deviennent peu abondantes, pour cesser complétement vers le 20, et il sera, dès lors, impossible aux vapeurs que nous avons fait venir à Porto-Novo d'aller prendre à Tohoué les malades et les blessés de la colonne.

C'est là un inconvénient grave que le général Dodds a dû prévoir. Au mois de décembre, les pirogues ayant à lutter contre le courant peuvent seules remonter et en général ne dépassent pas Fauvier.

Ekba, le Dieu de la Guerre (fétiche dahoméen), trouvé par nos soldats le jour de la prise de Cana.

Aussi la nouvelle de la prise d'Abomey est-elle anxieusement attendue par ceux qui connaissent cette région, où une surprise est toujours à redouter. Après la défaite définitive du roi du Dahomey, que fera-t-on pour que le prestige acquis par cette brillante campagne militaire devienne profitable à nos intérêts ?

Allons-nous procéder comme au Soudan, nous installer à Abomey, relié à Porto-Novo et à Wydah par une série de blockhaus, et mettre dans les centres habités des chefs à notre dévotion ? En un mot, allons-nous faire une occupation militaire ?

Mais, si l'on veut prendre la peine de jeter les yeux sur une carte où notre pénétration vers le Soudan soit indiquée, on verra que l'occupation de Bafoulabé en 1880, a été suivie de celle de Kita en 1881, qui a nécessité plus tard notre établissement à Bamako en 1883, puis celle de Nyamina, de Ségou, de Nioro, etc. Et, à l'heure actuelle, un immense réseau de postes militaires s'étend vers le nord, vers l'est, vers le sud-est, dans l'intérieur du Soudan central, protégeant un grand nombre de routes, où le transit commercial n'a aucun rapport avec ce déploiement de nos forces militaires, qui coûtent à la France des millions et rapportent une centaine de mille francs.

Cette année, le colonel Combes sera peut être obligé de s'enfoncer dans les pays peu connus qui s'étendent au delà du Niger, à la recherche de Samory, que les Anglais de Sierra-Leone approvisionnent de munitions et de fusils.

Il y a eu au Soudan comme au Dahomey des actions militaires glorieuses. Les Desbordes, les Gallieni, les Boilève, les Frey, les Combes, les Vallière, les Archinard et les Humbert ont eu, comme le général Dodds, à déployer la plus grande bravoure et à lutter contre des ennemis que je connais et qui, plus instruits que les Dahoméens, plus franchement guerriers, se battent avec autant de vaillance que ces derniers, mais avec plus de noblesse, chargeant nos carrés au grand soleil, et arrivant sur leurs chevaux agiles, malgré les feux de salves, jusque sur les baïonnettes de nos intrépides soldats de l'infanterie de marine.

Il y aurait une page bien belle à écrire sur le général Borgnis-Desbordes, défendant Bamako avec quelques centaines d'hommes, manquant de munitions et de vivres, et, stoïquement, livrant la bataille dans la plaine nue qui s'étend jusqu'au Niger aux troupes compactes et aguerries, armées de solides carabines anglaises, que l'Almamy Samory, le grand conquérant soudanien, commandait en personne.

Au point de vue militaire, cette conquête du Soudan, où le général Borgnis-Desbordes s'est illustré, et que Renan a comparée aux campagnes d'Alexandre, est, comme l'expédition actuelle, de nature à flatter notre amour-propre national ; mais le Soudan, aussi bien que l'intérieur du Dahomey au nord de Lama, ne sont pas, je le crains, destinés à donner des résultats économiques pouvant balancer les dépenses effectuées déjà.

J'estime qu'il faut se garder de nous avancer dans l'intérieur vers les pays compris dans la boucle du Niger. Il serait prudent de nous contenter d'une victoire morale, du développement de notre influence politique tant au nord d'Abomey qu'à l'est de Ségou-Sikoro.

Il est inutile d'occuper matériellement des points au nord du Dahomey, malgré le traité de Berlin, cet instrument diplomatique qui nous a poussés aux occupations effectives des régions de l'Afrique avec lesquelles nous entretenions auparavant, avec raison, de simples rapports d'amitié et de commerce.

Contentons-nous du littoral, où se trouvent les portes commerciales du continent noir, et n'allons pas continuer cette politique de conquêtes qui coûte si cher aux contribuables, qui met en deuil tant de familles françaises pour une gloire trop chèrement acquise. Réservons précieusement le courage de nos officiers, leur sang et celui des humbles, des soldats, pour des batailles plus profitables aux intérêts sacrés de la nation.

La lama, ce marais immense, sépare, pendant la saison des pluies (mars-décembre), le Dahomey en deux parties très distinctes. L'une au nord, découverte, ressemble au Soudan et ne produit que du maïs, des haricots et des ignames servant à la nourriture des indigènes ; l'autre au sud va jusqu'à la côte ; elle est couverte de forêts de palmiers à huile, de roniers, de cailcédrats (acajou), de lianes de caoutchouc et d'essences précieuses ; elle seule mérite l'attention du gouvernement.

Le commerce doit, par l'intermédiaire des indigènes, en leur facilitant l'exploitation des forêts qui sont leur patrimoine et sans léser leurs droits, recueillir des matières premières utiles à notre industrie et pouvant donner du travail aux ouvriers de la métropole.

Nous devons développer chez les Dahoméens,

opprimés depuis des siècles par des tyrans, la connaissance des choses utiles, leur procurer une vie plus confortable, mais les laisser entièrement libres. Il faut que l'expédition du général Dodds ait pour but de leur donner la liberté et non de la leur ravir.

Laissons arriver à nos factoreries du littoral les caravanes de l'intérieur, mais il appartient au commerce le soin d'accomplir lui-même, s'il le juge utile, l'œuvre de pénétration vers le nord.

On a dit que l'Angleterre et l'Allemagne profiteraient, quoi qu'il arrive, de notre succès. Il est certain que les cotonnades de Manchester, le gin, le tabac et la poudre de Hambourg feront toujours concurrence aux étoffes de Rouen et de Flers, au tafia et aux anisettes de Marseille, et à la poudre de Saint-Chamas. En outre, le traité de Francfort et nos conventions avec l'Angleterre ne permettent pas de nous isoler au Dahomey comme sur le fleuve Sénégal, dont l'accès est interdit aux autres nations européennes.

Commerce veut dire l'art de gagner de l'argent par des échanges, et c'est être bien naïf que de vouloir mettre des obstacles aux transactions commerciales. Nos négociants, si leur intérêt ou le goût des indigènes l'exige, achètent sur les marchés anglais ou allemands les objets d'échange dont ils ont besoin, de même que les Anglais et les Allemands en achètent journellement en France. Il s'agit de produire à bas prix : c'est aux industries françaises à se défendre contre la concurrence étrangère.

Développons notre commerce au Dahomey, mais réduisons l'occupation militaire au strict nécessaire.

Il ne faut pas, par une expansion dangereuse vers l'intérieur, mécontenter les musulmans, qui sont en Afrique des courtiers qu'il faut avoir pour soi, si l'on ne veut pas en faire des adversaires naturellement disposés par leurs croyances à se montrer peu bienveillants à notre égard.

Ce sont les marabouts, les aloufas, qui tiennent les marchés du Niger, du Sokoto, du Bornou et du Kanem, où un des plus intrépides officiers de l'infanterie de marine, le commandant Monteil, dont on signale la prochaine arrivée à Tripoli, vient de passer heureusement, accomplissant du Sénégal à la Tripolitaine par le Tchad, le voyage le plus important qui ait été fait en Afrique par un Français, depuis René Caillé.

Le commandant Monteil, dans cette exploration pacifique, vient de nous créer de nouveaux amis dans le Soudan, d'augmenter le prestige de notre patrie et de recueillir pour le monde scientifique des documents du plus haut intérêt.

Il ne faut pas nous exposer de gaieté de cœur, en multipliant les expéditions militaires, à mécontenter les peuplades musulmanes, qui pourraient se croire menacées à leur tour : leur soulèvement aurait des conséquences désastreuses pour l'influence à laquelle nous avons le droit légitime de prétendre, et que le voyage du commandant Monteil et les victoires du général Dodds viennent de nous faire acquérir.

On arrive à tout par la patience. Nous ne devons pas, sous l'impulsion du succès auquel les Français sont trop sensibles, chercher à étendre nos conquêtes en Afrique.

Le nord-ouest du continent africain, qui, par sa situation géographique, semble rentrer dans la sphère de l'influence politique française, appartiendra-t-il à notre pays, un chemin de fer traversera-t-il un jour le pays du mirage, cette région sablonneuse, à peine peuplée, parcourue par les Touaregs nomades, qui s'appelle le Sahara ? nous le souhaitons, mais nous demandons qu'on laisse quelque chose à faire à ceux qui venant après nous, hériteront de notre enthousiasme colonial.

Ce jugement connu ; reprenons la suite des faits accomplis à la fin du mois de novembre.

Les dépêches reçues montrèrent le commandant en chef mettant à profit la disparition de Behanzin pour rapidement réorganiser le pays le plus favorablement à nos intérêts. Dès le 18 novembre, le général lança une proclamation aux indigènes déclarant la déchéance du souverain vaincu.

Plus de 6,000 Nagos (peuplade habitant au nord du royaume de Porto-Novo) répondirent aussitôt à l'appel. On espère que les chefs de tout ce territoire ne tarderont pas à suivre cet exemple. Cela est vraisemblable, et c'est pour cela qu'il convenait de presser l'envoi des renforts annoncés. Les nouveaux chefs que choisira le général Dodds pour remplacer ceux qui ont suivi Behanzin doivent être soutenus et maintenus par le nombre de nos soldats. Dans ces pays, la force est la seule morale et la seule autorité.

Cela a été si bien compris que M. Ballot et le colonel Gonard, chef de l'état-major du général Dodds, sont arrivés dès le 24 à Porto-Novo, revenant d'Abomey avec une escorte de spahis.

Ils se sont rendus à Abomey-Calavi et à Wydah afin d'assurer la pacification du littoral. C'est en effet dans l'ouest du protectorat fran-

Crémation des corps des D[...]s.

çais qu'une levée insurrectionnelle est à craindre. M. Ballot, qui a montré autant d'intelligence et de dévouement pendant l'expédition de février-mars 1890 que pendant celle de 1892, sera encore un aide puissant dans cette circonstance.

Encore une fois il eut été d'une extrême imprudence d'économiser les renforts, de compromettre, en ne tenant point compte des leçons du passé, un si beau succès acheté à force de persévérance et de ténacité.

M. Burdeau, Ministre de la Marine, qu'il faut hautement féliciter de sa prévoyance et de son énergie, prit sans tarder les mesures nécessaires.

Une compagnie d'artillerie, une compagnie de marche des troisièmes bataillons d'Afrique furent immédiatement expédiées au Dahomey. Les vacances des officiers furent comblées.

En outre, les indigènes de la 4º compagnie du bataillon de tirailleurs haoussas, dont la création est autorisée, pourront être recrutés parmi les Dahoméens. Nos officiers et hommes de troupes qui rejoindront leur destination, seront employés dans les compagnies stationnées au Bénin suivant les besoins du service et en remplacement des rapatriés.

Les hommes de troupe rapatriés du Dahomey seront repris à l'effectif de leur régiment métropolitain d'origine.

Le ministre a décidé, en outre, que tous les officiers et hommes ayant pris une part effective aux opérations de guerre au Dahomey depuis le 10 août 1892 jusqu'à la dislocation de la colonne, et qui rentreront en France sans avoir accompli la moitié du temps de séjour réglementaire seront néanmoins considérés, pour le classement sur la liste des tours de départ, comme ayant terminé la période réglementaire.

Telles étaient les dispositions prises lorsqu'arriva enfin le rapport dans lequel le général Dodds a exposé au gouvernement son projet d'organisation.

Le général constate tout d'abord que cette organisation est rendue difficile par ce fait que Behanzin a, dans sa retraite, emmené avec lui tous les principaux chefs du pays. Le général propose de profiter de cet état de choses pour morceler le royaume de Dahomey. Les territoires de la côte avec Wydah seraient incorporés aux possessions françaises du Bénin, et le reste du royaume conprendrait trois provinces indépendantes les unes des autres. L'une aurait Allada comme capitale ; la seconde, Abomey, et la troisième, constituée avec les villages de la vallée de l'Ouémé, aurait pour chef-lieu un village situé entre Agony et Dogba, dans les environs de Tohoué, par exemple. Quant au pays Décamey, absolument soumis aujourd'hui, il serait replacé sous l'autorité de notre allié Toffa, roi de Porto-Novo.

La province d'Allada serait la reconstitution de l'ancien royaume d'Ardres, dont le représentant fut reçu en audience par Louis XIV. La province d'Abomey reformerait l'ancien royaume des Foys, conquis par Tacoudonou, le fondateur d'Abomey et de la dynastie dahoméenne.

A côté des chefs intronisés par nous dans les trois provinces se trouveraient des résidents français qui relèveraient du gouverneur de nos établissements du Bénin.

Pour assurer la pacification du pays et pour empêcher que Behanzin fasse un retour offensif avec les élément militaires dont il dispose encore, le général Dodds est resté le temps nécessaire à Abomey et à son départ il a laissé dans l'ancienne capitale des forces importantes composées d'une compagnie d'infanterie de marine, quatre compagnies de tirailleurs sénégalais avec de l'artillerie.

Il s'occupe maintenant de la prise de possession de la côte, et, comme, en ce moment, les eaux de l'Ouémé sont basses, il est revenu à la côte par Allada et Wydah. Dès que le pays sera placé sous notre autorité, il fera établir d'urgence une route reliant Abomey à Wydah pour permettre à nos forces militaires de prêter leur appui, le cas échéant, à la garnison qui se tiendra momentanément à Abomey.

Le général Dodds demande des douaniers pour l'organisation des douanes de la côte. Il réclame la relève des troupes européennes et des cadres des compagnies indigènes, très fatiguées par la campagne. Il propose ensuite le renvoi au Sénégal de deux escadrons de cavalerie, l'état dans lequel se trouvent les chevaux ne permettant pas de les utiliser.

M. Burdeau a soumis ce programme au conseil des ministres. Le gouvernement en a approuvé les lignes générales. Ses intentions sont non d'occuper effectivement le Dahomey, mais d'exercer sur le pays un protectorat de surveillance de nature à empêcher le rétablissement d'un ordre de choses devant nécessiter une nouvelle expédition.

L'annexion de Wydah et du territoire de la côte est approuvé, et le blocus ne sera levé que le jour où les douanes françaises fonctionneront à

Wydah, à Godomey, comme elles fonctionnent déjà à Grand-Popo et à Cotonou. Le pays est riche, la population laborieuse : les douanes constitueront un important revenu budgétaire qui permet d'espérer que, dans un laps de temps assez court, la colonie pourra se suffire à elle-même, comme la colonie voisine de Grand-Bassam.

C'est pour permettre aux opérations commerciales de s'effectuer comme autrefois que le gouvernement laissera au général Dodds les troupes qui sont nécessaires pour assurer le maintien de notre autorité. Quand la relève sera effectuée, le corps expéditionnaire comprendra 3,400 hommes, non compris les compagnies de débarquement de la flottille. Et il se trouve que les demandes du général Dodds sont absolument conformes aux envois que le ministre de la marine a fait effectuer.

Il est un point sur lequel le gouvernement n'a pas statué, c'est sur le démembrement du royaume de Dahomey.

Cependant la répartition indiquée paraît logique, mais l'exécution du programme dépend des chefs dont on pourra disposer et de l'autorité qu'ils exerceront.

En tous cas, il importe de redoubler de précautions.

Behanzin erre dans le Bas-Mahi, avec ses féticheurs, à 100 kilomètres environ au nord-ouest d'Abomey ; il est encore redoutable, quoique vraisemblablement, il ne puisse se mettre sous la protection du pavillon allemand.

Les étrangers enrôlés avec les tueurs d'esclaves, n'étaient que des déclassés qui n'ont pas obtenu le moindre appui de leurs gouvernements respectifs, et dont quelques-uns ont été fusillés sans que la plus légère réclamation se soit produite, nous l'avons dit.

Mais, si l'on en croit l'avis d'un haut fonctionnaire, il ne faut pas oublier que Behanzin a réussi à emporter une partie de son trésor, et qu'il jouit encore, et malgré les défaites réitérées que nous lui avons infligées, d'une véritable popularité auprès des fanatiques de son pays. Ce serait folie de continuer une marche vers le Nord, surtout quant la saison des grandes pluies n'est plus très éloignée. Battre en retraite purement et simplement ne serait guère plus prudent ; au mois de mars prochain, Behanzin reprendrait l'offensive, et nous serions obligés de retourner à Abomey, au prix d'autres sacrifices et en surmontant d'autres difficultés.

On a songé également à confier au roi de Porto-Novo, la défense de Cana et d'Abomey, en l'appuyant, au besoin, de trois ou quatre compagnies de tirailleurs sénégalais, et nous assurer deux routes convergentes de la côte vers l'intérieur du pays ; l'une de ces routes existe, c'est l'Ouémé, que nos canonnières remontent facilement pendant dix mois de l'année. L'autre route qu'il faudrait tracer (c'est le projet Dodds), conduirait à Wydah à Allada et à Tohoué, et nous permettrait d'amener en temps utile tous les renforts nécessaires pour arrêter une incursion des Dahoméens, si ces derniers s'avisaient encore de traverser le grand marais de Co, dont l'approche est interdite aux Européens. On installerait une dizaine de postes tout le long de l'Ouémé et une petite place forte à Tohoué. Nous n'aurions plus alors qu'à nous établir solidement sur le littoral.

Au sud d'Abomey, sur les deux rives de l'Ouémé, le pays est salubre ; M. Ballot, le très courageux auxiliaire du général Dodds, a remonté l'Ouémé, il y a quatre ans, jusque bien au delà de Tohoué, et il a constaté que le fleuve était navigable. En un mot, nul ne songe à conquérir, ni même à occuper le Dahomey, mais tout simplement à prévenir toute nouvelle attaque contre nos possessions de Kotonou et notre protectorat de Porto-Novo.

Le ministre de la marine est, d'ailleurs, bien décidé à saisir les chambres de la question, en demandant, très prochainement, un crédit exceptionnel pour l'organisation de notre colonie de la Côte des Esclaves. La Chambre et le Sénat auront ainsi le moyen de donner leur approbation aux propositions formulées par le général Dodds et, d'ici là, ratifiées par le ministère.

En attendant cette solution, des colonnes mobiles parcourent le pays et reçoivent la soumission de tous les villages enchantés d'être débarrassés de Behanzin.

Moins satisfaits sont nos bons amis les Anglais.

Le *Morning-Post*, rendant compte de nos opérations, s'est exprimé ainsi :

« Il n'y a pas lieu de douter que la victoire des Français au Dahomey ne soit complète.

« Les Dahoméens, avec tous leurs défauts, ont démontré qu'ils possèdent la vertu sauvage d'un magnifique courage.

« Il vient donc d'être prouvé que le calcul d'après lequel on ne pouvait prendre Abomey qu'avec un corps d'armé de 10,000 hommes était erroné.

« On n'en avait pas moins mal calculé les difficultés de l'entreprise et on a ainsi rendu plus ardue la tâche du général Dodds.

« Le monde est désormais redevable à la France de l'abolition des sacrifices humains.

« Le Dahomey n'est pas en lui-même une possession désirable et le véritable but de la campagne n'est pas apparent.

« Depuis quelque temps, la France a développé sa sphère d'occupation à l'est et au sud du Sénégal. Le roi Tieba est placé sous son influence et le parti colonial français considère le pays de Samory comme appartenant à la France.

« Ces territoires auraient un débouché vers la mer si la possession du Dahomey était assurée à la France.

« Cette tactique aurait pour effet d'isoler certaines possessions britanniques.

« L'Angleterre doit veiller. »

Elle veille en effet.

Dès le lendemaint de la prise d'Abomey, le gouverneur anglais de Lagos plaça un poste de douanes dans la rivière française d'Ajarra, malgré les protestations des indigènes et du gouvernement de Porto-Novo. Cet acte a été accompli en violation de la convention de 1889, et dirigé contre les intérêts de notre colonie au profit des intérêts anglais de Lagos.

Nous ne saurions plus tolérer de semblables abus.

Nous récolterons, c'est du moins notre conviction absolue, les fruits de nos victoires et la mort de nos soldats n'aura pas été inutile.

A ses grandes œuvres d'humanité, la France saura joindre désormais, nous le voulons espérer, le souci des affaires.

FIN

TABLE DES MATIÈRES

CHAPITRE PREMIER

Les sacrifices humains au Dahomey

SOMMAIRE : Une fête à Abomey en 1890. — Empressement de la foule. — Premiers sacrifices. — Cent têtes coupées. — Joie populaire. — A travers les divertissements. — Le jeu des cadavres. — Un crucifié plaisant — Arrangements artistiques. — Parasols et pendus. — Les mascarades du crime. — Le cortége royal. — Les messagers funèbres. — La grande coutume. — Silhouette des amazones. — Ornements macabres. — Tortures diverses. — Décapitation des esclaves. — Hommage aux fétiches. — Enthousiasme de la populace. — Les paniers humains. — La revue des troupes. — L'orgie. — Récit de la grande coutume de 1860. — Témoignage de M. Lartigue. — Quelques mots sur les féticheurs.

CHAPITRE DEUXIÈME

Géographie du Dahomey

SOMMAIRE : Le Dahomey proprement dit. — La Côte des Esclaves. — Les peuples de la partie occidentale. — Une description d'Elisée Reclus. — Anciennes divisions ethniques. — La nation indigène. — Les traditions. — Le ventre de Dâ. — La généalogie des rois du Dahomey. — Limites du royaume. — Une singulière légende. — Aspect du pays. — Villages et cours d'eau. — Kana, la ville sainte. — Dieux drôlatiques. — Malpropreté des habitants. — Curieux détails. — Abomey. — Description de la capitale. — La Carthage noire.

CHAPITRE TROISIÈME

Religion. — Armée. — Coutumes

SOMMAIRE : Respect de l'autorité royale au Dahomey. — Tout appartient au prince. — Les femmes du roi. — Les Amazones. — L'armée. — Exercices et manœuvres. — Les surprises. — L'attaque des villes. — Les razzias. — L'armée du brigandage. — Le fétichisme. — Les féticheurs. — Les fétiches. — Multiples divinités. — Sacrifices étranges. — Coutumes singulières. — Le sort des femmes. — Usages. — Costumes. — La polygamie et les adultères. — Croyance à l'immortalité. — La politique. — La justice. — Tribunaux sommaires. — Châtiments corporels. — Puissance du roi. — L'éducation d'un prince. — Système de gouvernement. — Les ministres. — Les impôts. — La langue.

CHAPITRE QUATRIÈME

Mœurs et productions

SOMMAIRE : La vie de famille. — Les femmes et les enfants. — Mœurs privées des Amazones. — La fête du bœuf. — Les habitations. — Ameublement. — Excédent des naissances. — Les funérailles. — Universelle cruauté. — Les productions du pays. — Universelle indolence. — Moyen de culture. — La flore. — Les fruits. — Fécondité du sol. — Produits divers. — Animaux. — Oiseaux. — L'alimentation. — L'industrie. — Les métiers. — Les marchands. — La monnaie. — Le suicide. — Les successions. — L'instruction. — La toilette. — Le bâton suprême. — La musique et la littérature. — Comment on voyage au Dahomey. — La police.

CHAPITRE CINQUIÈME

Les villes de la côte. — Le roi Toffa

SOMMAIRE : La côte. — Pays sous le protectorat de la France. — Porto-Novo. — Description de la ville. — Les récoltes. — L'industrie. — Le climat. — La navigation fluviale. — Le tafia. — Gros et détail. — Les marchés. — La monnaie. — Le roi Toffa. — Un ivrogne en chambre. — L'Etoile noire. — L'imprimerie royale. — L'Éléphant blanc. — Les ministres. — Le cérémonial. — Les anarchistes de Porto-Novo. — L'armée de Toffa. — Une prophétie. — Entre Porto-Novo et Kotonou. — Wydah. — Agoué. — Les Minas. — Superstitions. — Lagos. — Les coutumes de Wydah. — Le serpent fétiche. — Le temple. — Fête religieuse. — Danses sacrées.

CHAPITRE SIXIÈME

Le commerce. — Les factoreries

SOMMAIRE : Nos relations commerciales avec le Dahomey depuis le dix-septième siècle ; sous le règne de Louis-Philippe ; sous le second Empire.

— Traités divers. — Possessions étrangères. — Protectorat français. — Les incidents de 1878. — Convention avec la République française. — Les factoreries. — La barre. — Les requins et les nègres. — Le warf de Kotonou. — Description des factoreries. — Anecdotes. — Le trafic de l'huile de palme. — Statistique des douanes. — Les chiffres du *Journal officiel* de nos protectorats. — Bel avenir de la colonie. — Recettes et dépenses. — Détails complémentaires. — Rivalité étrangère. — Utilité de la protection de nos nationaux. — L'influence française. — Nécessité d'une énergique politique coloniale.

CHAPITRE SEPTIÈME

La campagne de 1890

SOMMAIRE : Les causes de notre intervention militaire au Bénin en 1890. — Mauvaise foi du roi Glé-Glé. — Influences étrangères. — Insulte au drapeau. — Exactions et insolence des troupes royales. — Débarquement de nos soldats. — La mission Bayol. — Notre résident à Abomey. — Deux entrevues. — Spectacle terrifiant. — Mort de Glé-Glé. — Le commandant Fournier. — Le premier corps expéditionnaire. — Le commandant Terrillon. — Escarmouches. — Pièges tendus aux otages. — Leur voyage à Abomey. — Leur supplice. — Lettre de Behanzin au président Carnot. — Attaque de Kotonou. — Les renforts. — Bombardement du Décamey. — Dogba. — Rappel de M. Bayol. — Négociations de paix. — Combat de d'Atchouba. — Retour des otages. — M. Ballot, gouverneur général. — La mission du père Dorgère. — A Wydah. — Traité de 1890. — Considérations générales.

CHAPITRE HUITIÈME

La guerre de 1892. — Premières opérations

SOMMAIRE : Orgueil de Behanzin. — Sa politique. — Attaque soudaine des Dahoméens près de Porto-Novo (avril). — *La Topaze.* — Officielle déclaration de guerre. — L'armée ennemie. — Ses pillages. — Bombardements. — M. Cavai-

gnac, ministre de la marine, est remplacé par M. Burdeau. — Pleins pouvoirs au colonel Dodds. — La bataille de Dogba. — Mort de Faurax. — Lettres de soldats. — Portrait du chef de l'expédition. — Nos soldats tués. — Les bûchers des morts dahoméens. — Leurs fusils. — Leur tir. — Récits de combattants. — Fatigues et périls sans nombre. — La marche en avant. — Escarmouches et embûches.

CHAPITRE NEUVIÈME

La prise d'Abomey

SOMMAIRE : Les étrangers alliés à Behanzin. — Combats d'octobre 1892. — Soins donnés aux blessés. — Composition du corps d'armée. — Rôle du génie. — Difficultés de la marche en avant. — Prise de Kana la ville sainte (4 novembre). — Le colonel Dodds promu général. — Onze combats en deux mois. — Les morts au champ d'honneur. — Lettre d'un héros. — Une mère. — Souscription pour les combattants. — Evolution de la colonne. — Précautions sanitaires. — Tentatives pacifiques de Behanzin. — Sa fuite. — Le drapeau français à Abomey (17 novembre 1892). — Agissements allemands et anglais. — Encore le roi Toffa. — Les récompenses de nos troupes. — La médaille du Dahomey. — Le général Dodds, grand-officier de la Légion d'honneur. — Derniers détails.

CHAPITRE DIXIÈME

La solution

SOMMAIRE : Que fera-t-on du Dahomey ? — L'opinion publique. — La possession de la côte. — La prise de Wydah. — Les critiques. — M. Le Myre de Villers. — L'opinion de M. Jean Bayol. — Entreprise de pacification. — Précautions nécessaires. — Les renforts. — Les propositions du général Dodds. — Morcellement du royaume du Dahomey en trois provinces. — Organisation des douanes. — Opinion du gouvernement. — Propositions diverses. — Soumission des habitants. — Nos bons amis les Anglais. — Les intérêts de la France.

VERSAILLES. — IMP. CERF ET Cie, 59, RUE DUPLESSIS.

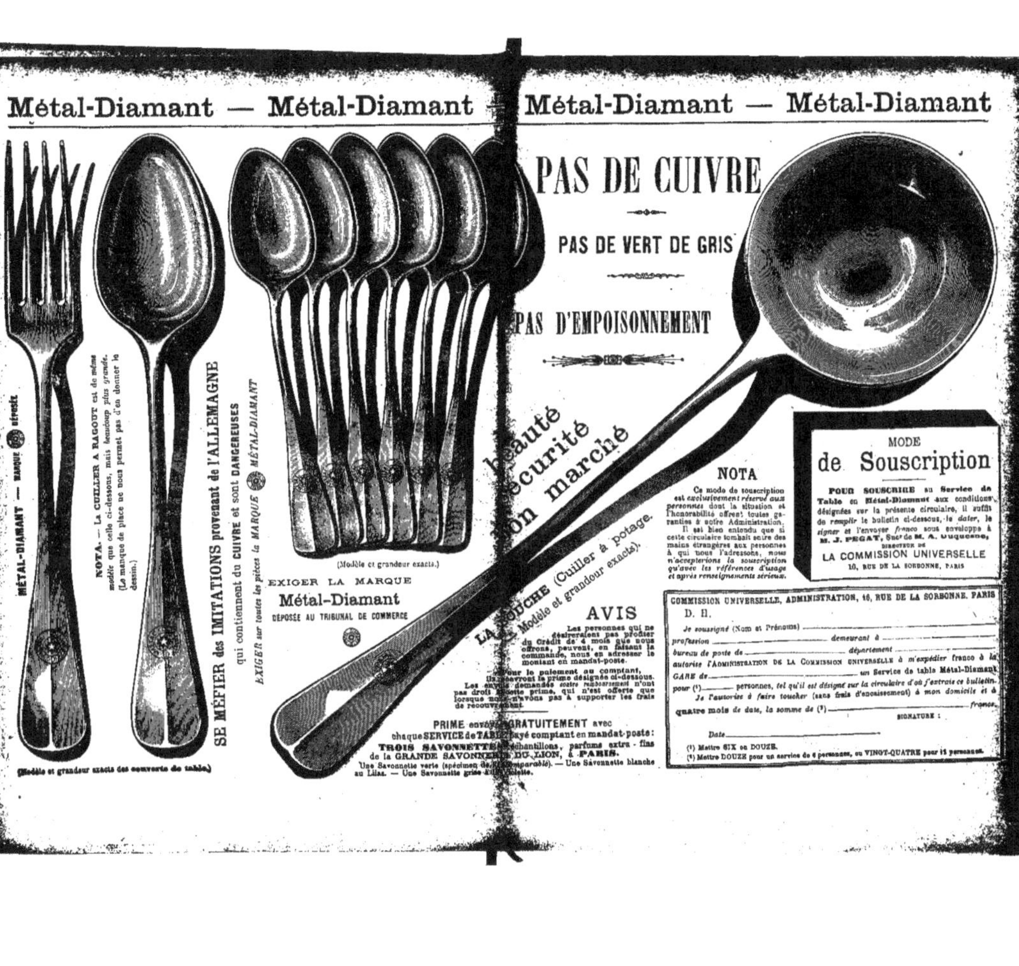

Métal-Diamant — Métal-Diamant — Métal-Diamant — Métal-Diamant

PAS DE CUIVRE
PAS DE VERT DE GRIS
PAS D'EMPOISONNEMENT

Beauté
Sécurité
Bon marché

NOTA. — La CUILLER A RAGOUT est de même modèle que celle ci-dessous, mais beaucoup plus grande. (La marque de place ne nous permet pas d'en donner le dessin.)

MÉTAL-DIAMANT — MARQUE directe

SE MÉFIER des IMITATIONS provenant de l'ALLEMAGNE
qui contiennent du CUIVRE et sont DANGEREUSES
EXIGER sur toutes les pièces la MARQUE MÉTAL-DIAMANT

(Modèle et grandeur exacts.)

EXIGER LA MARQUE
Métal-Diamant
DÉPOSÉE AU TRIBUNAL DE COMMERCE

(Modèle et grandeur exacts des couverts de table.)

LA LOUCHE (Cuiller à potage.)
Modèle et grandeur exacts.

NOTA
Ce mode de souscription est exclusivement réservé aux personnes dont la situation et l'honorabilité offrent toutes garanties à notre Administration.
Il est bien entendu que si cette circulaire tombait entre des mains étrangères aux personnes à qui nous l'adressons, nous n'accepterions la souscription qu'avec les références d'usage et après renseignements sérieux.

AVIS
Les personnes qui ne désireraient pas profiter du Crédit de 4 mois que nous offrons, peuvent, en faisant la commande, nous en adresser le montant en mandat-poste.
Pour le paiement au comptant, ils recevront la prime désignée ci-dessous. Les envois demandés contre remboursement n'ont pas droit à cette prime, qui n'est offerte que lorsque nous n'avons pas à supporter les frais de recouvrement.

PRIME envoyée GRATUITEMENT avec chaque SERVICE de TABLE payé comptant en mandat-poste :
TROIS SAVONNETTES échantillons, parfums extra-fins de la GRANDE SAVONNERIE DU LION, à PARIS.
Une Savonnette verte (spécimen de l'incomparable). — Une Savonnette blanche au Lilas. — Une Savonnette grise à la Violette.

MODE
de Souscription
POUR SOUSCRIRE au Service de Table en Métal-Diamant aux conditions désignées sur la présente circulaire, il suffit de remplir le bulletin ci-dessous, le dater, le signer et l'envoyer franco sous enveloppe à M. J. PEGAT, Sucr de M. A. DUQUESNE, DIRECTEUR DE
LA COMMISSION UNIVERSELLE
10, RUE DE LA SORBONNE, PARIS

COMMISSION UNIVERSELLE, ADMINISTRATION, 10, RUE DE LA SORBONNE, PARIS
D. H.
Je soussigné (Nom et Prénoms) _____ demeurant à _____
profession _____
bureau de poste de _____ département _____
autorise l'ADMINISTRATION DE LA COMMISSION UNIVERSELLE à m'expédier franco à la GARE de _____ un Service de table Métal-Diamant pour (¹) _____ personnes, tel qu'il est désigné sur la circulaire dont j'extrais ce bulletin.
Je l'autorise à faire toucher (sans frais d'encaissement) à mon domicile et à quatre mois de date, la somme de (²) _____ francs.
SIGNATURE :
Date _____
(¹) Mettre SIX ou DOUZE.
(²) Mettre DOUZE pour un service de 6 personnes, ou VINGT-QUATRE pour 12 personnes.

PLUS DE 100.000 LETTRES DE FÉLICITATIONS

Plusieurs gros volumes ne suffiraient pas à reproduire les lettres de satisfaction reçues, depuis trois ans, par l'Administration de la Commission Universelle. En voici quelques-unes prises au hasard dans notre correspondance générale. Nous tenons d'ailleurs nos volumineux dossiers à la disposition de quiconque voudrait les consulter pour se rendre compte de l'énorme succès obtenu par notre Orfèvrerie en Métal-Diamant.

J'ai reçu hier votre envoi de couverts *Métal-Diamant*, et m'empresse de vous en témoigner toute ma satisfaction, tant sous le rapport de la *beauté* que de la *solidité*; c'est bien, comme vous l'annoncez, le confortable à la portée de toutes les bourses. — Votre œuvre est éminemment française, en ce qu'elle occupe des milliers d'ouvriers en ce moment de crise industrielle. — Tous mes efforts tendront à faire connaître vos couverts *Métal-Diamant* dans ma région, assuré d'avance que je ne recevrai que des remerciements et des éloges.

A. GOSSET, comptable,
21, rue Descartes,
à Esquermes-Lille (*Nord*).

Veuillez m'envoyer un service de table *Métal-Diamant* pour 6 personnes.
La présente commande est destinée au Maire de ma commune, qui a été émerveillé du service *Métal-Diamant* qu'il a vu chez moi.

CHAMBON, instituteur public,
à St-Brice, par Sauveterre-de-Guienne (*Gironde*).

Je vous félicite de vos couverts *Métal-Diamant*, qui sont **très beaux** et ne se détériorent pas, quoique nous nous en servions tous les jours.

A. TRIBOUT, facteur,
23, rue de Lagny, à La Queue-en-Brie (*Seine-et-Oise*).

J'ai reçu le service en *Métal-Diamant* que je vous avais demandé; je suis très satisfait, et je constate que l'on ne peut mieux employer son argent.
A la réception de votre marchandise, on est heureux de pouvoir constater que tout est mieux encore que ce qu'on pouvait espérer.

E. FAURE, épicier,
à Castelnau-d'Estrofonds (*Haute-Garonne*).

Il y a un an, à pareille époque, vous m'avez expédié un service de table pour six personnes, de votre *précieux Métal-Diamant*.
J'ai été on ne peut plus satisfait de cet envoi, et les personnes à qui j'ai montré votre *orfèvrerie nouvelle* en ont admiré les qualités exceptionnelles.

LOISELEUX, fondé de pouvoirs,
à la perception d'Olmeto (*Corse*).

J'ai reçu ce matin votre petit colis de couverts en *Métal-Diamant*, et j'avoue que j'ai été agréablement surpris par l'état de solidité et l'aspect de ce métal, imitant à s'y méprendre l'argent vrai. — Quelquefois les circulaires sont rédigées de manière à allécher les clients et ne sont généralement que gonflées de vent et emposées de mensonges. Je vois avec plaisir que vos annonces ne sont nullement trompeuses, qu'il n'y a chez vous aucune exagération, et que votre devise : Beauté — Sécurité — Bon marché — est respectée de point en point.
Je rends justice à votre principe de loyauté et de confiance.

DEBAILLE MAXIMILIEN, propriétaire,
à Vic-les-Etangs (*Hérault*).

De nombreux surcroîts d'occupation ne m'ont pas permis dans son temps de vous accuser réception de votre *orfèvrerie Métal-Diamant*; le métal est arrivé bien conditionné.
Veuillez le croire, monsieur le Directeur, nous ferons tout notre possible pour vous venir en aide dans votre entreprise, tant pour la faire connaître votre œuvre, que pour la recommander; pour cela, nous profiterons de tous les moyens en notre pouvoir.

CHARIOT, curé, chanoine honoraire,
à Giffaumont, par les Grandes-Côtes (*Marne*).

Je reçois à l'instant le service de table en *Métal-Diamant*. Il est fort joli et élégant. Aussi, pour l'écoulement de vos produits, je vous envoie les noms de mes amis et connaissances: vous pouvez leur adresser vos circulaires, afin de propager de plus en plus votre excellente découverte.

HERLINE, lieutenant de pompiers,
à Guingamp (*Côtes-du-Nord*).

Je suis très satisfait de l'orfèvrerie en *Métal-Diamant* que vous m'avez expédiée; les personnes à qui j'ai remis les objets en sont très contentes. J'espère d'ici peu de jours vous faire une nouvelle commande. Merci de m'avoir servi en toute confiance.

LUNDY, propriétaire,
à Mailly, par Verzy (*Marne*).

Je ne manquerai pas de vanter l'excellence de vos produits en *Métal-Diamant*, si l'occasion se présente, et j'essaierai de vous adresser quelques clients.

DORMONT,
rue du Haut, à Vernon (*Eure*).

Nous sommes **très satisfaits** de votre envoi de couverts *Métal-Diamant*, je ferai mon possible pour faire connaître, à Privas, la **bonne qualité**, la solidité et le bon marché de ce métal.

AUBRAYRIE,
employé à la Trésorerie générale,
à Privas (*Ardèche*).

Le meilleur éloge à vous faire de votre dernier envoi de couverts *Métal-Diamant* au curé de Vacquières, c'est de vous prier de lui envoyer un **nouveau service**.

SABATIER, prêtre,
Vacquières (*Hérault*).

J'ai reçu les couverts en *Métal-Diamant* en parfait état et j'en suis très satisfait; j'espère, par mes amis, vous faire faire d'autres commandes.

DASSANVILLE,
à Crépy-en-Valois (*Oise*).

J'ai soumis à maintes épreuves le *Métal-Diamant* que vous m'avez adressé, il est sorti victorieux.
Votre orfèvrerie répond en tous points à l'annonce sincère *que vous adressez aux instituteurs*.
Les personnes à qui j'ai montré votre orfèvrerie en *Métal-Diamant* ont admiré le brillant, la solidité, ainsi que la modicité des prix. Les acheteurs qui se procureront de vos produits en *Métal-Diamant* ne pourront mieux employer leur argent.

BERGAL, instituteur,
à Villeneuve-les-Bouloc (*Haute-Garonne*).

Inutile de vous dire que je suis très satisfaite de votre envoi d'un service d'orfèvrerie en *Métal-Diamant*, puisque je vous en redemande un semblable pour une amie, et ce ne sera pas le dernier probablement.

Mademoiselle MARIÈS, institutrice,
à Clermont-Ferrand (*Puy-de-Dôme*).

Votre envoi de couverts *Métal-Diamant* est **tout à ma satisfaction**.

Sœur LÉONTINE, supérieure des religieuses de Collobrières (*Var*).

Je suis **très satisfait** de vos couverts *Métal-Diamant*, vous feriez bien de dire dans vos circulaires : si vous voulez vous rendre compte de la marchandise que nous vous offrons, « allez trouver le maire de Buxeuil, il vous montrera l'échantillon. »

CHARLES AMIOT, maire,
à Buxeuil, par Gyé-s-Seine (*Aube*).

www.ingramcontent.com/pod-product-compliance
Lightning Source LLC
LaVergne TN
LVHW050759200726
843507LV00001B/157